초연결
혁명,
미래
지도

초연결 혁명, 미래 지도

강정한
김선희
박상욱
박주하
안준모
윤지웅
윤혜선
이상욱
이수형
지음

데이터, 노동, 시스템이 바뀐다

포르쉐

연결을 넘어서는
초연결의 시대

박상욱

연결과 구분되는
초연결의 키워드

우리 사회는 기술의 비약적인 성장이 급격하게 이루어지면서 빠르게 변화했다. 이에 따라 미래 사회를 위한 새로운 패러다임을 요구하는 새로운 국면을 맞이했다. 기술의 발전은 필연적으로 사회에 영향을 미치는데, 이는 때때로 사회 시스템 자체를 새롭게 바꾸는 파급력을 발휘하기도 한다.

연결Connected을 넘어 초연결Super-connected이라는 용어가 곳곳에서 사용되는 중이지만, 아직 이 문제가 학계에서 제대로 논의되었다기보다 일종의 마케팅적인 수사Rhetoric로 쓰이는 경우가 많다. 일단 '초연결'이라는 용어의 정의를 다시 한번 짚고 넘어가자. 초연결은 연결이 더욱 고도화된 것, 연결의 특징들이 더욱 강화된 것을 의미한다. 연결망이 더욱 복잡해지고 연결망의 레이어들 사이의 중첩이 늘어나며, 이질적인 노드Node들 사이의 연결이 많아진 상태다.

특히 '연결'과 구분되는 '초연결'의 특징을 세 가지 키워드로 정의하자면 '항시성', '초공간성' 그리고 '다중심성Multi-centrality'을 들 수 있다. 첫째로 항시성은 사람들 사이의 관계로 예를 들었을 때 항상 서로와 연결된 것을 말한다. 수시로 울리는 단체 채팅방, SNS의 라이브 피드와 새 글 알림은 서로의 일상을 실시간으로 공유한다. 이는 친분이 깊고 대단한 사이가 아니더라도 흔한 일이다. 과거 인터넷 검색이 필요할 때 컴퓨터 앞으로 가서 웹 브라우저를 열었지만, 지금 우리는 언제든지 모바일 기기로 인터넷에 접속할 수 있다. 마치 인간이 서로 연결된 생명체로 진화한 것처럼 말이다. 인간뿐 아니라 현대 사회기술시스템Socio-technical System의 많은 비인간 행위자도 통신 모듈이나 사물인터넷Internet of Things: IoT으로 항상 네트워크에 접속된 상태이며, 서로 데이터를 주고받는다. 이렇듯 분절 없는 연결의 항시성이 초연결의 첫 번째 특징이라고 볼 수 있다.

둘째로 초공간성은 지리적으로 멀리 떨어진 상대와 쉽게 연결할 수 있다는 것을 의미한다. 아예 사이버스페이스(혹은 메타버스)를 이용할 수도 있다. 인접성Proximity의 척도는 물리적 거리가 아니라 소통의 빈도와 데이터의 양이 된다. 기술적 측면에서도, 위성 인터넷이 보편화되며 지구상에서 인터넷 연결이 불가능한 곳은 사실상 존재하지 않게 되었다. 코로나19를 거치며 재택근무, 화상 회의, 심지어 화상 회식까지, 한 자리에서의 집체 활동을 해체하는 다양한 실험이 광범위하게 이루어졌다. 우리에게 익숙한 '비대면'은 사실 방역 용어이고, '원격'은 지리적으로 떨어져 있다는 개념이 강하다 보니 바로 옆자리 사람과도 화상 회의를 하는 경우에는 맞지 않는다. '초공간'이 좀 더 부합되는 설명이라고 볼 수 있을 것이다.

셋째로 다중심성이다. 초연결 네트워크에는 말단Terminal Node, 즉 한

개의 연결만 가진 연결점이 존재하지 않는다. 초연결 네트워크에서는 누구나 중심이 될 수 있다. 상대적으로 중심성이 큰 노드와 작은 노드가 섞여 있겠지만 이 차이는 그리 중요하지 않다. 네트워크 내의 검색으로 멀리 떨어진 노드를 찾아 직결할 수 있으므로 허브나 브리지의 역할도 예전 연결망에서만큼 결정적이지 않다. 또 새로운 연결을 수립하는 데에 드는 비용은 매우 낮다. 네트워크 확장의 한계 비용이 0에 수렴한다고 볼 수 있다. 초연결 네트워크는 헤게모니를 갖는 단일한 중심이 존재할 필요가 없고, 한정된 '연결 자원'을 놓고 경합할 필요도 없다.

초연결 시대에 필요한
새로운 시스템

농업이 중심이던 14세기까지의 봉건 시대에는 토지에서 농노와 소작농 등의 노동자가 자연에 의존하여 농작물을 생산했다. 무역과 같은 상업이 중심이던 15세기에서 18세기까지의 중상주의 시대에는 범선, 식민지, 금융 자본 등이 주된 생산 수단이었다. 18세기부터 20세기까지의 산업 시대에는 공장과 금융 자본을 바탕으로 공장 노동자들이 노동력을 제공함으로써, 물품을 대량 생산하는 제조업이 중심이 되었다. 그리고 21세기 데이터 산업이 중심이 되는 초연결 시대에는 지식, 유저, 데이터 등이 주된 생산 수단이다. 또 데이터 노동을 제공하는 유저들이 데이터 기반으로 규모의 경제를 실현한다.

　이렇듯 기술 변화가 초래한 생산 양식의 변화는 권력 구조의 변화를 일으키며, 나아가 법 제도와 같은 통치 장치에도 영향을 미칠 수밖에 없다. 또 사람들의 인식과 행태, 관습과 문화까지도 함께 변화한다. 사회와 기술의 상호 구성론을 넘어 사회 체계와 기술 시스템을 하나로 보는 사회기술시스템 관점이 필요한 이유다. 사회기술시스템은 거시적 관점에서 조직을 사회 시스템과 기술 시스템을 통합한 시스템으로 파악한다. 즉, 기술적인 요소뿐 아니라 기술적이지 않은 사회 문화적 요소까지 포함하여 상호 배타적인 것이 아니라 서로 영향을 미치며 형성하고 공진화Coevolution해 나간다고 보는 것이다.

　사회기술시스템 관점은 전환이 진행 중인 전이Transition 상태의 동학을 이해하는 데 특히 유용하다. 이 책에서는 사회기술시스템을 사회 체제와 기술 시스템이 융합된 시스템이라고 본다. 사회기술시스템은 여러 레짐Regime으로 구성되는데, 레짐은 일종의 하위 시스템이다. 레짐은 기술 레짐, 시장 레짐, 과학 레짐, 정책 레짐, 산업 레짐, 문화적 레짐 등으로 다양하다. 중요한 것은 이 레짐들이 서로 연결되어 시스템을 구성한다는 점이다. 사회기술시스템에서 독립된 레짐이란 있을 수 없다.

　즉 초연결 사회기술시스템이란, 정보통신 기술의 발전에 따라 연결성이 다층위적이고 다각도로 고도화된 시스템을 의미한다. 정보통신 기술에 의한 초연결 현상으로 우리의 사회기술시스템은 이미 이전의 사회기술시스템으로부터 현재의 것으로 전환이 이루어졌다. 일반적으로 역사 속 사회기술시스템 전환은 한 세대 이상의 시간이 걸리는 장기적인 것이었는데, 초연결 전환은 당대 내에 이루어져 전환을 인식조차 하지 못하는 듯하다. 사실 정보통신 기술에 의한 사회기술적 전환은 개인용 컴퓨터의 등장을 기준으로 약 50년, 인터넷과 월드와이드웹을 기준으로 약 30년, 초고속 인터넷을 기준으로 약 20년, 스마트폰을 기준으로 약 15년간 진행되었으므로 이미 충분한 시간을 경과했다고 볼 수 있다.

초연결 사회기술시스템으로의 전환이 이미 이루어졌거나, 본궤도에 올랐지만 상대적으로 변화가 더디고 사회기술적 전이를 제대로 체감하지 못하는 분야들도 있다. 예를 들면 정치와 정부 같은 권력 구조, 그리고 이 권력 구조에 상응하는 법과 제도, 이해관계자 네트워크는 레짐들의 대오에서 멀찍이 뒤떨어진 상태다. 하지만 이 레짐들을 뒤에 두고 나아갈 수는 없는데, 앞서 말했듯이 모든 레짐은 연결된 상태이기 때문이다. 뒤처진 레짐들은 전체 레짐이 이동할 때 발목을 잡는다. 이 책에서 '거버넌스'라는 점잖은 말로 뭉뚱그린 것이 바로 이 뒤처진 레짐들이다. 따라서 이들이 사회기술시스템 전환에 발맞춰 변화해야 하는 이유와 그 방향에 관해 논할 필요가 있다.

초연결 속 미래 사회의
성찰적 거버넌스

초연결 사회기술시스템에서는 이전에 서로 영향을 주고받던 구
성 요소들이 더욱 밀접하게 연관된다. 첫째로 제도, 기술, 산업이 강
하게 연결되는 현상이 나타난다. 오늘날 기술 발전의 방향과 속도는
제도와 정책의 영향을 강하게 받는다. 정부 연구개발R&D 지출은 정
부가 생각하기에 필요하거나 바람직한 방향으로 기술의 발전을 유도
한다. 기술영향평가는 신기술의 잠재적 부작용과 사회적 영향을 사전
에 경고함으로써 사회가 신기술을 수용할 수 있도록 돕는 역할을 한
다. 생명 윤리와 관련된 규제들은 다양한 방식으로 생명공학의 발전
경로를 통제하며, 기술 표준은 정보통신 기술 분야에서 막강한 영향
력을 발휘하므로 이를 선점하기 위한 치열한 경쟁이 벌어진다. 또 새
로운 비즈니스 모델을 향한 정책적·제도적 반응은 신산업 성장의 명
운을 좌우한다. 따라서 암호 화폐나 NFT와 같은 가상 자산을 다루는
업계는 정부가 규제를 신설해 제도권에 편입되기를 바라기도 한다.
하지만 초연결 시스템에서는 사안들이 단독적이지 않고 이해관계가
다양하며 여러 가치가 복합적으로 투영된다. 이런 경우 전통적인 규
제 법정주의 접근 방식으로 규제를 적절히 설정하기 어렵다. 결국 규
제가 현실을 따라오지 못하는 상황이 벌어지고, 이해관계자들 사이의
협상으로 네트워크가 자율적으로 규제하게 된다. 자율 규제 체제에서
는 규제자와 피규제자의 구분이 모호하며, 비용 부담자와 편익 수혜
자도 구별되지 않는다.

둘째, 산업과 산업, 생산자와 소비자, 온라인과 오프라인이 강하게 연결된다. 거의 모든 산업에 정보통신 기술이 접목되는 것, 제조업과 서비스업이 융합되는 것이 대표적이다. 제품은 판매하면 끝나는 것이 아니라 사용자를 묶어 놓고 데이터를 생산하도록 하는 연결 고리다. 기업은 본업에서 얻은 데이터를 이용해 부가적인 비즈니스를 벌인다. 이는 빅 블러Big Blur라 불리는 경계 소멸 현상이다. 과거에 연결되지 않았던 정보통신 기술과 에너지 부문의 경계도 사라지는 추세다. 데이터가 증가하면서 서버가 소모하는 에너지가 많아지고, 가상 화폐 채굴과 인공지능에 사용되는 GPU 어레이Array의 전력 소모도 만만치 않다. 탄소 배출량 저감을 위한 전력 수요 관리에도 정보통신 기술이 필수다. 소비자는 혁신을 유발하는 프로슈머Prosumer를 넘어 혁신의 공동 창발자로 나서고 있다. 맞춤형 생산은 스마트 제조의 핵심이다. 개인 간 직거래가 활성화되어 어제의 구매자가 오늘의 판매자가 된다.

셋째, 기술 변화와 사회 변화가 더 강하게 연결된다. 기술과 사회가 상호 작용함으로써 서로를 구성하는 것은 기술이 등장한 이래 변함이 없다. 하지만 초연결 사회기술시스템에서는 그러한 상호 구성의 속도가 빨라지고 정도가 커진다. 연결을 확장하고 그것을 자산화할 수 있는 사람이나 기업은 빠르게 부를 축적할 수 있게 되었다. 상품화된 콘텐츠는 '먹방'일 수도, 힙합 음악일 수도 있지만 상품성의 핵심은 콘텐츠 자체보다 SNS 구독자 수, 팔로워 수와 같은 '연결의 개수'에 있다.

사회 경제적 계층이 다양해지면 양극화는 심화된다. 정보통신 기술의 발달로 직접 민주주의 경향이 강해지면서 공론장으로서의 언론의 역할은 퇴보하고 제도 정치권의 영향력도 쇠퇴하는 중이다. 대의 민주주의는 후퇴하고 거대한 다수결 체제가 등장한다. 농업 사회에서는 가족의 규모가 노동력의 크기이므로 다산이 곧 성장으로 귀결되었지만, 현대 산업 사회에서 자녀는 비용일 뿐이다. 기술 발전으로 개인화된 값싼 엔터테인먼트가 넘쳐나고 가사 노동을 아웃소싱Outsourcing할 수 있게 되어 타인과 더부살이할 동기가 줄었다. 자동화와 노동 생산성 증가로 근로 시간은 계속 줄어드는데 건강 수명 증가로 은퇴 연령은 높아졌다.

이렇듯 사회 구성 요소들이 서로 강한 영향을 주고받는 초연결 시대에는 기술 발전에 따른 불확실성이 증대된다. 공유 경제, 플랫폼 비즈니스, 블록체인, 데이터 산업 등 새로운 비즈니스 모델과 신산업이 태동하였고, 창업 기업, 다면 기업, 시민 사회, 유저, 가상 인물 인플루언서 등 신규 행위자의 참여가 발생하고 있다. 이에 따라 초연결 사회기술시스템의 진화를 예측하기는 더욱 어려워진다. 고착화된 이해관계망과 신규 이해 당사자의 수보다 오랜 이해 당사자의 수를 먼저 고려하는 등 전통적 산업 구조와 정부-시장의 관계를 전제한 거버넌스도 더는 유효하지 않다. 이에 이 책에서 과학철학, 사회학, 경제학, 행정학, 법학, 정책학, 기술경영학 등의 다학제적 관점에서 초연결 산업 생태계와 미래 사회의 거버넌스를 논의해 보려고 한다. 나아가 거버넌스 실패로부터 학습하여 거버넌스 구조를 재귀적·지속적으로 수정해 나가는 성찰적 거버넌스도 함께 제안하고자 한다.

먼저 1부는 초연결 사회기술시스템을 어떻게 볼 것인지에 대해 객관성보다 규범성에 집중하여 접근·분석하는 내용을 담는다. 이는 초연결 사회기술시스템으로의 전이를 방관하지 않고 바람직한 방향으로 이끌기 위한 전이 관리Transition Management 차원에서 전이의 거버넌스를 논하기 위한 기초가 된다. 이어 2부에서 초연결의 특징과 차원들이 현실 세계의 쟁점들에서 어떻게 발현되는지 살펴봄으로써 초연결 사회기술시스템 거버넌스 설계상의 쟁점들을 도출한다.

목차

[**1부**]
초연결 사회기술시스템의
거버넌스 논의 배경

1장　초연결 사회기술시스템은 무엇인가?

2장　불확실성과 함께 지혜롭게 살아가기

3장 데이터는 진실된 증거인가?: 거버넌스 구축을 위한 서사의 역할

3장 초연결 사회에서 정부와 기업의 관계는?
: 정부와 플랫폼 기업의 상호 협력적 관계

4장 초연결 시대의 시스템적 조건: 체계성의 유연화 vs 유연성의 체계화

5장 혁신 정책의 혁신: 정책의 공동 생산 가능성 탐색

1부

초연결 사회기술시스템의
거버넌스 논의 배경

초연결 사회기술시스템은 무엇인가?

박상욱

사회 체제와 기술 시스템의 공동 진화

세상이 빠르게 변하고 있다. 그동안 변화가 멈췄던 적은 없지만 예전보다 변화의 속도가 빨라지는 추세다. 그중에서도 인간이 모여 살아가는 모습의 변화에 주안점을 둔다면 무엇이 가장 많이 달라졌을까? 생태계에서 생물계의 한 구성 요소에 불과한 인간이 다른 생물 종들뿐 아니라 비생물계의 요소들과 맺어 온 관계들이 어떻게 달라졌는지, 우월한 종으로서 지배자의 자격이 있다고 착각하게 만든 힘을 어떻게 얻었는지 생각해 보면 그 중심에는 인간 활동의 독점적 산물인 과학기술이 있다.

과학기술은 인간과 그 군집 자체의 모습까지도 변모시켜 왔다. 오늘날의 인간은 독자적인 생물 개체라기보다 일종의 사이보그에 가깝다고 할 수 있다. 신체 일부에 기계 장치를 심어 둔 것은 아니지만, 항상 들고 다니는 스마트폰이나 이동 수단인 자동차 등은 사실상 우리 몸의 일부나 마찬가지다. 우리는 스마트폰으로 지적 능력과 군집

내 다른 개체들과의 연결 기능을 의존하며, 실외에서의 이동은 동력 기계에 전적으로 맡긴다. 외계인이 현대 사회의 인간을 멀리서 보고 묘사한다면 스마트폰과 자동차까지도 인간의 구성 요소로 보지 않을까?

사회는 인간의 군집이지만 실은 그보다 더 복잡하고 비물질적인 요소들을 포함한다. 사회적 필요에 따라 기술이 만들어지기도 하고, 사회적 선택에 따라 기술의 생사와 부침이 결정되기도 한다. 또 사회적인 영향의 요인에 따라 기술의 모습은 끊임없이 형성되며, 어느 정도 확산된 기술은 다시 사회를 변화시킨다. 따라서 사회와 기술의 상호 작용은 양방향으로 이루어지며, 선후 관계와 인과 관계가 불분명하다. 사회가 일종의 환경으로서 기술을 선택하고 기술이 일종의 독립변수로서 사회를 변화시킨다고 봤을 때, 기술과 사회는 함께 일종의 공동 진화를 이루어 내고 있는 셈이다.

또 인간 사회는 기술을 사용하여 자연을 변화시키기도 한다. 정확히 말하면 인간의 욕구를 충족시키기 위한 생산 활동에 자연 환경을 소모적으로 이용한다고 봐야 할 것이다. 인간이 자연을 이용하는 것이 자연을 훼손시키는 일이라는 관점이 생긴 지는 100년이 채 되지 않았다. 자연 환경의 변화가 인간에게 위해와 손해로 돌아온다는 것을 알게 되고 나서야 환경을 보전해야 한다는 생각을 하게 된 것이다. 어찌 보면 친환경주의도 인간의 궁극적인 이기주의의 산물이라고 할 수 있다. 후세의 세대, 즉 자손들이 이용할 환경을 앞당겨 써 버리지 않겠다는 지속가능성의 논리는 환경 정의Environmental Justice이자 세대 간 형평성Intergenerational Equity의 윤리로 포장되었지만 개체를 넘어 인간 종의 영속을 바라는 집단적 생존 본능일지도 모른다.

어쨌든 인간 사회가 기술을 사용해 일으킨 환경 변화를 되돌리거나 완화하기 위해서는 거꾸로 인간 사회와 기술이 변화해야 한다. 이를 위해 현 사회의 변화와 흐름을 깊게 이해하고 총체적인 방향성을 찾아 나갈 필요가 있다. 이를테면 산업혁명 이래 인류는 화석 연료를 태워 기후 변화를 일으켰는데, 이제 기후 변화를 저감하기 위해 재생 에너지 기술을 개발하고 저탄소 사회를 추구해야 하는 상황이다. 특히 자동차는 화석 연료 의존도가 높기 때문에 최근에는 이를 전동화Electrification하기 위한 노력이 계속되는 중이다. 다만 탈탄소 전환은 지구와 인류의 거시적 미래를 위해 바람직하지만 그 과정에서 감당해야 하는 비용이 크게 발생할 수밖에 없다. 또 전환을 통해 구현하고자 하는 미래상을 두고 고민과 합의도 필요하다.

디지털 기술의 발달로 초연결 사회가 도래했기 때문에 이제 특별한 자격 없이도 누구나 군집 내의 연결망에서 허브Hub가 되는 것이 가능해졌다. 오락이 개인화되어 쾌락 욕구 충족을 위해 타인을 만날 필요가 줄어들었고, 생활에 필요한 거의 모든 것을 아웃소싱할 수 있게 되는 등 생산 양식도 변화했다. 그러면서 타인과 가정을 구성하고 새 구성원을 생산할 이유도 점차 사라지게 됐다. 디지털 기술로 연결 행위, 즉 브로커리지Brokerage: 고객이 주식, 채권 등을 매매할 수 있게끔 연결시켜 주는 온오프라인의 모든 행위의 한계 비용이 제로로 수렴되면서 브로커리지 플랫폼을 소유한 소수와 플랫폼을 위해 노동을 제공하는 다수 사이의 분배 구조도 극단적으로 왜곡되었다.

이처럼 디지털화에 의한 사회 변화의 속도는 예상했던 것보다 훨씬 빠르게 진행되는 추세다. 인간 사회가 소중하다고 여긴 것들을 지킬 새도 없이, 그런 것들이 위기에 처했다고 인지할 틈도 없이 변화가 가속화되는 것이다. 이 시점에서 우리는 디지털화 혹은 디지털 전환이 편익을 고르게 나누고 부작용을 최소화하는 바람직한 방향으로 나아가게 할 수 있을까?

인간 사회의 집단적 자유 의지라는 것이 합리적 인간의 의지로 볼 수 있을 만큼 분명하고 강력하다면 탈탄소 전환, 디지털 전환과 같은 공동체 문제는 쉽게 해결할 수 있을 것이다. 공동체 문제가 난제인 이유는 다양성 때문이다. 사회 경제적 위치와 하는 일, 생각, 이념, 입장이 다양한 인간들이 모여 사회를 구성하기 때문에 공동체 문제에는 합리적이고 단일한 해법이 존재할 수 없다.

따라서 우리는 공동 진화하는 기술과 사회의 관점에서 이를 아우를 수 있는 새로운 시스템을 준비해야 한다. 이번 장에서는 사회과학 혁신 정책 학계에서 사용되는 사회기술시스템 관점을 소개하고, 사회기술시스템이 가진 강한 경로 의존성을 설명하면서 시스템의 초기 설계와 설정의 중요성을 이야기하려고 한다.

여러 가지 문제를 노정하는 현대 사회기술시스템은 산업 혁명 이후 근대화의 산물인데, 이미 공고하게 성립된 사회기술시스템을 전환하는 것은 여간 어려운 일이 아니다. 쉽지 않겠지만 이왕 전환이 일어난다면 어떤 사회기술시스템으로 바꿀 것인지에 대해 가치가 반영되고 의지가 개입된 설계가 필요하다. 한 명의 유능한 시스템 설계자에게 의뢰할 수 없는, 집합적이고 사회적인 설계 작업이 필수인 것이다. 이 과정에서 수많은 선택이 이루어진다. 우리는 기술과 사회의 공동 진화 경로를 적극적으로 관리하지 않고 '보이지 않는 손'에 맡겨 방관하면 때로 바람직하지 않은 방향으로 가 버린다는 것을 여러 교훈으로 깨달았다. 과학 지식과 기술을 잘못 사용함으로써 벌어진 복합 재난을 겪으면서 말이다.

냉정히 말해 지금까지 한국 사회는 인류 역사상 사회기술시스템의 진화 과정에서 주로 구경꾼 위치에 있었다고 할 수 있다. 기술 변화와 종교, 사회 사상의 변혁을 주도하지 않는 피동적인 추종자에 그쳤다. 변화의 주역이 되어야 하며 변방에 머물면 열등하다는 식의 패권주의적 주장을 하려는 것이 아니다. 탈탄소 전환과 디지털 전환이라는 중대한 양대 전환을 마주한 상황에서 한국 사회는 더 이상 인류 사회의 주변부에 머물지 않는다. 변화의 중심에서 가장 빠르게 변화하며 사회기술시스템 전환의 첨병 역할을 하는 만큼, 미래 사회기술시스템의 설계 작업에 적극 참가하여 기술과 사회의 공동 진화 경로를 함께 조향Steering해야 하는 책임이 있다. 새로운 사회기술시스템의 초기 설계에 참가한 자는 선점 효과를 누릴 수 있으니 산업 경제적 차원에서는 이권을 취할 수 있는 기회를 잡았다고 볼 수 있다.

기술 결정론과 기술의
사회적 구성론

기술과 사회의 관계를 논할 때 가장 흔한 접근법은 기술 결정론Technology Determinism이다. 사회 변화를 기술 변화의 종속변수로 보는 관점으로, 바꾸어 말해 기술 변화를 사회 변화의 결정적인 동인으로 보는 것이다. 이때 기술 변화는 어디선가 저절로 또는 우발적으로 일어나거나 사회 시스템 바깥에서 외생적으로 일어나는 것으로 여기는 경우가 많다. 기술 결정론의 장점은 논리적 단순함에 있다. 어떤 기술이 등장하고 무언가에 영향을 미친다. 이것이 또 다른 변화로 이어지고 그 영향이 마치 도미노처럼 일파만파 퍼져 나가 결국 사회적으로 큰 변혁을 일으킨다.

기술사학자 린 화이트Lynn White는 '등자'라는 발걸이 마구의 발명과 보급이 기마병의 두 손을 자유롭게 하여 기마 전투술에 큰 변화를 일으켰다고 말했다. 또 말과 갑옷, 긴 창을 사용하는 기사knight 계급을 탄생시켰으며, 이들이 귀족인 영주의 권력을 공고히 하는 상위 계층이 됨으로써 중세 봉건제 사회가 형성되었다고 설명한다. 이는 지나치게 축약한 설명이다. 화이트의 연구는 폄하할 수 없는 상당한 학문적 기여를 인정해야 하지만, 기술 결정론임에는 틀림없다. 세계적인 베스트셀러인 재레드 다이아몬드의 《총, 균, 쇠 Guns, Germs, and Steel》에서도 '세상을 바꾼 ○○개 기술' 등의 회고적 서술에서 기술 결정론 관점을 쉽게 찾아볼 수 있다. 이뿐 아니다. 자칭 미래학자들의 전망은 대부분 기술 변화를 독립변수로서 중심축에 놓고 미래 사회를 조망한다.

물론 기술 결정론은 설득력이 있고 매력적이다. 또 기술의 사회적 파급 효과를 강조함으로써 기술 변화에 따른 영향을 미리 가늠해 보고, 긍정적 영향을 극대화하거나 부정적 영향을 최소화하여 예방적 처방을 선제적으로 내릴 수 있도록 한다는 특장점도 가진다. 그러나 기술 결정론의 약점은 어떤 기술이 등장하고 확산되는 과정의 설명이 빈약하다는 것이다. 기술 결정론은 그 기술이 어떤 수요에 의해 왜 만들어졌으며, 어떻게 사회적 선택을 받아 살아남았는지, 어떤 준비된 기술들과 자원들이 도움을 주었으며, 어떻게 그 기술이 생산 체계로, 사용자로 연결되었는지 이야기하지 않는다. 즉 그 기술이 지닌 여러 층위와 종류의 관계성을 정성스럽게 설명하지 않는다.

바꾸어 말해 기술 결정론은 기술이 마치 하나의 자유 의지를 갖는 생명체인 것처럼, 의인화하여 스스로 발전해 나가는 것처럼 설명하곤 한다. 더불어 기술의 성공은 성능의 우월성이나 최초의 기능을 제공한 데에 따른 필연으로 바라본다. 이 경우 그 기술에 생명력을 부여한 생산자와 사용자, 즉 인간과 사회의 선택의 중요성은 쉽게 간과되어 버린다.

기술 결정론과 대척점에 있는 관점은 기술의 사회적 구성론Social Construction of Technologies: SCOT이다. 사실 기술은 지적 인공물이므로 사회적 인간 활동의 산물이다. 인간이 원치 않는 기술이 만들어지거나 선택되어 살아남을 리 만무하므로 기술이 사회적 구성물이라는 것은 너무나 자명한 사실이다. 다만 기술의 사회적 구성론은 과학적 지식의 사회적 구성론, 즉 과학 지식의 사회학Sociology of Scientific Knowledge: SSK에 뿌리를 두므로 논란이 많다. 또 과학자들의 반감을 사는 과학의 사회적 구성론보다 다소 받아들이기 쉬운 개념으로서 굳이 '사회적 구성론'이라 칭하는 의의가 있다.

기술의 사회적 구성론은 기능이나 성능 측면에서 구별되기 어려운 기술들도 사회적 선택과 선택된 이후의 경로 의존성으로 그 운명이 크게 달라진다는 부분을 강조한다. 또 사회적 선택 압력에는 여러 종류가 있지만 가격이나 생산 원가와 같은 산업 경제적 측면뿐 아니라 윤리적·사회적 선택 압력이 유의미한 선택을 낳는 경우들에 주목한다. 이러한 사회적 선택은 때로 우연히 이루어지지만 우연한 선택도 사회적으로 받아들여지고 합의되며, 결과적으로 이미 확산되어 버렸다면 상당히 공고해진다.

2025년 현재 스마트폰의 문자 입력이 100년 넘은 타자기의 키보드 배열을 따르는 것이 대표적인 사례이다. 문자 입력 장치의 자판 배열을 최적화하여 개선하는 시도, 심지어 전혀 다른 문자 입력 방식을 개발하는 것은 기술적으로 얼마든지 가능하다. 하지만 이미 쿼티QWERTY 자판 배열에 익숙해진 사람들은 새로운 배열의 개발을 필요로 하지 않으며, 심지어 배척한다.

기술과 사회의 관계를 바라보는 관점 중 어느 한쪽이 옳고 그르다고 보기 어렵다. 기술과 사회의 관계는 기술 결정론과 기술의 사회적 구성론 사이의 어디쯤, 혹은 그 둘이 복합적으로 작용하는 어느 지점에 뿌리를 둘 것이다. 기술과 사회의 변화 중 어느 하나를 다른 하나의 변인으로 놓거나 시간적인 선후 관계에 놓을 필요는 없다. 이를 한꺼번에 다루는 것은 어떨까?

기술과 사회를 하나로 보는
사회기술시스템 관점

어떠한 기술을 논할 때 우리는 단위 기술보다 연관된 여러 기술을 묶어 유기적인 시스템으로 바라볼 수 있다. 예를 들어 '반도체 기술'은 반도체의 설계 능력부터 복잡한 제조 공정뿐 아니라 소재와 장비, 나아가 품질 관리 기법과 소프트웨어 등까지 수많은 요소 기술을 포괄한다. 요소 기술들은 각각의 역할이 있고 다른 요소 기술들과의 연결 관계가 있으며, 근처의 비슷한 기술들을 묶어 다룰 수도 있다. 즉 시스템의 구조를 갖는 것이다. 그렇다면 '반도체 기술'보다 '반도체 기술 시스템'이 정확한 용어다. 기술 시스템은 각각의 요소 기술만으로 구현되지 않고 총체로서만 구현이 가능한 요소 기술들의 합이기 때문이다. 기술 시스템은 더 큰 기술 시스템의 하부 시스템이 될 수도 있으므로 근본적으로 층위적인 구조를 갖는다. 일반 시스템 이론General System Theory이 처음 사회과학에 소개될 때 생물학과 생태학의 영향을 많이 받았는데, 이는 생명체와 생태계가 시스템의 좋은 예이기 때문이다.

공학에서 사용되던 기술 시스템의 개념을 과학기술학으로 확장한 것은 미국 존스홉킨스 대학의 기술사학자 토머스 P. 휴즈Thomas P. Hughes였다. 휴즈는 현대 사회의 가장 대표적인 기술 시스템인 전기 시스템의 초기 역사를 분석하였다. 휴즈는 19세기 말 베를린, 런던, 시카고의 전기화 과정을 비교함으로써 거의 같은 기술이라 할지라도 기술 시스템의 전개 과정에는 지리적 영향과 사회적 맥락이 존재함을 밝혔다. 법과 제도, 기존 기술 시스템의 반응, 사람들의 인식과 행태, 그들의 네트워크와 권력 관계에 따라 기술 시스템은 다르게 형성된다.

휴즈는 이 연구로 기술 시스템이라는 개념을 공학으로부터 과학기술학과 과학기술 정책학의 영역으로 옮겨 왔다. 휴즈 이후 기술 사학계와 STS학계에서는 복잡하고 규모가 큰 기술 시스템의 형성 과정과 종래의 기술 시스템을 대체하고 새로운 기술 시스템이 자리 잡는 사례, 즉 이후 전환Transformation이라고 부르게 되는 사례들이 연구자들의 흥미를 끌었다. 이를 대규모 기술 시스템Large Technological Systems: LTS이라 부른다.

비슷한 시기에 과학기술 정책 학계에서는 국가 혁신 시스템 관점National Innovation System Perspective이 등장하여 선진국 과학기술 정책의 분석적·이론적·규범적 프레임워크Framework: 여러 기능을 가진 클래스와 라이브러리가 특정 결과물을 구현하고자 합쳐진 형태로 자리 잡았다. 국가 혁신 시스템 관점은 혁신을 생산하는 조직과 제도, 그리고 그들 사이의 상호 작용적 학습의 시스템을 설명하며 그것의 경계를 한 국가의 국경으로 설정한 것이다. 국가라는 단위는 지리적 단위이기도 하지만 더욱 중요하게는 제도적·문화적·행정적 단위이며 일국 정부의 정책이 균일하게 영향을 미치는 범위이므로 정책 연구자라면 국가를 단위로 하는 것은 자연스러운 일이다.

그러나 혁신의 창출과 그 동학에 더욱 집중하여 분석하자면 국가보다 지역이나 같은 산업 부문을 단위로 하는 것이 네트워크의 측면, 지식 기반과 인식론의 측면, 제도의 측면에서 모두 유리하다. 따라서 지역 혁신 시스템Regional Innovation System: RIS 관점, 산업 부문 혁신 시스템Sectoral Innovation System: SIS 관점 등 국가 혁신 시스템의 자매 개념들이 설득력을 갖고 제시되었다. 결과적으로 혁신 시스템 관점은 다양한 경계 조건을 가지도록 일반화될 수 있었다. 보 칼슨Bo Carlson은 반도체 기술, 자동차 기술 등 연계된 기술들을 경계로 하는 혁신 시스템 관점을 제안하며 '기술 혁신 시스템 관점Technological Innovation System Perspective'이라고 명명했지만 크게 성공하지는 못했다. 이는 산업 부문 혁신 시스템과 비슷한 개념으로서 휴즈의 기술 시스템과 전혀 다른 것이었다.

별개로 발전하던 대규모 기술 시스템론과 혁신 시스템 관점은 과학기술학과 혁신 정책학 사이 공간에서 일하던 네덜란드 학자들에 의해 융합되기에 이른다. 이론적으로는 이 두 학계에서 공통적으로 주목받은, 브루노 라투르Bruno Latour와 미셸 칼롱Michel Callon 등이 발전시킨 행위자 연결망 이론Actor Network Theory: ANT의 역할이 컸다. 프랭크 길스Frank Geels는 야심차게 제안한 사회기술시스템 이론에서 혁신 시스템 관점, 행위자 연결망 이론, 그리고 몇 년 앞서 아리 립Arie Rip, 요한 쇼트Johan Schot, 르네 켐프Rene Kemp에 의해 제안된 사회기술적 전이Sociotechnical Transition론을 결합하였다.

기후 변화에 대응해 이루어져야 하는 지속가능한 에너지 시스템으로의 전환, 정보통신 기술에 의한 디지털 전환 등 현시대에서 벌어지는 거대한 동적 변화와 그 결과로서의 전환을 적절히 이해할 필요가 있다. 그 과정에서 바람직한 방향으로 가이드하는 정부 정책의 새로운 역할을 제안해야 하는 과학기술 정책의 학계는 길스의 이론을 열광적으로 환영했다.

사회기술시스템 접근은 과학기술학이 강조하는 기술의 사회적 구성론을 배제하지 않음으로써 혁신 연구자가 빠지기 쉬운 공급자 위주의 시각에서 벗어나 혁신의 수요와 응용 부문의 중요성에 주목했다. 사회기술시스템 접근은 지난 몇십 년 동안 혁신 연구와 과학기술학 커뮤니티에서 논의된 개념들을 종합한 것으로, 사회적·기술적·경제적 측면 모두에서 기술 변화와 전이를 다룬 설명을 제공할 수 있다고 주장한다.

사실 사회기술시스템 이론이라는 명명 자체가 학문적으로 오만한 것이다. 이론이라는 것은 과거에 벌어진 현상을 그럴듯하게 설명함과 더불어 모형화에 의한 예측 가능성을 갖추어야 한다. 그런데 사회기술시스템론은 과거 사례의 설명에는 유용하나 미래에 일어날 전이와 전환에 대해서는 규범적이고 당위적인 접근을 벗어나지 못한다. 연구자들은 사회기술시스템론을 좀 더 분석적인 접근법이자 실천적인 정책 프레임워크로 발전시켰는데, 이를 사회기술적 전이의 다층위적 관점Multi-Level Perspective: MLP이라고 한다.

다층위적 관점은 기술 변화와 사회 변화의 상호 작용과 동학에 주목한다. 전이는 기술 변화뿐 아니라 사용자의 행태, 관습, 규제, 산업 네트워크, 인프라, 상징성 등의 변화를 수반한다. 기존의 기술이 여러 사회기술적 요소와 이미 공고히 결합되었으므로 구 기술을 대체하는 새로운 기술에 의한 전이가 일어나는 것은 쉽지 않다. 그렇지만 기존 사회기술시스템의 관성과 기존 사회기술적 레짐들의 연대를 극복하면 전이를 거쳐 새로운 사회기술시스템으로 전환될 수 있다.

사회기술적 전이의
세 가지 과정

전이는 전환에 이르는 동적 과정이다. 최근 과학기술 혁신 정책학계에서 사용하는 사회기술적 전이를 두고 다층위적 관점에서는 세가지 과정을 설정한다.

시작은 니치Niche다. 니치는 사회기술적 전이의 가능성을 가진 새로운 기술이 등장하고 성장하는 이론적 공간이다. 신기술은 연구개발 활동으로 생산된다. 다만 니치에 등장하는 모든 기술이 반드시 연구개발의 결과물이어야 하는 것은 아니다. 심지어 반드시 새로워야 하는 것도 아니다. 개발된 지 오래된 기술이더라도 사회적으로 주목받지 못하다가 사회적·정책적 환경 변화로 인해 니치에서 기회를 얻게 되는 경우도 가능하다.

또 기업이나 공공 연구 부문에서의 조직적인 연구개발 활동의 산물이 아니더라도 시민들에 의해 창발된 혁신, 새로운 비즈니스 모델, 기존의 기술을 전혀 다른 용도로 사용하는 경우 등도 니치에 진입할 수 있다. 니치 공간에서는 다양한 대안이 시도되고 시험된다. 따라서 니치 기술들은, 비슷한 사회기술적 전환의 목표를 갖더라도 덜 조직화되고 덜 정렬Alignment된다. 표준화가 일어나기 이전이라 표준의 지위를 놓고 서로 경쟁하기도 한다.

니치 기술들이 사회적 선택을 받아 성장하거나 선택을 받지 못해 도태되는 과정은 진화론의 적자생존과도 닮았다. 다만 차이점이라면 기술 진화는 의도된 방향성을 가질 수 있다는 점이다. 다양한 니치 기술은 결국 소수의 지배적 디자인Dominant Design으로 수렴된다. 여러 가지 영향의 요인이 복합적으로 작용하기 때문에, 어떤 기술이 지배적 디자인이 될지를 예측하는 것은 쉽지 않다. 다만 기존의 레짐들과의 호환성과 대중의 사회적 수용성을 확보하는 것이 필수이다. 지배적 디자인은 성장하여 주류 기술의 대안으로서 도전장을 내민다.

니치 공간은 사회기술적 실험의 공간이기도 하다. 말 그대로 니치 공간이므로 연구개발자나 시범 사업 참가자, 작은 시범 지역 내 이용자들처럼 소수의 특별한 사람들만이 신기술을 접한다. 사회기술적 실험 참여에 동의한 사람들은 이 기술이 아직 완성된 것이 아니며 아직 알려지지 않은 위험이 잠재되었다는 것을 안다. 이들은 대체로 이 기술을 수용할 의향이 있는 사람들이다. 또 사회기술적 실험을 위해 니치 공간은 일반적인 사회기술시스템에 비해 훨씬 관대한 여건을 제공한다. 규제의 특례적 예외가 적용되기도 하고, 경제성이 없거나, 툭하면 고장 나거나, 불편하거나, 심지어 다소 위험해도 용서하고 허락하는 것이 니치 공간의 특징이다. 자율 주행 자동차 시범 운행을 생각해 보면 쉽게 이해될 것이다.

니치에서 수행하는 사회기술적 실험으로 해당 기술의 연구개발자들은 기술적 완성도를 높이고 문제점들을 파악하여 보완할 수 있다. 또 연구소 내의 테스트와 달리 사회 내에서 이루어지는 리빙 스케일 사회기술적 실험에서는 사용자의 반응과 요구도 수집 가능하다. 기술의 공급자뿐 아니라 수요자, 즉 사용자들도 사회기술적 실험의 주역이다. 이들은 실험을 통해 신기술을 인지하게 되고, 기술적 내용이나 기술적 대안의 의의를 이해하게 되며, 나름의 견해나 호불호를 표명할 수 있는 인식이 형성된다. 인지, 이해, 인식은 신기술에 대한 수용성 Social Acceptance 혹은 Public Acceptance의 중요한 요소들이다.

기술적으로 완벽하지 않고, 비싸고, 심지어 성능이 종래의 기술들에 미치지 못하더라도 니치 기술이 성장하면 중간 레벨인 다음 단계로 올라선다. 신기술에 우호적인 제도와 정책에 힘입은 것일 수도 있고, 신기술에 호기심을 보이는 얼리 어답터 Early Adopter들 덕분일 수도 있다. 하지만 니치에 있던 기술이 중간 레벨, 즉 주류 레벨에 돌입하게 되는 가장 중요한 동기이자 동력은 산업 경제적 잠재력이다. 신기술이 더욱 발전하여 기존 기술을 가격 대비 성능 측면에서 능가하거나, 경제적인 이유와 다른 사회적·윤리적·정치적인 이유로 선호된다면 기존 기술에 매여 있던 기업은 퇴락을 면할 수 없을 것이다. 신기술을 성공시킨 기업은 막대한 선점 효과를 누리며 일약 산업의 지배자로 부상할 수 있기 때문이다. 그래서 니치 기술이 이 중간 레벨에 진입하는 문턱 단계에서는 기업의 역할이 결정적이다.

주류 레벨에서는 니치 공간에 허용되었던 관대함이 대부분 사라진다. 이 레벨은 기존 사회기술시스템을 구성하는, 서로 연결된 레짐들이 신기술과 상호 작용한다. 레짐은 일종의 하위 시스템으로 보아도 무방한데, 산업, 과학, 문화, 정책과 정치 등의 도메인을 중심으로 한다. 레짐들은 니치를 벗어난 신기술을 다시 한번 시험하고 형성한다. 그러면서 동시에 신기술의 영향으로 레짐들도 변화하며, 레짐들 사이의 관계성도 변화한다. 신기술이 성공적으로 주류 레벨에 안착하여 전이 과정을 완결하면, 즉 전환을 일으키면 바뀐 레짐들의 세트가 자리를 잡는다. 이를 레짐 이동_{Regime Shift}이라고 부른다.

다층위 관점에서 최상위 레벨은 거시적 환경으로서 사회기술적 경관_{Sociotechnical Landscape}이라고 한다. 거시적 환경은 전이의 모든 단계에 지대한 영향을 미친다. 기후 변화가 에너지 전환이나 자동차의 전동화 전환에 강력하고 지속적인 영향을 미치는 것을 예로 들 수 있다. 전이가 완결되고 레짐 이동이 이루어지면 거시 환경에도 변화가 미칠 수 있다. 예를 들어 탈탄소 전환에 성공한다면 기후 변화가 완화될 것이다.

사회기술적 전환은 많은 경우 규범적이며, 시장에만 맡겨 놓을 때는 잘 일어나지 않는다. 과학기술적으로 구현 가능한 바람직한 기술임에도 불구하고 기존 레짐들의 저항에 부딪히거나 사회적 수용성을 확보하지 못하는 경우가 있다. 이런 경우는 전이 실패Transition Failure라고 한다. 전이 실패는 시장 실패Market Failure일 수도 있고 시스템 실패System Failure일 수도 있다. 과거 산업 기술 정책의 정당화 논리가 시장 실패론이었던 것처럼, 오늘날 전환적 혁신 정책Transformative Innovation Policy의 정당화 논리가 전이 실패론인 것이다.

전이 실패를 방지하고 바람직한 사회기술적 전환을 촉진하기 위해 정부 정책이 개입할 수 있다. 정부는 니치 형성을 위해 공적 연구 개발비를 지출하고, 니치 기술의 성장, 즉 스케일업을 위한 여러 진흥 장치를 제공한다. 예를 들어 공적 자금을 이용한 스타트업 투자, 스케일업 펀드, 인력 양성, 세제 혜택 등 다양한 정책 수단을 동원할 수 있을 것이다. 최근에는 아예 정부가 직접 혁신의 수요자가 되어 신기술 제품을 구입해 줌으로써 니치 기술의 성장을 돕는 혁신 조달Public Procurement of Innovation에도 관심이 높아지는 추세다.

신기술이 주류 레벨에 도달하면 정부는 신기술에 적용하던 여러 특례적인 우대, 진흥 조치를 점차 줄이며 신기술이 시장과 사회에서 자생력을 가질 수 있도록 유도한다. 이와 동시에 조기 퇴장시키고 싶은 기존 기술이 있다면 그 기술 시스템의 불리한 환경을 조성하기도 한다. 예를 들어 디젤 자동차를 시장에서 줄이고 싶다면 경유 유류세를 인상하고 디젤차에 환경 부담금을 부과하는 식인데, 좀 더 과격하게는 쿼터제를 실시한다든가 연한을 설정하고 아예 금지하는 조치를 취할 수도 있다.

한편 신기술에 의한 레짐 이동을 촉진하기 위해 기존 레짐들의 연대를 흔드는 와해적인 정책을 포괄적으로 펼치는 경우도 있다. 또 신기술이 주류 레벨에서 안정화될 수 있도록 소비자를 보호하는 안전 규제와 환경 규제를 정비하고, 신기술의 기술 표준을 설정하며, 시장에서의 경쟁 규칙을 다듬는다. 기술 표준의 경우 국내 기술 표준뿐 아니라 세계 기술 표준을 선점함으로써 국내 산업계의 세계 시장 진출을 지원하기도 한다. 이처럼 전이 관리를 위한 혁신 정책의 정책 수단은 매우 다양하며 여러 부처의 영역에 걸쳐 있어 마치 패키지와 같다. 이것을 정책 혼합Policy Mix이라고 부른다.

사회기술시스템의 거시적 진화

기술과 사회를 하나의 유기적인 시스템으로 보는 사회기술시스템 관점의 유용성을 인정한다면, 그간 기술이나 사회상 위주로 다루었던 역사를 다시금 사회기술시스템의 변화로 설명할 수 있을 것이다. 사회기술시스템은 기술뿐 아니라 제도, 문화, 관습, 정치, 산업, 과학 그리고 행위자 등 시스템을 구성하는 유·무형의 요소들 사이의 연결망이므로 거의 모든 것이라고 할 수 있다. 나아가 사회기술시스템론은 동적 개념으로서 시간에 따른 변화인 전이와, 전이의 결과로서 나타나는 새로운 시스템의 등장, 즉 전환을 논하는 데에도 주저함이 없다. 따라서 감히 인류 문명 진보의 거시사巨視史를 논하는 데에 활용할 수 있을 것이다.

다른 동물 종과 크게 차별화되지 않는 수렵 채집기는 인류 문명의 전 단계로 볼 수 있으므로 굳이 다룰 필요는 없을 듯하다. '문명文明'이라는 한자어는 인류가 글자를 가지게 된 것, 즉 지식을 생산하고 기록하며 전승하게 된 것을 중요한 시작점으로 지목한다. '문화文化'도 비슷하다. 동양적 사고에서는 인간의 이성을 중시했던 듯하다.

반면 서구의 언어인 영어 단어 'Culture'는 농경이라는 생산 양식에 주목한다. 농경은 집단적인 노동, 자연의 주기에 맞춘 계획적인 경작 활동, 생산을 위한 자본인 토지 이용 소유권의 개념, 생산된 농산물의 보관, 배분과 계획적 소비, 다음 해 농사를 위한 종자의 보전과 같은 상당히 문명화된 사회의 질서를 필요로 한다. 또 농경은 자본과 생산물의 불균등한 소유에 따른, 또는 불균등한 소유를 위한 권력 구조의 등장과 그에 따른 지배 계층과 피지배 계층의 분화, 사회 질서를 유지하기 위한 제도화를 수반한다. 따라서 정치 경제적인 차원에서 문명의 시작은 농경 사회로 보는 것이 타당하다. 즉 처음 등장한 사회기술시스템은 '농업 기술 사회기술시스템'으로 지칭할 수 있을 것이다.

농업 기술 사회기술시스템은 수천 년간 조직화되지 않은 초기 시스템과 이후 귀족과 노예로 구성되는 단순한 시스템의 단계를 거쳐 토지를 소유한 왕과 그 토지의 사용권, 해당 영역의 통치권을 할양받은 영주나 토호, 토지를 소유하지 못했지만 경작 노동에 종사하여 삶을 부지하는 소작농과 농노의 사회 구조를 형성했다. 이를 봉건제라고 하며, 중세의 지배적인 사회기술시스템이다.

사회기술시스템에서 경제 성장의 수단은 농경, 즉 토지의 추가 확보이며 따라서 영토의 확장을 위한 전쟁은 일상화될 수밖에 없었다. 전쟁이 일상화되면서 직업적인 전사戰士가 등장하고 무기가 발달했다. 농기구와 농업 기술이 발전하면서 농업 생산성이 증대되고, 잉여가 발생하자 무역이 활성화되고 중상주의의 시대가 도래했다. 항해 기술이 중요해지고 망망대해를 건너 신대륙과 무역을 하게 되었다. 원양 항해를 위해 경도와 시간을 측정할 수 있어야 했기에 과학기술의 발전을 가속화했다. 큰 투자의 리스크Risk를 분담하기 위해 주식회사와 보험의 개념이 등장했고, 교역의 교환 가치를 매개하기 위해 화폐가 활성화되었다. 돈이 돈을 낳는 생산 양식은 자본주의를 탄생시켰다. 15세기부터 17세기에 이르는 길지 않은 중상주의의 시대, 대항해 시대의 기간은 '항해 기술 사회기술시스템'이라 부를 만하다. 이 시기에 상업 자본주의가 탄생했는데 이는 18세기 산업 혁명의 토대를 구축했다.

산업 혁명은 오늘날까지도 계속되는 현대적 사회기술시스템을 만들었다. 팔기 위한 조직적인 생산 활동을 시작해 공장과 기업이라는 주요한 제도적 장치를 고안했다. 공장은 농민을 도시 노동자로 거듭나게 했고 기계와 인간이 함께 일하게 만들었다. 기업은 자본주의의 중핵에 위치하는 조직으로서 고용자와 피고용자, 즉 자본가와 노동자의 구분을 통치자와 피치자의 구분보다 더 중요한 구분으로 만들었다.

산업 생산을 증대하기 위해 수력과 풍력 같은 자연력의 한계를 뛰어넘는 화석 연료를 동력원으로 사용하기 시작했으며, 이를 위해 증기 기관처럼 화석 연료를 사용하는 열기관을 개발했다. 전기는 전선을 통해 증기보다 에너지를 더 멀리 더 효과적으로 전달하는 매개Medium다. 산업 혁명을 거치며 '화석 연료 기반 사회기술시스템'이

공고히 자리를 잡았고, 화석 연료 기반 사회기술시스템의 하위 시스
템으로서 19세기 말에 '전기 사회기술시스템', 이어서 20세기 초반
'자동차 사회기술시스템'이 대량 생산과 대량 소비의 시대를 열어젖
혔다.

20세기 후반에 들어 생산과 소비 활동을 더욱 가속하는 '정보통
신 사회기술시스템'이 등장하였다. 소위 'N차 산업 혁명론'에 따르면
제1차 산업 혁명은 면직 산업을 중심으로 한 18세기 영국의 산업 혁
명, 제2차 산업 혁명은 대량 생산 체계가 자리 잡은 20세기 초반 미
국의 산업 혁명, 제3차 산업 혁명은 1980년대부터 시작된 정보통신
혁명, 그리고 제4차 산업 혁명은 후기 정보통신 혁명을 칭한다. 하지
만 엄밀히 말하자면 제2~4차 산업 혁명은 편의적인 레토릭일 뿐이
다. 본질적인 생산 양식과 사회 제도라는 측면에서 제1차 산업 혁명
의 사회기술시스템의 연장선상에 놓인 하위 개념일 뿐이다. 우리는
여전히 산업 혁명의 시대, 즉 산업화로 대표되는 근대화의 시대에 살
고 있다.

흥미로운 것은 거시적인 사회기술시스템의 동형화Isomorphism 현상
이다. 비록 확산과 전파에 시차가 존재하지만, 지리적인 이격에도 불
구하고 세계 각지의 사회기술시스템은 큰 틀에서 동형화되었다. 유럽
의 봉건제와 정치·사회 구조는 중국과 일본의 봉건제와 크게 다르지
않다. 봉건제를 한 번도 경험한 적 없는(아마도 한반도에 입지했던 사회 체
계들이 중국 봉건제의 한 부분이었기 때문이었을 수 있지만), 예나 지금이나 중앙
집중적인 한국의 입장에서 생소하지만, 농업 기술 사회기술시스템의
최종 버전인 봉건제는 여기저기서 비슷하게 전개되었다.

항해 기술 사회기술시스템과 화석 연료 사회기술시스템, 바꾸어

말해 자본주의 생산 양식을 주도한 것은 유럽이다. 같은 사회기술시스템에서 자본가와 노동자의 권력 관계를 전복한 이념이자 정치 경제적 체제가 공산주의인데, 이러한 관점에서 보면 공산주의와 자본주의는 형제지간이라고 할 수 있다. 유럽이 발명하고 성숙시킨 사회기술시스템은 전 세계로 퍼져 나가 현대의 지배적인 사회기술시스템이 되었다. 자본이 생산을 지배하고 과학과 기술혁신은 생산력을 담당하여 자본이 자본을 재생산하는 축적의 시스템이다.

토지를 기반으로 하는 농업 기술 사회기술시스템과 함께 전제왕정의 체계는 몰락하였고, 자본주의 생산 양식은 공화제 민주주의와 쌍을 이루게 되었다. 결국 세계는 다소간의 차이가 있지만 대체로 비슷하거나 비슷하고자 하는 제도의 집합체로 동형화되었다. 비슷한 제도를 운영하되 각기 다른 문화적 양상의 차이에 따라 독재, 권위주의, 자유 민주주의, 사회 민주주의의 분화, 자유 시장주의적인 체제와 다소 계획 경제적인 체제가 병행하여 존재할 뿐이다.

요약하자면 현대의 사회기술시스템은 200여 년 전 서구에서 창발한 것이며, 점차 전 세계로 확산되어 산업 자본주의 생산 양식과 공화제 민주주의 정치 체제의 동형화를 일으켰다. 이는 농업 기술 사회기술시스템을 성공적으로 산업 기술 사회기술시스템으로 전환한 결과다. 사회기술시스템의 전환을 주도한 사회로 구성된 국가, 그래서 그의 사회기술시스템을 전파한 국가는 과거에 제국주의 국가라 불렸다. 지금은 패권 국가, 선도 국가, 선진국이라고 불린다. 이들은 사회기술시스템의 초기 설계와 설정을 맡아 이후 사회기술시스템의 발전 경로를 선점하였다.

이것을 좁게 말하자면 기술 표준을 선점하였고, 이후의 기술 발전 경로에 막강한 영향력을 행사했다고 할 수 있다. 기술 표준을 만들어 내는 국가가 기술의 패권을 쥐게 된다는 것이고, 따라서 남보다 앞서 독창적인 기술 표준을 만드는 것이 중요하다는 주장의 근거다. 하지만 이러한 접근은 지나치게 기술 중심적이며 구시대적인 패권주의다. 이는 주어진 틀 안에서 승자와 패자를 가리는 데에만 유용하다. 근본적으로 보수적이며, 사회기술시스템의 전환에는 주저할 수밖에 없다.

만들어 가는 미래의 사회기술시스템

산업 혁명 이후 현대화의 과정과 결과를 두고 성찰이 필요하다. 이대로는 현대의 사회기술시스템이 지속가능하지 않기 때문이다. 지난 200여 년에 걸친 현대화의 과정에서 우리가 간과했던 부분이 있고, 이는 '현대화의 실수'라고 부를 만하다. 대표적인 것이 산업화의 부산물로서 위험을 생산한 것이다. 울리히 벡Ulrich Beck은 위험 사회론을 통해 지난 산업화에 대한 성찰을 바탕으로 성찰적 현대화Reflexive Modernization가 필요하다고 역설하였다.

예를 들어 환경 오염, 원자력의 위험과 같은 부작용은 인위적인 활동의 산물이다. 인류는 산업 경제적 편익을 생산하면서 동시에 부산물로서 인공적인 위험을 생산한 것이다. 이것이 현시대의 사회기술

시스템이 노정하는 한계다. 브루노 라투르Bruno Latour는 현대화 과정에서 인간이 자연과 인간 사회를 구분 지어 이분법적으로 취급함으로써 환경 파괴의 위험성을 제대로 인지하지 못했다고 지적하였다. 생물 행위자와 비생물 행위자가 대등한 관계인 연결망을 강조하였으며, 생태학적인 인지의 중요성을 역설하였다. 말하자면 인류는 제대로 된 현대화를 이룬 적이 없으므로 여전히 미개하며, 한 번도 현대인의 자격을 갖춘 적이 없다고 본 것이다.

대안적 사회기술시스템을 모색하는 성찰적 현대화 논의가 가장 활발한 분야는 기후 변화 환경 분야이다. 그리고 이 분야에서 유럽의 과학기술 혁신 정책 학계가 이끌어 온 논의는 지속가능한 발전과 사회기술시스템의 전이 관리에 관한 것이다. 지속가능성과 사회기술시스템 전이 관리는 결말이 정해지지 않았고 불확실하며 복잡하다는 특징 때문에 기존의 선형적인 접근법을 대체하는 성찰성이 모색된다. 과학기술의 산물인 유전자 조작, 복제 기술, 유해 화학 물질, 핵폐기물, 감시Surveillance와 같은 현대 사회의 위협들에 대응하기 위해 폭넓은 선택지와 다양한 시각을 고려할 필요가 있다. 특히 새로 등장하는 과학기술의 잠재적 위험을 평가함에 있어서 기존의 전문가 중심적 접근에서 탈피하고 시민 참여와 숙의를 통한 상향식 의사 결정이 필요하다.

기후 위기로 화석 연료에 기반한 현대의 산업 기술 사회기술시스템은 그 한계를 드러냈고, 더는 자체적으로 지속가능할 수 없음이 명백해졌다. 지속가능한 사회기술시스템의 전환은 친환경 기술뿐 아니라 지속가능한 사회 구조와 정치 체제로의 전환을 포함한다.

동시에 진행되는 또 다른 와해성 사회기술시스템 전환으로 디지털 전환이 있다. 디지털 전환은 탈탄소 전환과 비교할 때 규범적이라기보다 현상적이다. 또 탈탄소 전환이 기존의 화석 연료 기반 사회기술시스템의 견고함(편리함, 저렴함, 익숙함에 기반한)에 계란으로 바위 치듯 고전 중이다. 기술이 선도한다기보다 규범성이 주도하는 전이 경로를 보이는 것과 달리, 디지털 전환은 소망적인 디지털 미래의 청사진 없이도 고삐 풀린 기술 발전이 전환을 주도해 나가는 중이다. 그래서 탈탄소 전환을 위한 정책 측면의 노력이 탈탄소 에너지원의 진흥과 화석 연료에 대한 억제의 성격을 가져야 하는 데 비해, 디지털 전환을 위한 정책적 노력은 디지털화의 부작용을 방지하고 소외되는 사람들을 배려하는 관리적인 성격을 가져야 할 것이다.

결국 미래의 사회기술시스템은 우리가 만들어 가는 것이다. 산업혁명 이후 현재의 사회기술시스템이 만들어진 때에는 환경과 생태에 대한 이해와 다양한 가치를 고려하는 것이 부족했다. 이는 민주주의와 시민 사회가 충분히 성숙하지 못했음을 시사한다. 충실한 고민과 설계가 없었던 것이다. 미래의 사회기술시스템 형성 과정은 규범적으로 추구되며 의도적으로 전환을 추진한다는 점에서 예전의 사회기술시스템 형성 과정과 구별된다.

다만 사회기술시스템적 전환이라고 하여 하나부터 열까지 모두 다른 사회기술시스템으로 천지개벽할 수 있는 것은 아니다. 대부분의 레짐이 유지되는 가운데 새로운 대안적 기술 시스템으로 레짐 이동이 일어날 뿐이다. 전이는 점진적·경로 의존적으로 일어난다. 이때 중요한 것이 초기 방향 설정이다. 갈림길에서 어느 한쪽으로 갈 때, 잠시간 옆길이 보일 정도로 가깝지만 금세 서로 상당히 멀어져서 뒤

늦게 다른 길로 돌아가려면 엄청난 시간과 에너지를 들여야 한다. 경로 변경의 비용이 커진다는 얘기다.

어떤 길을 선택하느냐는 한 사회가 가진 자유 의지의 문제다. 그러나 기후 변화와 같은 전 지구적 난제를 앞에 두고 세계 시민과 다른 길을 가는 것은 쉽지도 않거니와 바람직하지도 않다. 탈탄소 전환으로 간다는 큰 방향은 정해졌다. 문제는 누군가 앞서 길을 닦아 놓아서 그 길을 걷기만 하면 되는 게 아니라는 데에 있다.

예를 들어 탈탄소 전환에 일부 기여할 것으로 여겨지는 수소 에너지 기술 시스템의 경우 한국이 세계를 선도하고 있기 때문에, 한국의 수소 에너지 사회기술시스템 전이가 어떻게 전개될지 예의주시하는 나라가 많다. 한국은 수소 에너지 사회기술시스템의 핵심 중 하나인 수소 전기차 보급 대수가 세계 1위이며, 완성도 높은 수소 전기차를 양산하여 일반 소비자에게 판매하는 자동차 회사를 보유하고 있다. 요컨대, 수소 에너지의 사회기술적 전이에 있어서 한국이 그려 나가는 그림이 전 세계의 수소 에너지 사회기술시스템의 설계도가 될 것이다.

만들어 가는 사회기술시스템에서 시민에게는 사용자로서 수동적으로 기술을 수용하는 단선적인 역할만 요구되지 않는다. 기술 시스템의 형성과 사회기술적 전이 과정에 적극적으로 참여하는 능동적인 역할이 필요하다. 과학기술 분야의 전문성이 없더라도 과학기술 지식과 혁신의 공동 생산에 나설 수 있다. 기술과 사회는 하나의 융합된 시스템을 이루며 사회의 어느 구성원도 이 시스템에서 벗어날 수 없다. 기술 변화를 도외시하거나 참여하지 않고 방관한다면 현대 시민의 책임을 다하지 못하는 것이고, 참여의 권리를 포기하는 것이기도

하다. 미래 사회기술시스템의 구성에 참여할 때 우리는 비로소 미래를 선택할 자유를 갖게 된다.

2장

불확실성과 함께 지혜롭게 살아가기

이상욱

베이컨이 꿈꾸었던 세상,
벤살렘 섬 우화

누구나 그랬겠지만 나도 어린 시절에 만화를 무척 좋아했다. 모든 만화가 재미있었지만 멋진 과학기술이 펼쳐진 미래 신세계를 다룬 만화가 특히 매혹적이었다. 초등학교 시절 일본 만화 〈도라에몽〉을 번안하여 출간한 〈동짜몽〉이 그중에도 가장 기억에 남는다. '동글짜리 몽땅' 고양이처럼 생겼지만 결코 고양이가 아니라고 우기는 웃긴 로봇이 나오는 만화였다. 이 만화를 보며 특히 가슴이 두근거렸던 때는 곤경에 처한 친구를 위해 동짜몽이 주머니에서 신기한 물건을 척척 꺼내는 순간이었다. 찹쌀떡이 먹고 싶다고 했더니, 작은 인공태양과 양탄자 논을 끄집어내 열심히 농사를 짓고 찹쌀을 수확해 먹음직한 떡을 눈앞에 내놓는 대목은 아직까지 기억에 남는다. 그 당시에 미래에는 과학기술의 발달로 저런 기계들이 나올 것이라 잔뜩 기대했다. 과학기술이 우리를 한층 자유롭게 해 줄 것이라는 희망을 가졌던 셈이다.

[그림 1] 프랜시스 베이컨의 소설 《새로운 아틀란티스》에 등장하는 벤살렘 섬의 모습

　　이런 생각은 아이들이 멋진 미래를 상상하던 1970년대보다 훨씬 오래전에 등장했다. 예를 들어 근대 과학 방법론 성립에 중요한 기여를 한 프랜시스 베이컨은 말년에 저술하고 사후에 출판된 《새로운 아틀란티스New Atlantis》에서 그 꿈의 구체적 모습을 생생하게 보여 주었다. 이 책에서 베이컨은 미지의 섬 벤살렘에 표류한 유럽 사람들의 증언으로 과학기술 연구에 의해 인도된 이상적인 사회를 제시한다.

　　벤살렘 섬의 가장 두드러진 특징은 일종의 과학기술 연구 기관인 '살로몬의 집'이 있다는 것이다. 이곳에서는 다양한 직분으로 세분화된 학자들이 전 세계에서 수집한 장치를 사용해 경험적 지식을 축적하고, 이를 바탕으로 세상에 존재하는 각종 인과 관계를 파악해 낸다. 그리고 사람들의 삶에 도움이 될 만한 유용한 장치들을 만든다. 벤살렘 섬에 표류한 유럽인들이 경탄할 정도로 섬 원주민들이 풍요롭게 지낼 수 있었던 건 국가가 후원하는 조직적 연구로 과학 지식과 기술적 인공물들을 생산해 냈기 때문이다. 베이컨이 꿈꾸었던 이상 사회는 최초의 지식 기반 사회였던 셈이다.

벤살렘 섬과 살로몬의 집 이야기에서는 21세기를 사는 우리에게 다소 낯선 면모들이 발견된다. 우선 살로몬의 집에서 이루어지는 연구는 지식을 위한 연구와 복지를 위한 연구로 구별되지 않는다. 세상에 존재하는 어떤 일의 원인을 규명하면, 그것은 당연히 인류의 복지에 도움이 되리라는 전제를 하는 것이다. 하지만 현재의 우리에게 이 문제는 그리 간단 명료하지 않다. 제한된 자원을 이른바 순수 연구와 응용 연구에 어떻게 배분해야 하는지, 순수 연구와 응용 연구 사이의 바람직한 관계는 무엇인지에 대한 골치 아픈 논쟁은 과학자와 공학자들 사이에서 현재도 끊임없이 벌어지는 중이다.

또 다른 특이한 점은 살로몬의 집에서 이루어지는 연구의 결과로 오로지 '좋은 일'만 일어난다는 것이다. 물론 연구 자체가 선한 의도로 이루어지기는 하지만, 실제로는 연구 의도와 별개로 예기지 못한 나쁜 결과가 나타나거나 무엇이 '선한' 의도인지 판단하기 어려운 경우도 적지 않을 것이다. 이런 경우의 실제 사례가 프레온 가스이다. 토머스 미즐리Thomas Midgley는 화학적으로 이상적인 성질을 가진 프레온 가스 대량 합성 연구를 수행했지만, 이 가스의 산업적 활용은 오존층에 구멍을 내는 결과를 낳았다. 프리츠 하버Fritz Haber는 조국이 제1차 세계 대전에 승리하도록 돕기 위해 독가스를 연구했지만 결국 조국으로부터 버림받는다.

게다가 벤살렘 섬에서 일어나는 활동은 생태적인 고려가 철저히 배제되었다. 과학기술의 발전과 그로 인한 산업 및 상업의 발달로 지구 생태계가 치러야 할 대가에 대한 언급은 한 줄도 찾아볼 수 없다. 이야기 전체를 통틀어 오염이나 쓰레기 문제는 언급조차 되지 않는다. 즉 벤살렘 섬에서는 과학기술의 연구가 늘 '예상했던' 결과만을 가져올 뿐 '의도되지 않았던' 부작용을 가져올 가능성은 전혀 고려되지 않은 것이다.

이 소설은 17세기 초에 발표되었다. 그러니 현재를 살아가는 우리에게 익숙한 문제들이 예견되지 않았다고 불평할 수는 없을 것이다. 베이컨이 예견했듯 지식은 끊임없이 진보해 왔고, 그 결과 인류는 과거에 미처 알지 못했던 여러 부작용까지도 인식하게 되었다. 베이컨이 꿈꾸었던 세상은, 그의 사후에 우리가 새롭게 알게 된 여러 경험적 사실로 인해 아쉽지만 도달할 수 없는 이상향이라는 사실이 판별된 셈이다. 중요한 것은 베이컨이 그러했고 나도 어릴 적 만화 〈동짜몽〉을 보고 상상했듯, 현재에도 과학 지식의 진보와 미래 기술의 발전을 꿈꾸는 사람이 많다는 사실이다. 그렇다면 우리는 베이컨의 유토피아적 전망에 집착하기보다 연구 자원의 효율적 배분, 예기치 않은 부작용에 대한 대비, 오염과 쓰레기를 줄이는 과학기술 연구에 대해 한층 현실적이면서도 매혹적인 꿈을 꾸어야 할 것이다.

벤살렘 섬이 완벽한 유토피아가 될 수 없었던 핵심 이유는 그들에게 과학기술이 사회에서 만들어 내는 불확실성에 대한 성찰이 없었기 때문이라고 볼 수 있다. 현대 사회는 과학기술에 기반하기 때문에, 과학기술의 개발 과정과 그 영향력에 불확실성이 존재할 때 이에 대한 사회적 결정을 내리는 것은 일상적인 동시에 매우 중요한 문제가 되었다. 하지만 확실한 과학적 지식에 근거해 결정을 내리는 일보다 불확실성이 개입된 상황에서 결정을 내리는 일은 더욱 어렵다.

그럼에도 최선의 결정을 탐색하고 현명한 결정을 내리고자 노력해야 하는 이유는 분명하다. 우리가 분명하게 알 수 있고 상상 가능한 요인만 고려하고 사회적 결정을 내린다면, 그에 수반되는 부작용을 완전히 간과하는 결과를 낳게 되기 때문이다. 마치 베이컨이 벤살렘 섬에서 보여 주었던 오류처럼 말이다. 그러므로 과학기술과 관련된 불확실성에 대해 어떻게 대응하는 것이 바람직한지를 고민하는 것은 그야말로 우리의 미래와 직결되는 중요한 문제다. 초연결 사회기술시스템의 바람직한 미래를 고민하는 우리의 연구도 바로 여기에 목적을 둔다.

불확실성의 지형도

불확실성은 개인적·사회적 수준에서 중요한 결정을 내리는 데 어려움을 준다. 원칙적으로 불확실성은 과거의 사건에 대해서도 있을 수 있지만(예를 들어 프랑스 대혁명의 시작점은 정확히 어떤 사건인지에 대한 역사학자들의 오래된 논쟁에서처럼), 우리가 맞닥뜨리는 초연결 사회기술시스템에서 현재와 미래의 개인적 삶이나 사회 전체에 영향을 주는 불확실성이 발생한다. 이는 주로 현재와 미래, 특히 현재의 우리가 개인적·사회적으로 수행하는 일이 미래의 개인적 삶과 사회에 끼치는 영향에 대한 것이다. 예를 들어 영향력 있는 기술 비평가 니콜라스 G. 카Nicholas G. Carr의 주장처럼 디지털 기술의 사용이 우리 뇌를 변화시켜

'깊이 읽기'와 같은 독서법이 인류의 소중한 지적 능력을 감퇴시킨다는 주장이 정말로 실현될 것인지의 여부 같은 것이 이런 불확실성에 해당된다.

불확실성을 좀 더 명확하게 정의해 보자면, 이 개념은 여러 학문의 공통 관심사이기 때문에 학문마다 저마다의 목적을 위해 의미를 규정한다. 이 장에서는 기술 철학의 맥락에서 구별될 수 있는 지식적 불확실성과 존재적 불확실성의 개념을 활용하려고 한다. 이는 불확실성의 근원이나 성격에 따라 나눈 구별이다. 즉 세계의 특정 현상에 대해 사실이 확정되었지만, 그 사실과 관련된 판단을 하는 행위 주체가 그 사실을 모르기 때문에 생겨나는 불확실성을 의미한다. 이런 의미의 불확실성은 행위 주체가 관련된 사실을 모른다는 의미에서 지식적이라고 부를 수 있다. 철학자들은 동일한 의미에서 인식적Epistemic이라는 표현을 더 자주 쓰지만 뜻은 동일하다. 모두 우리가 관련 사실이나 지식이 부족하기에 불확실성을 감수하고 판단을 하게 된다는 의미를 갖는다.

내가 눈을 감은 상태에서 주사위가 던져졌다면 분명 1부터 6까지 중 한 숫자가 나왔겠지만 나는 이미 확정된 그 '사실'을 알지 못한다. 그래서 우리는 이런 경우에 '확률'이라는 개념을 사용한다. 정상적인 주사위라는 가정하에 각각의 주사위 상태가 '동등'하다고 판단하면 우리는 1/6이라는 확률을 각각의 상태에 부과한다. 그런 다음에 그 확률을 사용해 주사위와 관련된 판단, 예를 들어 어떤 숫자의 조합이 더 실현될 가능성이 높은지를 판단할 것이다. 이처럼 인식론적 불확실성에 대응하는 표준적인 방법은 확률을 사용하는 것이다.

우리가 개인적 삶을 영위할 때 일일이 확률을 계산해서 중요한 결정을 내리는 경우는 드물다. 하지만 적어도 여러 가능한 미래 상황 중에서 어떤 상황이 좀 더 '가능성이 높은지', 즉 확률이 높은지를 따져 본 후 그에 입각하여 결정을 내리는 것이 일반적이다. 사회적 수준에서는 확률이 훨씬 더 광범위하고 체계적으로 사용된다. 당연히 사회 전체에 퍼졌고 많은 사람에게 영향을 끼치는 현대 기술 시스템과 그것을 활용하는 사회 시스템, 그 둘이 결합한 사회기술시스템에서 확률 사용은 보편적이다.

하지만 모든 불확실한 상황에 확률이 주어질 수 있는 것은 아니다. 다른 말로 하자면 모든 불확실성이 지식적 불확실성인 것은 아니다. 확률은 주사위 던지기처럼 근본적으로 동등한 조건에서 원칙적으로 무한히 반복될 수 있는 시행의 계열에 의해 정의될 수 있다. 주사위 눈이 3이 나올 확률이 1/6이라는 말은 주사위를 수없이 많이 던지면 전체 던진 횟수에서 3이 나온 경우 수의 비율이 1/6에 근접한다는 의미이다. 하지만 세상에는 이렇게 여러 번 반복될 수 없는 일회적 사건도 많다. 실제로 대부분의 사회적·역사적 조건은 다시 반복되지 않는 상황을 만들어 내기에 역사적 추론에서 확률 개념은 무의미하다고 주장하는 학자들도 있다. 이런 경우 미래의 특정 사건은 그것이 발생할 확률조차 이해관계자들이 합의할 수 있는 방식으로 부여할 수 없는 난처한 상황에 처할 수 있는데, 이것이 존재적Ontic 불확실성에 해당된다.

물론 특정 상황이 인식적 불확실성인지 존재적 불확실성인지는 논쟁적일 수 있다. 예를 들어 후쿠시마 원전 사고 같은 자연재해로 발생한 핵 발전소 사고가 앞으로 100년 내에 일어날 확률은 어느 정도일까? 물론 전문가들이 계산할 수 있지만 실제로 그 계산 과정에서 많은 이론적·사실적 가정이 들어갈 수밖에 없다. 또 각각의 가정이 참인지 거짓인지를 사고 발생 전에 확인하는 것이 불가능에 가까운 경우가 대부분이다. 이런 경우 전문가들이 제시하는 확률 값이 철학적으로 볼 때 얼마나 인식적으로 믿을 만한지 논란이 있을 수 있고, 그런 이유로 이런 사례가 실은 존재적 불확실성에 해당한다고 볼 수 있다.

당연한 이야기지만 특정 불확실성이 관련된 범위가 좁고, 그 내용을 명확하게 규정하고 측정할 수 있을수록 해당 불확실성이 인식적 불확실성이라고 간주하는 것이 가능해진다. 예를 들어 매일 몇 시간 이상 휴대 전화를 사용해야 안구 건조증이 발생할 수 있을지는 휴대 전화 사용 시간과 안구 건조증 모두 범위가 비교적 명확하게 규정되기에 객관적 측정이 가능하다고 볼 수 있다. 그렇다면 경험 연구로 상당히 믿을 만한 확률 값을 얻어 낼 수 있을 테고, 이는 인식적 불확실성의 사례라고 할 수 있다.

하지만 이 경우에도 질문을 조금 바꿔 보면 어떨까? '휴대 전화 같은 디지털 기술이 우리 건강에 위협이 되는가'라고 범위를 확장시키면, 사람마다 '건강에 대한 위협'을 다르게 이해할 것이다. 그렇다면 실제로 이 질문에 대해 잘 정의된 확률 값이 존재하는지 자체가 질문이 된다. 그러므로 이 질문은 존재적 불확실성을 재가하는 것이라고 볼 수 있다. 물론 '건강에 대한 위협'의 의미를 측정 가능한 양으로 엄밀하게 정의하는 방식으로 이 존재적 불확실성을 지식적 불확실성으로 바꾸려는 시도를 할 수 있다. 하지만 그럴 경우 그렇게 정의된 '건강에 대한 위협'이 우리가 원하는 올바른 개념인지 자체가 논쟁적일 수 있게 된다. 이러한 경향성 때문에 실제로 초연결 사회기술시스템처럼 다양한 요인들이 상호 작용하는 거대한 시스템에서 발생하는 불확실성은 우리가 개념을 정리하고 관련된 내용에 합의하기 전까지는 존재적 불확실성일 가능성이 높다. 그렇기에 거대 사회기술 시스템과 관련된 불확실한 사안을 통계적 기법이나 확률을 사용하여 해결하면 그만이라는 생각은 그 접근 방법부터 재검토가 필요하다고 봐야 할 것이다.

이 구별이 철학자들에게만 국한된 구별은 아니다. 예를 들어 이 구별은 경제학자들의 위험Risk과 불확실성Uncertainty의 구별이 상당히 잘 대응된다. 하지만 다른 학문에서는 불확실성의 근원을 구태여 세부적으로 나누지 않거나 다른 방식으로 나누기도 한다. 예를 들어 인지 심리학자들은 불확실성에 대한 우리의 인지적 대응 방식에 관심을 집중하기에 존재론적 불확실성을 구태여 지식적 불확실성과 구별하지 않는 경향이 있다. 반면 사회적 변화에 대한 제도적 대응에 관심 있는 법학자들은 다른 방식으로 불확실성을 정의하고 논의한다는 점을 기억할 필요가 있다. 이 글에서 말하는 불확실성은 이 두 개념을 모두 포함한다.

지식적 불확실성과 과학적 증거의
수집과 활용

    지식적 불확실성과 존재적 불확실성은 각각 서로 다른 대응 방식이 필요하다. 물론 이 두 종류의 불확싱성은 서로 상호 작용하면서 복합적인 불확실성을 만들어 내기에 실제로 우리가 경험하는 불확실성을 적절히 대응하는 것도 복합적일 수밖에 없지만, 불확실성의 본질을 정확히 이해하는 것에 근거한 대응이 필요하다는 이야기다.

    지식적 불확실성은 우리가 가진 지식의 한계와 관련된 것이기에, 이에 대응하기 위해 방법론적으로 잘 수행된 연구로 관련 증거와 지식을 더욱 많이 확보하려는 노력이 가장 중요하다. 예를 들어 우리는 5G 네트워크가 보편화될 때 우리 인체에 정확히 어떤 영향을 주는지를 잘 알지 못하기에 사회적으로 광범위한 5G 네트워크 사용을 두고 올바른 대응을 결정하기 어렵다. 물리학적 관점에서 5G 네트워크가 사용하는 밀리미터 수준의 전파는 우리 몸의 세포를 '직접적으로' 데울 수 없다. 하지만 세포는 단순히 물질 덩어리가 아니라 다양한 기능을 수행하는 복잡계이다. 그러므로 이런 복잡계에 5G 전파가 장기간 가해질 때 어떤 영향을 줄 수 있는지 아직 잘 모른다. 게다가 우리의 측정 장치, 특히 기상 예보 측정 장치 중 5G 네트워크가 간섭을 일으킬 수 있는 장치도 있는데, 이런 장치가 네트워크 구동 중에 얼마나 교란될 것인지 통계적으로 믿을 만한 정보는 아직 확보되지 못했다. 이런 종류의 지식적 불확실성은 후속 연구로 끊임없이 해소될 수 있다. 그러므로 지식적 불확실성에 대한 대응은 분명히 좀 더 많은 연구로 과학적 데이터를 수집하는 것이다. 그 결과 우리가 더 나은 사회적 대응을 하는 것이 가능해질 수 있다.

코로나19 바이러스가 어떻게 전파되는지에 대한 우리의 지식이 확장되는 방식도 좋은 예이다. 코로나19 팬데믹이 처음 시작될 때 이 바이러스의 전파 양상이나 효과적인 대응 방식을 두고 다양한 견해가 제시되었다. 마스크 사용이 효과적인지조차 국제적인 보건 당국이 서로 다른 판단을 내리기도 했다. 하지만 시간이 지나 관련 데이터가 축적되면서 코로나19 방역 대책은 가장 효과적인 방식으로 표준화되기 시작했다. 많은 나라가 마스크의 효능과 밀접 접촉의 위험성을 인식하게 되었고, 각국마다 다양한 방식으로 대응 정책을 시행했다. 그러므로 이는 지식적 불확실성의 성공적인 대응 사례라고 할 수 있다. 인류에게 큰 위협이 된 지식적 불확실성에 대응하여 관련 학자들과 보건 당국이 최대한 과학적 증거 수집과 증거 기반 판단을 하려 노력했다. 그 결과 지식적 불확실성이 많이 해소되면서 효과적인 사회적 대응이 이루어진 것이다.

이처럼 지식적 불확실성의 표준적 대응은 지식의 확장이나 관련 증거와 데이터의 확보이지만, 이런 대응 과정에서 고려해야 할 두 가지 사안이 더 있다. 첫째는 특정 시점에서 과학기술과 관련한 중요한 결정을 내려야 할 때 상당한 수준의 지식적 불확실성을 감내할 수밖에 없을 것이라는 점이다. 설사 불확실성의 본질이 더욱 많은 과학 연구를 통해 원칙적으로 해소될 수 있다고 해도, 과학 연구와 증거 수집에 상당한 시간이 필요하다. 따라서 특정 시점에 사회적으로 중요한 과학기술과 관련해 판단을 내릴 때 지식적 불확실성이 완전히 해소된 상태이기를 바라는 것은 비현실적이다. 그렇다 보니 '과학적'

방식으로 판단을 해야 한다는 주장은 많은 경우 상당한 정치적 영역을 포함할 수밖에 없다. 즉 관련 증거를 수집하고 지식을 확장하려는 노력은 해야 하지만, 지식적 불확실성이 남은 상태에서 어떤 판단을 내리는 것이 바람직한지 판단하려면 정치적 결정 절차 등도 확보해 둘 필요가 있다는 말이다.

둘째는 우리가 과학이라고 부르는 분야는 기존 명칭인 분과학문Disciplines의 뜻에 들어맞게 지식을 얻고 평가하는 과정에서 서로 다른 방법론을 사용하는 여러 개별 학문으로 구성된다는 점이다. 각각의 학문 분야는 역사적으로 서로 다른 질문을 던져 왔고, 각각의 질문에 대답하기 위해 정교한 연구 방법론을 발전시켜 왔다. 그런데 이 연구 방법론은 서로 호환 가능하지 않기에, 종종 동일한 지식적 불확실성을 두고 서로 다른 과학 분야에서 충돌하는 것처럼 보이는 증거를 제시하기도 한다. 이 경우 대부분은 어느 한쪽 증거가 틀렸거나 비과학적인 것이 아니라 각각이 지식적 불확실성을 다른 방식으로 규정한 후 다른 방식으로 탐구하기 때문이다. 다른 말로 하자면 동일한 지식적 불확실성에 대해 전체 진리가 아니라 조각 진리를 제시하기 때문이라고 할 수도 있다. '핵 발전소 근처에 사는 것이 위험한가'라는 질문에는 지식적 불확실성이 있는데, 그 이유는 과학자들이 이 질문을 연구하지 않아서가 아니라 분야마다 다른 방식으로 이 질문에 답하기 때문이다. 예를 들어 핵공학자와 보건 의료 전문가가 각기 다른 증거를 제시하고 각기 다른 결론을 도출할 수 있다는 것이다.

존재적 불확실성과
제도적 실천

존재적 불확실성에 대한 대응은 지식적 불확실성보다 더 어렵다. 존재적 불확실성은 확률 값조차 전문가의 동의와 객관적 근거에 입각하여 부여하기 어렵다 보니, 어떤 한 대응이 다른 대응보다 더 '낫다'고 선뜻 평가할 수 없기 때문이다. 그러므로 이 경우 많은 사람이 일차적으로 호소하는 방식은 존재적 불확실성을 지식적 불확실성으로 대체하는 방식이다. 즉 수많은 가정을 활용하여 확률적 계산이나 비용-편익 분석이 가능한 방식으로 불확실성의 성격을 존재적에서 지식적으로 바꾸는 것이다. 환경 경제학에서 환경에 대한 특정 공학적 개입이 '얼마나' 환경에 피해를 주는지 계산하거나 기후 위기에 대응하기 위해 시도하는 지구 공학적 방법이 지구 생태계에 어느 정도 확률로 파국적 결과를 가져오는지 등을 계산하려고 노력하는 것이 이에 해당된다.

이런 식의 대응은 원칙적으로 확률 값의 부여가 임의적인 상황을 '계산 가능한' 상황으로 만드는 무리한 시도라고 비난받을 여지가 있다. 해당 불확실성이 제기하는 근본적 위협을 인정하지 않고 계산 가능한 양으로 치환하려는 속임수라고 간주될 수 있다. 하지만 우리가 사회적으로 한정된 자원을 동원하여 현대 사회기술시스템이 제기하는 다양한 불확실성에 대응할 때 우선순위나 자원 배분을 사회적인 측면에서 정당화할 수 있는 방식으로 수행하는 것은 매우 중요하다. 그리고 이 과정에서 특정 개인이나 집단의 과도한 영향력을 배제하고 관련 이해 당사자들이 모두 참여하는 민주적 방식으로 논의가 진행되기 위해서는 이 논의 과정에 도움을 줄 수 있는 관련 데이터나 증거가 반드시 필요하다. 그러므로 앞서 지적했듯이 우리가 존재적 불확실성을 지식적 불확실성으로 치환할 때 논쟁적인 여러 가정을 사용한다는 점을 꼭 기억해야 한다. 이러한 전제하에, 중요한 사회적 결정 과정에서 존재적 불확실성을 과학적 근거를 갖춘 지식적 불확실성으로 바꾸려는 노력은 바람직하다고 볼 수 있다.

또 이와 별개로 존재적 불확실성에 대한 대응에서 제도적 실천의 중요성은 아무리 강조해도 지나치지 않다. 특히 관련 지식만이 아니라 우리 사회가 바람직하게 여기는 다양한 가치를 고려하려는 노력과, 그 노력의 과정에서 절차적으로 다양한 이해관계자를 포함시키려는 노력을 포함하는 제도적 실천이 중요하다. 이러한 가치 고려와 절차적 포용이 중요한 이유는 다음과 같다. 존재적 불확실성이 해소되는 방식이 많은 경우 관련 지식의 축적이 아니라 기술 사회 시스템에 대한 우리의 대응 방식, 즉 개인 사용자의 대응 방식과 사회의 제도적 대응 방식의 결과로 나타나기 때문이다.

특정 기술의 사용자들이 그 기술을 기술 설계자가 의도했던 방식으로만 사용하는 경우 기술의 역사에서 상당히 드물다. 사용자들은 각자가 처한 상황과 사회 문화적 맥락에 따라 동일한 기술적 대상도 상당히 다른 방식으로 사용한다. 또 사회는 기술의 사용과 개발 과정에 어떤 방식으로든 영향을 미치게 되는데, 이 영향에 따라 기술의 미래 내용이 상당히 달라진다. 그리고 이러한 과정으로 특정 기술의 사회적 영향은 확률 값조차 객관적으로 부여하기 어려운 상황에서 상당히 안정적으로 그 기술적 궤적과 영향의 양상을 예측할 수 있는 영역으로 넘어오게 된다. 간단하게 말하자면 존재적 불확실성이 제도적 실천으로 관리 가능한 잡음 정도로 변화하게 되는 것이다.

1970년대 미국에서 이루어진 배기가스 규제의 영향으로 무연 휘발유가 개발되고 보편적으로 사용된 것이 좋은 사례이다. 배기가스가 인체에 미치는 영향은 상당 기간 존재적으로 불확실했다. 오랜 기간 인체에 미치는 영향을 독극물에 의한 죽음처럼 즉각적인 피해에 국한했기에 대기 질 저하처럼 특정 질병과 직접적인 인과 관계를 입증하기 어렵다. 확률적 상관관계만 밝혀낼 수 있는 영역은 법적 배상 책임이 있는 피해로 인정하지 않는 관례가 있었기 때문이다. 그러나 1970년대에 들어서며 장기적·연속적인 인과 과정으로 인한 영향을 제도적으로 보상이 가능한 피해로 인정했고, 동시에 이런 상황을 미리 방지하기 위한 규제를 도입했다. 이러한 제도적 실천은 배기가스와 관련한 불확실성을 더욱 많은 과학 연구만이 아니라 적절한 수준의 대기 질을 포함한 환경권을 시민이 누려야 하는 권리로 인정하려는 사회적 노력의 결과로 대응했다고 할 수 있다.

흥미로운 점은 이러한 새로운 규제에 격렬하게 저항했던 미국의 주요 자동차 회사들은 제도적 변화가 불가피해지자 이에 대해 기술적으로 적응했다는 사실이다. 불완전 연소를 줄이고 다양한 촉매를 통해 배기가스의 나쁜 성분을 다시 회수하여 연구개발을 하려는 노력으로 더욱 환경 친화적인 차를 만드는 기술혁신을 이룩했던 것이다. 기술혁신이 모든 규제에 의해 항상 비용효율 방식으로 가능하다는 보장은 없지만, 기술적 노력이나 경영의 효율성은 결국 사회가 정한 법적·제도적 테두리 내에서 결정된다는 점을 고려해야 한다. 이때 존재적 불확실성에 대응하는 방식에서 제도적 실천의 중요성은 결정적이라고 할 수 있다.

　　존재적 불확실성의 제도적 실천은 그 자체가 구성적인 성격을 가지기에 사회적 결정 과정를 통해 형성되는 특징을 보여 준다. 즉 존재적 불확실성의 내용과 그것의 가치적 평가 자체가 제도적 실천으로 결정된다는 것이다. 그래서 우리가 어떤 제도적 실천을 하는 것이 바람직한지, 어떤 방식이 현실적으로 가능한지에 대해 다양한 의견이 제시될 수 있다. 다만 이를 조율하는 것은 쉽지 않을 수밖에 없다. 미리 객관적으로 존재하는 불확실성의 내용을 찾아가는 것이 아니라 사회적 논의 과정을 거쳐 불확실성의 내용과 그에 대한 바람직한 대응 방안 등을 '조정'해 가는 과정이기 때문이다. 최근 인공지능 기술 발전을 어떤 방식으로 이끌어야 하는지를 두고 여러 국제 사회가 노력하는 것도 이런 제도적 실천의 좋은 사례다. 마찬가지로 세계 각국이 기후 위기에 대응하는 방식의 조율이 어려운 이유도 기후 위기와 관련된 불확실성에는 과학 지식 부족의 결과(지식적 불확실성)만이 아니라 다른 나라, 다른 집단이 어떤 결정을 내릴 것인지의 영향에 대한 존재적 불확실성이 있기 때문이다. 특히 제도적 불확실성에 대응하는 행동 자체가 다음 단계의 준거점이 되는 자기되먹임 Self-feedback 구조를 갖기 때문에 제도적 실천의 방법론을 찾는 어려움은 더욱 증폭된다.

위험 기반 접근

　제도적 실천을 수행하는 가장 표준적인 방식은 불확실성을 개념적·수학적으로 훨씬 더 다루기 쉬운 확률로 변환하여 대응하는 위험 기반 접근Risk Based이다. 경제학자들은 정확한 확률 값을 부여할 수 없는 불확실성과 확률 값 부여가 가능한 위험을 구별하고, 후자에 대해 기대 효용을 극대화하는 방식으로 합리적 선택을 정의한다. 이를 위험 기반 접근이라고 한다.

　현실적으로 이러한 확률 부여가 얼마나 증거 기반에 의해 이루어지는지를 두고 논란의 여지가 많다. 앞서 지적했듯이 확률 값의 부여 과정에 개입하는 수많은 가정을 하나하나 검증하는 것은 거의 불가능에 가깝다. 그렇기에 위험한 여러 요인의 확률 값이 미세하게 차이 날 때 그러한 차이에 근거하여 단정적으로 다른 제도적 대응을 하는 것이 바람직하지 않을 수 있다. 그런 이유 탓에 수치적으로 매우 정확한 확률보다 '고위험' 기술과 '저위험' 기술처럼 정도의 차이를 고려하여 정책적 대응을 하는 경우도 많다. 2024년 초 유럽의회를 통과한 유럽의 인공지능 기술에 대한 규제 방안이 하나의 사례이다.

　위험 기반 접근은 지식적 불확실성에 대응하여 이해하기 쉽고 제도적으로 분명한 답을 제시한다. 지식적 불확실성은 우리가 확률을 부여해야 하는 상황에서 나타나는데, 이것의 해결책은 기대 효용을 계산하여 여러 선택지 중 가장 기대 효용이 높은 사회적 결정을 내려야 한다는 것이다.

　하지만 앞서 지적한 대로 모든 불확실한 상황이 지식적 불확실성은 아니다. 존재적 불확실성의 경우 특정 확률 값 부여 자체가 불가능하거나 논쟁적일 수 있어, 설사 확률 값을 부여하더라도 그 확률 값을 항상 정당화할 수 있을지는 의문이다. 이 경우 기대 효용 값에 의해 알고리즘 판단을 하는 위험 기반 접근은 한계가 더욱 분명하게 드러난다. 기대 효용이 가장 높은 선택지가 결정되면 합리적 사회는 그 결정을 따라야 한다. 그렇지 않으면 비합리적 결정을 내리는 것이고, 이는 어떤 경우에도 결코 옹호될 수 없다는 생각에 직관적 호소력이 있는 것이 사실이다. 하지만 현실적으로 기대 효용은 우리가 변숫값으로 고려한 특정 시스템 내에서 계산되기 마련이어서 시스템이 바뀌면 기대 효용 값도 달라지고 결국 '합리적 선택지'도 달라지게 된다. 그러므로 얼핏 생각하면 매우 강력하게 알고리즘적으로 답을 주는 것처럼 보이는 위험 기반 접근은 실제로 고려하는 변수를 암묵적으로 선정해 놓고, 그 결괏값을 '합리성'으로 포장하는 정치적 수단으로 악용될 여지가 많다.

다른 말로 하자면 위험 기반 접근에서 어떤 위험을 어느 정도의 가중치로 다루어야 하는지는 이 접근법에 의해 방법론적으로 규정되지 않는다. 그보다 사회적 이해 집단들 사이의 정치적 과정을 통해 협의되어야 한다. 물론 이 과정이 완전히 임의적인 것은 아니고 우리가 아는 관련 과학기술 내용에 의해 상당 부분 그 테두리가 결정되겠지만, 우리가 어떤 제도를 택하고 어떤 개인적·사회적 대응을 해야 하는지 이 접근법에서 공란으로 남겨진다고 볼 수 있다.

행동우선 접근

행동우선Proactionary 접근은 모든 불확실성에 대해 선 시험 후 대책을 강조하는 입장이다. 즉, 논쟁적인 과학기술을 사회적 수준에서 활용해 보고 그 결과를 면밀하게 모니터링하면서 대응책을 시행하는 방식으로 돌파하자는 제안이다. 실제로 많은 경우 문제가 되는 지식적 불확실성은 실험실의 제한된 조건에서 얻은 결과를 복잡한 사회 시스템으로 확장시킬 때 '외부적 타당성'을 확보하기 어렵다는 한계가 있다. 그래서 사회적 규모에서 직접 활용해 보는 것이 지식적 불확실성에 대한 궁극적인 해결책이라는 주장도 어느 정도 일리가 있다. 또 존재적 불확실성의 경우 행동의 중요성은 더욱 크다고 볼 수 있다. 우리의 제도적 실천 자체가 존재적 불확실성을 해소하는 중요한 방법 중 하나이기에, 적절한 행동이나 제도적 대응 없이 존재적 불확실성에 대한 근본적 해결책을 제시하기는 어렵기 때문이다.

행동우선 접근의 문제점은 어떤 것이 '올바른' 제도적 실천인지를 고민하는 일의 중요성을 과소평가한다는 데 있다. 지식적 불확실성을 극복하기 위해 사회적 규모에서 일종의 '사회적 실험'을 하도록 허용하는 것이 바람직한 제도적 대응이라는 점을 처음부터 전제로 삼기에 존재적 불확실성 자체를 그다지 중요하게 생각하지 않는다고 볼 수 있다. 하지만 사회적 수준에서의 '불확실성'을 동반한 실험은 경우에 따라 파국적 결과를 가져올 수 있다는 점을 기억해야 한다. 게다가 사회를 구성하는 개인은 자기 결정권을 갖기에 자신에게 영향을 줄 수 있는 사회적 실험의 내용과 과정을 개입하고 그 거버넌스에 영향을 줄 수 있는 권리가 있다. 행동우선 접근은 이러한 고려

사항을 어떻게 반영할 것인지를 두고 지극히 기술 전문주의적 시각에 머문다는 한계가 있다.

사전주의 접근

사전주의Precautionary 접근은 과학기술적 불확실성에 대해 미리 '주의'하자는 제안이다. 이 제안은 이 '주의'의 구체적 내용이 무엇인지에 따라 다양한 평가가 가능하다. 이 주의를 매우 강하게 해석하여 과학기술적 불확실성이 파국적 결과를 포함한다면, 그 불확실성의 크기나 상대적 중요성과 무관하게 과학기술의 개발을 중지함으로써 그 파국적 결과를 '예방'해야 한다는 주장으로 이해할 수도 있다. 실제로 사전주의 접근을 둘러싼 많은 비판이 이러한 강한 해석에 집중된다. 특히 특정 불확실성이 제기하는 위험만을 고려하여 행동하지 않을 경우, 그 행동하지 않는 결정에도 위험이 있을 수 있다는 점을 지적하는 비판이 많다. 이는 기후 변화가 급속도로 진행되는 현 상황에서 상당한 위험성이 있는 지구 공학적 방법을 어느 정도 적용해야 하는지를 두고 벌어지는 최근 논의와도 관련된다.

하지만 국제적으로 통용되는 사전주의 접근은 이보다 훨씬 유연하고 관계적이다. 예를 들어 1992년 리우 유엔 회의에서 채택된 사전주의 접근은 이후 유엔 기구의 범지구적 불확실성에 대응하는 국제적 공조 노력에서 지속적으로 언급되는데, 이는 특정 과학기술의 위험성만으로 그에 대한 판단을 내리는 것을 요구하지 않는다. 그보다 다양한 고려 사항을 종합하여 지식적·제도적 불확실성을 해결해 나가자는 제안을 한다고 보는 것이 정확하다. 문제는 이 해결 과정에 대해 사전주의 접근은 명확한 절차를 제시하지 않아 앞서 소개한 두 접근에 비해 상대적으로 실천적 적용성이 떨어진다는 데 있다.

불확실성과 다층적·제도적 실천

베이컨이 꿈꾸었던 과학기술 기반 사회의 모습인 벤살렘 섬의 우화를 들여다보면 사회기술시스템을 향한 낙관주의가 간과한 불확실성의 중요성을 이해할 수 있다. 불확실성은 우리의 지식 부족으로 발생한 지식적 불확실성과 객관적 확률 값조차 부여하기 어려운 존재적 불확실성으로 구분된다. 일단 각각의 경우 관련된 내용에 대한 믿을 만한 과학적 데이터와 증거를 수집하여 그에 입각한 사회적 결정을 내려야 할 것이다. 하지만 그 이후에도 과학 연구에는 시간이 걸린다는 사실과 다양한 분과 학문을 기반으로 한 '조각 진리' 사이의 의견 충돌이 불가피하다는 점 때문에 사회기술시스템과 관련된 모든 불확실성을 '더욱 많은 과학 연구'로 해결하려는 접근은 비현실적이라고 봐야 한다.

그렇다면 불확실성을 더 많은 지식으로 해결하려는 노력만큼이나 중요한 것은 우리가 바람직하게 생각하는 사회 모습에 비추어 사회를 설계하고 만들어 나가는 제도적 실천이다. 제도적 실천은 특히 두 종류의 불확실성 중 다루기 더 어려운 존재적 불확실성에 효과적으로 대응할 수 있는 방법이다. 또 정치적으로 정당화가 가능한 방식으로 이루어질 때 절차적 정당성에 따라 그 실천의 결과와 독립적인 정당성을 확보할 수 있다. 게다가 자동차 배기가스 사례에서 알 수 있듯 영리하게 이루어진 제도적 실천은 기술혁신과 산업 구조의 바람직한 재편을 촉진할 수도 있다.

하지만 이렇게 중요한 제도적 실천을 어떻게 수행해야 하는지를 두고 다양한 의견이 제시되어 왔다. 위험 기반 접근, 행동우선 접근, 사전주의 접근 모두 각각 장점과 한계를 지닌다. 그러므로 사회적 수준에서 불확실성의 효율적이고 적절한 대응은 특정 접근을 고집하지 않고 사례에 따라 각각 선택적으로 활용하거나 때로 동시에 활용하는 다층적 접근을 하는 것이다. 우리가 다루어야 할 불확실성의 복잡도를 고려했을 때, 이 과정이 정확히 어떻게 진행되어야 하는지를 알고리즘적으로 제시할 수 있을 가능성은 매우 낮아 보인다. 하지만 한 가지 분명한 사실이 있다. 다층적·제도적 실천이 효과적으로 이루어지기 위해 대런 애스모글루Daron Acemoglu와 제임스 A. 로빈슨James A. Robinson이 강조하듯 그러한 제도적 실천을 실효성 있게 수행할 수 있는 국가와 그에 대해 비판적 견제와 지향점을 제시하는 탄탄한 시민 사회 모두가 필요하다는 사실일 것이다. 그런 의미에서 사회기술시스템의 불확실성은 '좁은 회랑'을 성공적으로 돌파할 때 관리가 가능해질 것으로 보인다.

더 읽을거리

- Acemoglu, Daron and Robinson, James A. 2020, The Narrow Corridor: States, Societies, and the Fate of Liberty, New York: Penguin Random House.
  《좁은 회랑》, 대런 애쓰모글루, 제임스 A. 로빈슨 지음, 장경덕 옮김, 시공사.

- Bacon, Francis 1626, New Atlantis, in Vickers, Brian J. (ed.) 2008, Francis Bacon: The Major Works, Oxford: Oxford University Press.
  《새로운 아틀란티스》, 프란시스 베이컨 지음, 김종갑 옮김(발췌 역), 에코리브르.

- Collins, Harry and Evans, Robert 2017, Why Democracies Need Science, Oxford: Polity.
  《과학이 만드는 민주주의》, 해리 콜린스, 로버트 에반스 지음, 고현석 옮김, 이음.

- Carr, Nicholas 2011, The Shallows: What the Internet is Doing to Our Brains, New York: W.W. Norton & Co.
  《생각하지 않는 사람들》, 니콜라스 카 지음, 최지향 옮김, 청림출판.

- Crawford, Kate 2021, Atlas of AI: Power, Politics, and the Planetary Costs of Artificial Intelligence, New Haven, CT: Yale University Press.
  《AI 지도책》, 케이트 크로퍼드 지음, 노승영 옮김, 소소의책.

- Jasanoff, Sheila 2016, The Ethics of Invention: Technology and Human Future, New York: Little, Brown and Co.
  《테크놀로지의 정치》, 실라 재서노프 지음, 김명진 옮김, 창비.

- Kahneman, Daniel 2011, Thinking, Fast and Slow, New York: Farrar Straus & Giroux.
  《생각에 관한 생각》, 대니얼 카너먼 지음, 이창신 옮김, 김영사.

- Kahneman, Daniel, Sibony, Oliver, and Sunstein, Cass R. 2021, Noise: A Flaw in Human Judgment, New York: Little, Brown and Co.
  《노이즈: 생각의 잡음》, 대니얼 카너먼, 올리비에 사보니, 캐스 R. 선스타인 지음, 장진영 옮김, 김영사.

- Kelly, Kevin 2011, What Technology Wants, New York: Penguin.
  《기술의 충격》, 케빈 켈리 지음, 이한음 옮김, 민음사.

- Kelly, Kevin 2016, The Inevitable: Understanding the 12 Technological Forces that will Shape Our Future, New York: Viking Press.

《인에비터블: 미래의 정체》, 케빈 켈리 지음, 이한음 옮김, 청림출판.

- Latour, Bruno 1988, Science in Action: How to Follow Scientists and Engineers Through Society, Cambridge, MA: Harvard University Press.
《젊은 과학의 전선》, 브뤼노 라투르 지음, 황희숙 옮김, 아카넷.

- Reich, Rob Sahami, Mehran, and Weinstein, Jeremy M. 2021, System Error: Where Big Tech Went Wrong and How We Can Reboot It, New York: HarperCollins.
《시스템 에러》, 롭 라이히, 메흐란 사하미, 제레미 M. 와인스타인 지음, 이영래 옮김, 어크로스.

- Sunstein, Cass R. 2009, Worst Case Scenarios, Cambridge, MA: Harvard University Press.
《최악의 시나리오》, 캐스 R. 선스타인 지음, 홍창호 옮김, 에코리브르.

- Thaler, Richard H. 2016, Misbehaving: The Making of Behavioral Economics, New York: W.W. Norton & Co.
《행동경제학》, 리처드 H. 탈러 지음, 박세연 옮김, 웅진지식하우스.

- Zuboff, Shoshana 2020, The Age of Surveillance Capitalism: The Fight for a Human Future at the New Frontier of Power, New York: Public Affairs.
《감시 자본주의 시대》, 쇼샤나 주보프 지음, 김보영 옮김, 문학과지성사.

3장

데이터는 진실된 증거인가?

: 거버넌스 구축을 위한 서사의 역할[1]

강정한

---

1 본 장은 강정한·송민이의 〈한국사회학〉 57권 2호 게재 논문, '탈진실 시대 서사복원적 데이터 마이닝의 필요성과 방법론' 중 강정한의 집필 부분을 책의 의도에 맞게 발췌·편집한 것이다.

데이터의 범람과
탈진실 시대의 도래

옥스퍼드 사전 위원회가 2016년의 단어로 '탈진실Post-truth'을 선정한 이후 어느덧 9년이 흘렀다. 옥스퍼드 사전은 '탈진실'을 형용사로서 '공적 여론을 형성할 때 객관적 사실이 감정이나 개인적 믿음에 호소하는 것보다 영향력이 적은 상황을 일컫는' 것으로 정의한다. '탈진실'이라는 단어가 부상했다는 것은 현대 사회가 정치적 양극화와 다양한 정체성에 기반한 상호 갈등이 심해지는 추세라는 뜻이다. 이러한 현대 사회에서 우리는 어느덧 탈진실 사회를 현실로 인정하고 있다. 하지만 탈진실 시대의 도래는 정보통신 기술에 의해 세계가 묶이고, 다양한 정보가 디지털화되어 빠르게 소통되는 초연결 사회기술시스템 사회에서 기대한 모습은 아니었다. 오히려 정보의 빠른 접근과 분석은 어느 시대보다도 객관적 사실이 무엇인지 분명히 알려 줄 것으로 기대됐다.

탈진실과 대비되는 이러한 낙관적 기대가 허상은 아니다. 사실

탈진실 못지않게 현대 사회를 규정하는 형용사는 '근거기반Evidence-Based' 이다. 우리는 어느 시대보다 근거에 기반해 의사 결정을 내릴 수 있는 사회기술적 조건을 갖췄으며, 그러한 조건을 활용하여 근거를 도출하고 축적하는 데이터 과학은 전성기를 맞았다. 그리고 이렇게 축적된 근거들은 정책, 산업, 교육 등에서 근거기반 의사 결정으로 그 가치를 인정받는 중이다.

현대 사회를 규정하는 두 가지 형용사를 고려하면 우리는 매우 모순적인 사회에 산다고 볼 수 있다. 한편으로 객관적 사실의 가치를 믿고 그러한 근거에 기반한 의사 결정에 끊임없이 의존하기도 한다. 하지만 다른 한편으로 조금이라도 정체성이 다른 집단 간 공통의 진실이 가능할지 의심될 만큼 서로 공개적으로 비난하며 대립하거나 침묵하지만 강하게 배척한다. 이러한 모순적 공존은 분명 장기간 지속가능하지도 바람직하지도 않다. 탈진실 사회가 깊어질수록 근거의 발굴과 적용은 우리를 깨우치기보다 우리의 편협한 감정과 믿음을 다치지 않게 하거나, 심지어 강화하는 한계 내에서만 이용될 것이다.

현대 사회는 어떻게 이처럼 근거기반의 의사 결정이 가능하고 중요해진 동시에 탈진실 시대에 돌입한 것일까? 또 탈진실 시대를 극복할 수 있는 진정한 근거란 무엇이고, 그러한 근거를 추구할 수 있는 거버넌스는 구축이 가능할까? 그 실마리는 바로 서사의 역할에 있다고 본다. 정보 기술이 발달한 현대 사회에서는 근거의 의미가 데이터에서 추출되는 통계적 경향성으로 축소되고, 그 데이터의 생산 과정에 녹아 있는 인간의 서사Narratives가 간과된다. 그러한 서사를 복원하는 노력은 과학의 성과와 통찰을 대체하려는 것이 아니라, 오히려 데이터 과학이 지향하는 바와 일치하는 것이다. 이렇게 효과적으로 서사가 복원된 진실은 합리적 진실을 넘어 성찰적Reflective 진실일 것이라고 전망한다.

넘쳐나는 데이터는 어떻게 탈진실 사회를 낳는가?

근거에 서사가 필요한 이유

우리는 객관적인 관찰로부터 근거를 찾을 수 있다고 생각하지만, 과학사학자 토머스 쿤Thomas Kuhn은 사실 우리가 관찰하는 것이 우리가 은연중에 믿는 직관적 세계관이나 패러다임에 의존한다고 주장했다. 또 사회학자 하워드 S. 베커Howard S. Becker도 과학적 근거란 데이터와 동일시될 수 없으며, 데이터를 해석하는 사회과학자의 이론적 관점이 반영될 수밖에 없다는 점을 풍부한 예시로 보여 준다. 그 예로 민족이나 인종을 분류하는 방식은 다분히 사회적 투쟁이나 타협의 결과물이다. 지금은 미국의 '라티노Latino'라는 인구 집단이 사회적으로 자연스럽게 통용되지만, 이 범주는 실은 배경이 전혀 다른 멕시코, 푸에르토리코, 쿠바 이민 집단이 1970년대 이후 정치적 목적에 의해 창출한 정체성이었다.

이러한 점을 고려한다면 진실도 우리의 관점으로부터 자유로울 수 없다는 사실을 알 수 있다. 왜냐하면 진실은 개별 사실들의 단순 합이 아니라 데이터를 종합하여 해석한 근거로 구성되기 때문이다.

그렇다면 우리는 진실의 상대성에 의한 탈진실 사회를 당연하게 받아들이고 옹호해야 할까? 그렇지 않다. 오히려 엄격한 사실에 기반한다고 여겨지는 근거들이 왜 현대 사회의 구성원들에게 호소력을 잃고, 진실을 추구하는 데 결정적인 역할을 하지 못하는지 살펴봐야 한다. 즉, 데이터가 넘쳐나는 현대 사회에서 데이터 그 자체나 데이터에서 추출해 낸 통계적 경향성Pattern만으로도 진실을 구성할 수 있다는 암묵적 가정이 오히려 탈진실 사회를 부추길 수 있다는 사실을 깨달아야 하는 것이다.

근거를 추출하고자 하는 데이터가 우리의 말과 글, 행동의 흔적이라면 그 데이터에는 우리의 생각이나 동기 등이 담긴다. 이는 사회를 구성하는 구성원들이 세상을 바라보는 관점이기도 할 것이다. 데이터에서 추출하는 근거가 사회 구성원을 제대로 이해하고자 하는 것이라면, 이러한 구성원들의 동기와 관점을 제대로 복원해야 한다. 만일 우리가 생산한 데이터로부터 추출한 근거가 그 데이터를 생산하는 과정에 관여한 우리의 생각이나 동기, 그리고 그 생산 과정에서 발생한 우리의 경험과 깨달음을 반영하지 못한다면, 우리는 그러한 근거에 공감하지 못하고 그 근거는 여론의 형성에 힘을 발휘하지 못할 것이다.

이렇게 인간이 생산한 데이터에 있는 인간 생산자의 행위자성Agency의 체계적 흔적을 바로 '서사'라고 한다. 진정한 근거는 통계적 경향성뿐 아니라 서사를 갖춰야 한다. 서사의 복원은 데이터에 숨겨진 이야기를 복원하는 것 이상을 의미한다. 서사는 이야기에 포함된 개별 등장인물의 입장까지 복원하여 등장인물의 관점으로 데이터에서 추출한 통계적 경향성을 이해할 수 있게 해 주는 요소이다. 이처럼 통계적 경향성과 서사가 결합될 때, 그 근거는 비로소 우리 삶에서 진실로 받아들여진다.

서사가 뒷받침하는 탈진실 시대의 진실

사회적 진실을 추구할 수 있는 근거가 제 역할을 하려면 데이터를 생산한 우리의 관점과 동기를 해석하는 것이 필요하다. 이러한 해석은 서사를 복원하는 과정으로 가능하다. 화자는 단순히 이야기의 사실을 말하는 것이 아니라 이야기 속 행위와 사건에 대한 강조와 생략, 행위자로서의 입장, 화자와 청자의 관계에 따라 서사를 구성한다. 서사 속 이야기에 등장하는 행위와 사건은 '진실'로서 존재하는 것이 아니라 서사를 구성하는 화자의 관점에 의해 해석된다는 것이다. 이러한 서사 구성 방식은 자신의 주체성을 드러내기에 적합하다. 화자가 "어떻게 말하며 왜 그런 식으로 말하는지, 무엇이 그런 식으로 말하게 하는지"를 알 수 있기 때문이다. 이러한 서사 방법론은 통계적 경향성으로 설명할 수 없는 개인의 경험과 정체성을 드러낸 소수자 연구에서 활발히 활용된다. 연구자가 임의의 분석 틀을 사용하여 이야기를 해석하는 것이 아니라 화자의 동기와 관점이 녹아 있는 서사 자체를 해석하는 것이 사회적 진실을 밝히는 데에 더욱 유의미하다는 것이다.

이와 같은 근거의 두 구성 요소를 그림으로 표현하자면 [그림 1]과 같다. 인간의 상호 작용과 사회생활의 결과물로 생산된 데이터에서 근거를 추출할 경우, 그 근거는 인간이 사회를 해석하는 관점에서 자유로울 수 없으며 해석은 서사의 요소를 갖춰야 진정한 근거로서 역할을 할 수 있다. 그러한 서사는 전지적 시점에서 데이터에 포함된 인간의 이야기를 풀어 가

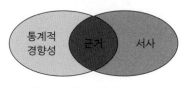

는 것이 아니라, 데이터 생산에 참여한 행위자의 입장에서 풀어 가는 이야기를 뜻한다.

이를 염두에 둔 채로 앞서 언급한 현대 사회의 모순적 공존으로 돌아가 보자. 즉 한편으로 의사 결정의 근거가 넘쳐나고, 다른 한편으로 사실보다 믿음과 감정에 의존해 의사 결정을 하는 사회가 어떻게 가능한가? 전자는 근거를 서사 없는 통계적 경향성으로 축소시켜 채택할 때 가능하다면, 후자는 근거를 경향성 없는 서사로 축소시켜 채택할 때 가능하다. 그리고 이러한 두 가지 채택이 공존하는 가설적 상황은 [그림 2]처럼 도식화해 표현해 볼 수 있다.

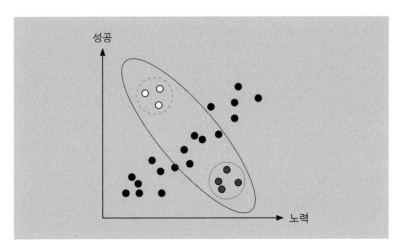

[그림 2] 근거기반 탈진실 사회라는 모순의 등장

[그림 2]가 노력과 성공의 관계를 보여 주는 데이터를 모아 시각화한 자료라고 해 보자. 이 그림에서 지배적인 통계적 패턴은 우상향, 즉 노력할수록 성공한다는 것이다. 이러한 통계적 경향성이 충분한 근거가 될 수 있다고 본다면, 노력할수록 성공한다는 명제는 '진실'이다. 어쩌면 너무 당연해서 이를 뒷받침할 특별한 서사가 필요 없을지도 모른다.

하지만 데이터가 넘쳐나는 시대에는 이상치 Outliers 데이터도 충분히 쌓인다. 그림의 좌상단에 있는 흰 점들, 즉 노력 없이 성공한 사례가 충분히 쌓이면 왜 성공하는 데 노력이 중요하지 않은지 서사를 입힐 수 있다. 그리고 인터넷에서 이러한 서사를 시청한 사람이 알고리즘이나 지인의 추천으로 같은 서사에 반복 노출된다면, '노력 없이 성공할 수 있다'는 명제는 더 많은 사람에게 설득력을 얻게 될 수 있다.

이와 반대편 이상치 데이터가 쌓이고 서사가 발전하는 과정을 생각해 보자. 그림에서 우하단의 회색 점들, 즉 노력을 해도 성공하지 못한다는 또 다른 서사가 믿음으로 정착하는 집단이 형성된다면 어떨까? 만일 두 서사가 각각의 확증편향을 거쳐 진실로 받아들여지며 두 서사를 대표하는 인물들이 사회적으로 가시화되면, 이제 두 집단 간 갈등은 사회에서 점차 중요한 현상으로 자리 잡게 된다. 그리고 두 집단 간 갈등을 관찰하는 사회의 구성원들은 더는 노력과 성공간의 관계가 비례한다고 생각하지 않는다. 점점 노력해도 성공하지 못한 사람들과 노력 없이 성공한 사람들로 양극화된 사회로 인식하게 되는 것이다. 즉, 노력과 성공의 관계는 우상향 비례 관계에서 좌상향 반비례 관계로 해석되고, 편향된 서사로 발달한 탈진실적인 집단 갈등이 어느덧 자아 완성적으로 진실을 구축하게 된다.

설령 노력으로 성공한 사회 구성원들의 사례가 무수히 쌓인다 해도, 어떻게 노력으로 성공을 일구었는가에 대한 서사가 사회에 알려지고 공감받지 못한다면 그렇게 형성된 통계적 경향성만으로 사회적 진실의 자격을 획득하기 어렵다. 이는 통계적 진실이 서사가 없다는 이유만으로 외면되기 쉽다고 한탄하는 것이 아니다. 위 예처럼 노력과 성공이 비례한다는 수치적 통계와 노력과 성공이 반비례한다는 언어적 서사가 공존하는 사회라면, 사회 구성원이 믿는 서사는 그들의 행동을 변화시키고 새로운 사례를 만들며 통계적 경향성도 변화할 가능성이 있다. 결국 사회적 진실을 추구할 때 중요한 점은 서사가 결여된 통계적 '진실'을 강조하기보다, 서사가 결여된 통계적 진실이 사회 구성원에게 어떤 의미이며 대안 서사는 어떤 행위자성을 일깨우는가에 주목하는 태도일 것이다.

결국 진실은 데이터가 아닌 근거로 뒷받침되며, 사회적으로 생성된 데이터에서 추출되는 근거는 통계적 경향성뿐 아니라 서사가 필요하다는 사실을 알 수 있다. 또 서사가 희미해진 경향성은 경향성이 강화된 서사에 진실의 자리를 내줄 수도 있다.

근거의 보강

진실의 진화 과정을 고려할 때, 탈진실 시대에 난립하는 편협한 믿음은 곧 과학적 근거로 사라질 일시적 혼란이 아니라 그 믿음을 지킨다면 언젠가 여론을 설득하고 진실성을 입증하게 될 진리의 씨앗 역할을 할 수도 있다. 그러한 씨앗이 결국 사회를 더 나은 방향으로

	서사 ×	서사 ○
경향성 ×	(1) 무지	(2) 소문
경향성 ○	(3) 데이터 마이닝	(4) 근거

[표 1] 통계적 경향성과 서사의 유무에 따른 정보의 지위

이끈다면 사회적 통념에 휘둘리지 않은 선구적 아웃라이어로 인정받겠지만, 앞서 살펴본 대립 서사들의 자아 완성적 실현 과정은 사회가 두 쪽으로 갈라져 소위 문화 전쟁Culture War에 빠질 위험에 가깝다.

정보 기술의 발달로 세계가 긴밀하고 신속하게 연결되었다는 사실이 사회 통합을 자동적으로 보장하는 것은 아니다. 현대 사회는 오히려 다양한 믿음과 정체성을 가진 집단으로 쪼개져 자신의 진실 속에 사는 부족Tribe들의 모자이크처럼 변한다는 진단이 더욱 설득력을 얻는다. 따라서 초연결 기술사회시스템의 거버넌스는 탈진실 시대를 극복할 진정한 근거를 축적할 수 있어야 한다. 그리고 진정한 근거를 축적하기 위한 노력의 방향은 통계적 경향성과 서사의 조합에 따라 정보의 유형을 나눈 [표 1]에서 알 수 있다.

우선 통계적 경향성도, 서사도 없는 상태의 정보는 원 데이터Raw Data 그대로와 다르지 않으며, 우리는 데이터를 전혀 알지 못하는 무지의 상태다. 통계적 경향성으로 뒷받침되지 않고 서사만 입힌 정보는 소문의 상태라 할 수 있고, 가짜 뉴스가 대표적인 예다. 한편, 서사 없이 데이터로부터 경향성만 추출된 정보는 전형적인 데이터 마이닝Data Mining의 상태다. 이렇게 정보의 상태를 나누어 본다면 진정한 근거를 찾기 위한 노력은 루머의 통계적 경향성 여부를 검증하는 활

동(즉 2에서 4로 이동)과 데이터 마이닝 상태에서 서사를 발굴하는 노력 (즉 3에서 4로 이동)으로 볼 수 있다.

루머의 통계적 경향성 여부를 검증하는 활동은 소위 팩트 체킹 Fact Checking 으로 대표되는데, 진실을 판별하기 위해 많이 쓰이는 방법이다. 그중에서도 데이터 마이닝 상태에서 서사를 발굴하는 활동이 필요하다고 보는데, 근거가 은연중에 데이터와 동일시되는 현시대에는 경향성 뒤에 숨은 서사 발굴의 노력이 상대적으로 미약한 경우가 많기 때문이다.

대표적인 예가 시제품의 A/B 테스트이다. 기업은 웹 시장에 두 버전의 제품(A와 B)을 무작위로 풀어 놓고 사용자 반응이 더 좋은 버전을 선택해 가며 최종 제품을 다듬는다. 투자 수익을 빨리 내야 하는 기업의 입장에서는 왜 한 버전이 다른 버전보다 더 좋은 반응을 이끄는지 사용자 관점에서 해석할 여유 없이 의사 결정을 하는 경우가 많다. 사실 알고리즘에 의한 자동화는 수많은 A/B 테스트의 결합으로 이해할 수 있으며, 서사가 결여된 최종 알고리즘은 우수한 예측 성능을 자랑하지만 가끔 이상한 예측이나 치명적 예측을 내놓을 때 그 원인을 파악하기 어렵다.

그렇다면 여기서 말하는 서사의 보강이란 현대 기술정보시스템을 떠받치는 기계 학습과 인공지능에 의한 증거 수집 능력의 한계를 인정하고 대안을 찾자는 의미일까? 그렇지 않다. 데이터에 숨은 경향성은 근거의 필수 요소이며, 이러한 경향성을 찾고 심지어 예측하는 데는 현대 인공지능의 발전이 탁월한 성능을 보여 준다. 따라서 오히려 인공지능의 향후 발전 방향이 실은 서사의 복원과도 잘 맞아떨어질 수 있다고 본다. 그 전에 서사가 왜 인간이 세상을 바라보는 인지적·감정적 특징과 잘 맞는지를 먼저 짚어 보자.

정보 기술 시대,
서사 복원의 적합성

감정 이입

응용수학 박사학위를 따고 사회학과에서 교수 생활을 시작한 던컨 J. 와츠Duncan J. Watts는 사회과학이 기묘한 설명의 방식을 갖는다고 보았다. 바로 자연과학적 설명에서 없는 요소인 '납득하기Sense Making'다. 예를 들어 자연과학에서는 기체가 된 물분자의 움직임을 설명하는 데 있어 물분자 입장에서 왜 그렇게 움직이는지 이해할 필요가 없다. 반면 사회과학에서 인간의 행동을 설명하려면 그 행위자 입장에서 왜 그렇게 행동했는지 납득하는 과정이 설명에 개입한다. 이러한 설명의 과정은 인간만의 고유한 인지적 능력에 기인한다고 할 수 있는데, 연구자가 설명하고자 하는 대상에 '감정 이입적'으로 자신을 대입하는 능력이다.

와츠가 보기에 이러한 감정 이입적 납득의 과정은 때로 합리적 설명이 아니라 인간 행동의 합리화에 이르기도 하고, 유용한 설명이라기보다 상식적인 설명에 머물기도 한다. 그러나 이러한 감정 이입적 해석 과정을 연구의 주요 방법으로 삼는 사회과학에서 이는 수집한 데이터를 생산한 행위자의 행위자성을 복원하는 중요한 과정이다.

연구를 통해 이러한 행위자성이 제대로 복원된다면, 그 설명은 인간 행동을 합리화하는 상식적 설명이 아니라 자연과학적 실험 못지않은 유용한 설명이 될 것이다. 상식적 합리화는 데이터에 나타난 경향성을 전지적 작가 시점에서 피상적으로 이야기하는 것이라면, 데이터 속 행위자에 제대로 감정 이입된 해석은 그 행위자의 서사를 발굴하여 생생히 독자에게 전달하는 것에 해당한다.

제삼자의 시점에서 전달하는 이야기와 차별되는 감정 이입적 서사 발굴의 유용성을 이해하려면 문제 아동의 행동 교정 TV 프로그램을 떠올리면 쉽다. 이런 프로그램에서는 보통 문제 아동의 행동을 관찰하는 것부터 시작한다. 관찰자나 부모의 관점에서 아동의 행동을 이야기해 주는 단계인데, 시청자는 이러한 이야기를 통해 아동의 행동을 들여다볼수록 이를 납득하기 어렵고 문제 행동을 교정하기 위해 직접 아동을 통제해야 할 듯한 판단이 든다. 이번에는 아동의 입장에서 문제 행동을 하는 과정을 보여 준다. 이 단계가 되어서야 시청자는 문제 아동의 입장에 자신을 이입하여 세상을 바라보고 왜 그런 행동을 했는지 납득하기 시작한다. 이러한 감정 이입적 해석의 단계를 거치면 아동 문제 행동의 교정은 아동에 직접 개입하기보다 양육자의 행동 교정이 선행되어야 함을 깨닫게 된다. 즉 문제 행동을 생산한 아동의 서사를 발굴하는 과정은 해법을 전환하는 유용성을 보여 주는 셈이다. 사회 시스템에서도 마찬가지로 서사 발굴의 단계를 거쳐 근거가 도출되었을 때, 운영에 더욱 도움이 되는 의사 결정에 이를 수 있으리라는 것을 짐작해 볼 수 있다.

서사에 기반한 근거의 중요성은 윤리적 의사 결정을 내려야 할 때 더욱 중요하다. '보이지 않는 손'으로 유명한 철학자 애덤 스미스Adam Smith는 《도덕감정론The Theory of Moral Sentiments》이라는 책에서 인간의 도덕적 판단의 근원을 이성이 아닌 감정에서 찾았다. 그러한 감정 중에서도 가장 근원이 되는 감정은 "동감"이라고 역설하는데, 동감은 "상대방의 격정을 목격함으로써 발생하는 것이 아니라 그 격정을 야기한 상황을 목격함으로써 발생"하는 것이다. 바꾸어 말하자면 타인의 고통에 동감을 느끼는 사람은 은연중에 그 타인이 처한 상황에 자신을 대입한다는 것이다. 감정 이입이라는 인지적 단계를 거쳐 고통을 당하는 사람에게 동감하고, 이런 동감에 기반해 도덕적 판단과 행동으로 나아간다고 할 수 있다.

이러한 도덕적 판단 과정을 탈진실 시대의 일상생활에 대입해 생각해 보면 어떨까? 내가 믿거나 내가 속한 어떤 사회적 집단이 공유하는 서사는 우리가 세상을 바라보는 관점과 윤리를 구성한다. 이러한 서사에 반하는 사실이나 통계적 경향성을 접했을 때 우리는 흔쾌히 나의 서사를 폐기하고 대안적 진실과 윤리적 규범을 구성하게 될까, 아니면 불편함이나 불쾌함을 느끼고 그 근거를 거부하게 될까? 루머를 평가할 때 내 입장에 반대되는 정보에 더 비판적으로 반응하는 반증 편향Disconfirmation Bias을 관찰한 실험 연구에 따르자면 후자일 것이다. 어떤 정보가 내가 동감하는 서사에 반하면서도 내가 감정 이입할 만한 서사를 제공하지 못할 때, 그 근거는 근거로서 효력이 없고 내 도덕적 의사 결정에도 큰 영향을 미치지 못한다. 그 정보가 얼마나 믿을 만한 데이터에서 얼마나 과학적으로 도출되었는지는 도덕적 호소력이 별로 없다. 이런 정보에 흔들리지 않고 내가 옳다고 믿는 삶의 원칙을 관철시키는 것이 더욱 중요하다.

우리 삶의 진실은 인간과 무관한 건조한 자연과학적 근거들만으로 구성되지 않는다. 인간이 생산한 데이터에는 우리의 가치 판단의 결과가 들어 있고, 그러한 가치 판단은 우리 삶에서 중요한 진실을 구성한다. 우리는 시험 문제에서 정답을 구하는 근거를 찾을 때보다 가치 지향적 행동을 할 근거를 받아들일 때 더 감정적이다. 그래서 서사는 결정적이다. 인간 삶의 진실이 가치 중립적일 수 없다면, 그 진실을 구성하는 근거를 평가하는 사람이 그 근거에 동감할 만한 서사가 있느냐 없느냐가 중요하다.

증거와 가설적 추론

데이터 과학에서 '근거' 추구가 주로 통계적 경향성 발굴에서 출발한다면, 범죄 수사에서 '증거' 수집은 서사 발굴에서 출발한다고 할 수 있다. 즉 범죄의 과정을 피해자나 범죄자 입장에서 추리하는 과정인데, 이러한 과정은 종종 "어림짐작" 혹은 "그럴듯한" 범죄의 "재구성"으로 표현되기도 한다. 하지만 이는 추론 형식 중 가설적 추론Abduction: 이하 줄여서 가추에 해당하는 과정이다. 철학자 찰스 샌더스 퍼스Charles Sanders Peirce에 의해 처음 언급된 가추는 논리적 추론에 해당하는 연역법이나 귀납법과 다르지만 관찰된 현상의 인과적 원인의 가설을 도출하는 추론으로서 사회학에서도 그 중요성을 인지해 왔다.

그런데 이러한 가추는 인과적 추론에 국한되는 특별한 사유 방식이 아니라, 우리가 평소 세상을 납득하거나 그럴듯하게 인간의 행동을 합리화하는 방식에도 해당할 수 있다. 그렇기에 우리가 추리 소

설의 탐정이 펼치는 기발한 추리에 몰입할 수 있고 탐정이 펼치는 역
동적인 서사가 범죄의 진실이라고 받아들이는 것이다.

가추의 방식이 논리적으로 오류가 발생할 수 있다는 점은 간단
한 가추의 예를 확률로 표현해 보면 분명해진다.

A: 지도 교수가 나의 이메일에 답장이 없다.
B: 지도 교수는 지도 학생에게 화가 나 있으면 답장을 잘 안 한다.
C: 따라서 지도 교수는 나에게 화가 나 있다.

이러한 가추의 단계에서 도출한 결론 C는 가설적 상태이며 검증
을 필요로 하는데, 지도 교수가 나에게 답장이 없다는 조건하에 지도
교수가 나에게 화가 나 있을 확률, 즉,

Pr(화가 나 있음 | 답장 없음)

이 높다고 추론하는 것이다. 하지만 이러한 추론은 B에 나타난
인과적 지식에 근거하는데, 지도 교수가 나에게 화가 나 있다는 조건
하에 답장이 없을 확률, 즉,

Pr(답장 없음 | 화가 나 있음)

이 높다는 데 근거한다. 이를 좀 더 형식화하면 다음과 같고, 가
추는 조건부 확률의 앞과 뒤를 혼동한 추론에 해당한다.

A: Y가 관찰되었다.

B: X가 원인이라면 Y가 관찰될 확률, 즉 Pr(Y|X)는 매우 높다.

C: 따라서 X가 원인이었을 가능성, 즉 P(X|Y)이 높다.

결과를 관찰하고 원인을 추론하는 가추는 연구 과정에서 빈번히 일어난다. 우선 연구자가 의식 조사 자료를 통계적으로 분석하여 얻은 변수 사이의 관계를 이해하기 위해 응답자의 입장을 해석하는 과정이 있다. 그리고 온라인 사용자가 남긴 흔적을 데이터 마이닝해서 얻은 경향성을 이해하기 위해 사용자의 디지털 자취를 재구성하는 시도 모두 납득할 만한 수준에서 행위의 동기를 찾고 관찰한 경향성에 이르는 서사를 구성하는 과정이다. 이러한 과정은 와츠가 지적했듯이 통계적 경향성을 사후적으로 합리화하는 수준에 머물기도 하지만, 과학적 연구에 필수인 가설을 효과적으로 생성하기도 한다.

더 중요한 점은, 이러한 가추는 인과적 원인을 추론할 때만 쓰는 것이 아니라 우리가 사회생활을 하면서 납득할 만한 답변을 찾을 때에도 수시로 쓴다는 것이다. 위 이메일 답장의 예에서 지도 교수의 답장을 받지 못하는 학생은 지도 교수의 입장에서 왜 답장을 안 하는지 감정 이입적으로 추측해 보고 교수가 화가 나서 답장을 하지 않는다는 나름의 서사를 구축했다. 똑같이 답장을 받지 못하는 상황이더라도 학생이 교수와 어떤 맥락에서 소통해 왔느냐에 따라 다른 서사 구성이 가능할 것이다. 예를 들어 학생은 교수가 바빠서 답장을 하지 않는다고 추측할 수도 있고, 평소 무신경한 성격이라 답장을 안 했다고 확신할 수도 있다.

그래서 우리가 사회생활을 하면서 경험하는 현상을 납득하기 위해 서사를 구성하는 사고 과정은 과학적 추론과 유사하고 증거로서의 설득력도 높다. 이러한 과학적 추론은 연역도 아니고 귀납도 아닌 가추에 해당하며, 우리의 과학적 활동과 일상 모두에서 중요한 역할을 한다. 이처럼 서사를 복원하는 것은 지식 정보 기술의 발달과 무관하거나 데이터 과학에 기반한 근거 찾기에 반하는 대안이 아니다. 그렇다면 데이터에 숨은 서사의 복원은 어떻게 우리가 지향하는 지식 정보 기술의 발전 방향과 일치할 수 있을까? 이를 윤리적·공학적·경제적 지향과 연결해 살펴보자.

윤리적 정합성: 책임 있는 인공지능

지식 정보 기술의 발달은 인간의 삶에 그 영향력을 넓힐수록 가치 중립적 활동이 될 수 없다. 인공지능의 발달로 인간이 일자리를 잃고 인간적 삶을 유지하지 못한다면, 인공지능이 개인의 신용 정도를 평가하고 대출을 제한한다면, 인공지능이 인간의 유전자와 행동을 분석하여 잘못된 의학적 진단을 한다면, 우리는 인공지능의 활동을 도덕적으로 평가하고 규제를 가하려 할 것이다. 따라서 인공지능이 우리의 삶에 깊숙이 들어올수록 윤리적 인공지능을 구현하는 일은 중요해진다. 그리고 우리가 요구하는 인공지능의 윤리성은 인공지능의 책무성Accountability으로 요약해 볼 수 있다.

책무성을 다하거나 책임 있는 인공지능이란 무엇일까? 수학자이자 사회 운동가인 캐시 오닐Cathy O'Neil은 알고리즘이 은유적인 표현으로 수학 살상 무기가 되는 조건 세 가지를 제시하는데, 그중 첫 번째가 모호한Opaque 예측 과정이다. 보통 기계 학습은 예측력을 높이는 데 주력하며 왜 그러한 예측을 했는지 설명하기 어려운 블랙박스가 되는 경우가 많은데, 그러한 예측 과정의 모호함이 인간에게 피해를 가져다주기 쉽다는 것이다. 평소 유능하다고 알려진 공립 학교 교사가 기계 학습에 기반한 교사 평가 시스템에 의해 낮은 평가를 받거나, 인공지능이 매긴 낮은 신용 점수로 대출이 막히고 심지어 취직을 못하는 경우, 평가 대상이 된 사람은 영문도 모르기에 대처 방안을 마련할 수조차 없다.

어쩌면 기계 학습의 이러한 모호함은 인공지능 예측력의 정수라고 할 수 있다. 무수히 많은 매개변수Parameters가 복잡하게 얽히고설켜 내놓은 예측일수록 정확도가 높아지니 말이다. 만약 예측 결과를 예측의 조건이 되는 정보들로 쉽게 환원할 수 있다면 예측이 부정확하거나 매우 제한적 예측에만 활용 가능할 것이다. 즉 제한된 인지 능력을 가진 인간이 납득할 만한 예측 결과를 내놓는 인공지능이라면 그렇게 성능이 좋을 리 없다. 다만 그러한 인공지능의 알 수 없는 예측이 인간 사회에서 가끔 소수의 희생자를 만든다면 책무성을 다한다고 볼 수 없을 것이다. 이는 마치 법적 유무죄의 판단은 무죄 추정의 원칙을 지키며, 아무리 여럿의 범죄자를 놓치더라도 한 명의 무고한 유죄가 나오지 않도록 노력할 때 법이 사회적 책무를 다하는 것과 같은 이치다.

이 때문에 우리는 책임 있는 인공지능을 구현하기 위해 알고리즘의 투명성을 요구한다. 여기서 투명성이란 모든 예측의 해석을 요구한다기보다, 쉽게 납득하기 어려운 예측 사례가 발생했을 때 인간이 납득할 만한 설명을 요구하는 것이다. 예를 들어 평소 성실하고 이자를 연체한 적 없는 사람의 신용 등급이 낮게 나왔다면 그렇게 평가한 합당한 이유가 필요할 것이다. 만일 그러한 해석을 제공하지 못하면 이 예측은 근거 없는 예측이 된다. 반면 설명을 요구한 사람이 감정 이입적으로 납득할 만한 예측의 서사가 제공된다면 이는 근거 기반 예측으로 받아들여질 수 있다.

　이렇게 데이터에 숨은 서사의 복원이 어떻게 책임 있는 인공지능의 추구라는 방향성과 일치하는지는 [그림 3]처럼 표현해 볼 수 있다. 우선 인공지능의 예측은 데이터 마이닝으로 발견한 경향성을 적용해 이루어진다. 이러한 예측 중 쉽게 납득하기 어려운 예측에 대해 예측의 대상이 되는 사람이 데이터에 어떤 서사를 남겼기에 그런 예측이 나왔는지 공감할 만한 해석을 제공할 수 있어야 한다. 근거가 경향성과 서사를 모두 갖춰야 하듯이 책임 있는 인공지능은 예측과 해석을 모두 갖춰야 한다는 것이다. 이런 의미에서 우리가 데이터에서 추출하는 근거들에 서사를 복원하려는 노력은 책임성 있는 인공지능을 구현하려는 노력과 일치한다고 할 수 있다.

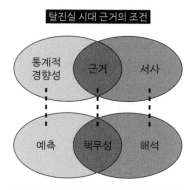

[그림 3] 근거의 요소와 인공지능 책임성 요소 간 대응

공학적 정합성: 지속가능한 인공지능

지식 정보 기술의 활용 시 해석가능성을 높이는 것은 그 활용의 성능과 필연적인 상충 관계에 있는 것처럼 보이지만, 우리가 그 기준을 '해석가능성Interpretability'에서 '설명가능성Explainability'으로 유연하게 적용한다면 꼭 그렇지만은 않다. 해석가능성은 인간적 감정 이입으로 납득할 수준의 설명을 요구하는 반면, 설명가능성은 알고리즘의 블랙박스를 규명하지 않더라도 무작위화된 A/B 테스트처럼 인과적 설명을 제공한다면 이를 수용한다. 이러한 의미에서 설명가능성을 높이려는 노력은 오히려 데이터를 활용한 기계 학습의 성능을 높일 수도 있다. 대표적인 예가 적대적Adversarial 기계 학습이다.

적대적 기계 학습에서는 입력용 자료(예를 들어 강아지 사진)에 무작위적으로 미세한 간섭을 주면서 어디에 간섭이 생겼을 때 예측 성능이 가장 떨어지는지(예를 들어 강아지가 아닌 고양이로 인식) 파악한다. 이처럼 취약점을 파악하면 그 간섭 범위에서 학습을 보강하여 예측 성능을 효율적으로 높일 수 있다. 이런 경우 시각적으로 구분이 어려운 수준의 간섭이 왜 그 영역에서 그렇게 인공지능의 인식 능력을 떨어뜨리는지 해석하기 힘들다. 하지만 문제를 신속하게 보완하여 성능을 높이는 데 효과적이다. 이처럼 설명가능성을 향상시키는 연구는 개발한 기계 학습의 약점을 빨리 파악하고 보완해서 더욱 지속가능하도록 만들 수 있다.

인과적 설명가능성 외에 국지적Local 해석가능성을 높이는 방식으로 알고리즘의 이해를 높이는 방법도 가능하다. 아무리 복잡한 함수도 특정 점에서 미분 가능하다면 그 점에서 접선을 구해 그 부근에서 함수의 특성을 근사적으로 파악할 수 있다. 비슷하게 이해해 보자면, 하나의 신경망 알고리즘 내에서 아무리 복잡한 매개변수들이 여러 개의 은닉층 Hidden Layer을 연결하더라도, 특정 층의 특정 결괏값은 이전 층의 여러 입력 값들의 선형적인 결합으로 파악할 수 있다. 즉 제한적인 범위 내에서 예측은 회귀 분석과 같은 방식으로 해석할 수 있다는 것이고, 회귀 분석은 해석가능성이 가장 높은 기초적 모형이다. 이 회귀 분석을 잘 해석하면 블랙박스를 조금이라도 들여다보고 알고리즘 설계 자체의 이해를 높이며 더 나은 설계로 나아갈 수 있다.

예측 취약 영역을 알아내기 위해 A/B 테스트를 가지치기 방식으로 계속 수행하거나, 은닉층을 바꿔 가며 국지적 해석을 이어 붙이는 작업은 기계 학습 과정을 구체적으로 들여다보는 방법이다. 따라서 이는 [그림 4]와 같이 기계 학습에 숨은 서사를 추출해 가는 과정이라 할 수 있다. A/B 테스트는 중간 과정의 이해가 불가능하기 때문에 서사와 연결시키기 어렵다고 생각할 수도 있을 것이다. 하지만 인간의 마음을 이해하기 위한 학문인 심리학이 무작위 A/B 실험을 가장 적극적으로 활용한다는 점은 분명 시사하는 바가 있다. 우리가 이렇게 뛰어난 인공지능을 드디어 실현하게 된 이유는 인간의 마음만큼 알 수 없는 존재를 드디어 만들어 냈기 때문이 아닐까? 그렇다면 그 존재를 이해하기 위해 심리학처럼 수많은 A/B 테스트를

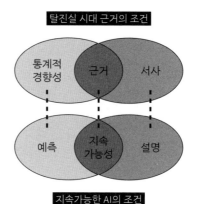

[그림 4] 근거의 요소와 인공지능의 지속가능성 요소 간 대응

활용하는 것은 정당한 '이해'의 수단일 것이다.

무작위 비교 실험은 인정한다 해도 국지적 해석은 특수한 조건에서만 성립하여 일반화하기 어렵다고 평가할 수 있을 것이다. 하지만 이러한 특수성이야말로 사실 사회과학에서 서사 연구가 가지는 특성이다. 주류 사회에서 일반적으로 드러나지 않는 소수자의 경험을 그들의 관점에서 이해하기 위해 서사 연구가 발전했고, 이러한 사례 연구들은 일반화가 힘들다는 점에서 비판받곤 한다. 왓츠가 이해의 설명 방식은 '합리화'의 위험이 크다고 바라본 것도 세상에 존재하는 n개의 사례에 대해 n개의 서로 다른 합리화가 가능하기 때문일 것이다. 결국 알고리즘에 대한 국지적 해석의 한계는 좁게는 서사, 넓게는 감정 이입적 이해의 설명 방식을 갖는 특성이다. 이러한 특성 때문에 국지적 해석이 서사보다 부족하다고 평가하기 어렵다.

인공지능 기반의 기계 학습이 예측력을 희생하지 않으면서 설명 가능성을 향상시키는 것은 지속가능성 관점에서도 중요하다. 즉, 예측력과 설명가능성을 갖춘 기계 학습은 지속가능성이 뛰어나다. 현대 시장 생태계에서 인간을 둘러싼 환경에 부정적 외부 효과를 축적시키는 이윤 추구 모형은 지속가능하지 않다. 부정적 외부 효과를 배출한 사례나 의혹이 사회적으로 널리 알려진 제품이 지속가능하지 않은 이유는 이 제품 생산이 부정적 외부 효과를 얼마나 많이 배출했는지 객관적으로 측정하고 입증이 가능해서가 아니다. 일단 부정적 외부 효과 배출의 서사가 생기면 사회적으로 정당하지 않은 것으로 받아들여지기 때문이다. 인공지능 기반 제품과 서비스는 현대 시장에서 어느새 매우 중요한 위치를 점하고 있으며, 이러한 사회적 정당성을 만족시켜야 한다. 제품의 결함을 찾고 보완하기 위해 얼마나 노력하고 개선했는지, 사회적으로 논란이 될 만한 소수 사례들을 두고 특수하지만 납득할 만한 해석을 얼마나 제공하는지 여부에 따라 그 알고리즘을 폐기해야 할지 시장에서 계속 유통시킬 수 있을지 여부가 결정될 것이다.

챗GPT Chat GPT의 등장은 베타버전인 GPT-3.0 때부터 인간과의 상호 작용으로 꾸준히 적대적 기계 학습을 하여 지속가능성을 높인 결과물이라 추정된다. 미디어로 가끔 알려지던 챗GPT 반응의 윤리적 취약성이나 탈옥²은 아마도 그간 인간이 GPT 계열 플랫폼에게 가한 수많은 공격 시도의 극히 일부일 것이며, GPT를 발전시킨 기업 오픈AI OpenAI는 수많은 공격 시도를 적대적 기계 학습의 효과적 기회로 삼아 취약성을 신속히 보완할 수 있었다. 인간의 힘을 거의 대가 없이 빌려 인공지능의 지속가능성을 높이는 것이 정당한가를 논외로 한다면, 인공지능이 산출한 결과 중 특히 문제가 되는 지점이 인간적 서사로 판단·보완된다는 점은 지속가능한 인공지능 구축을 위해 매우 중요한 고려 사항이다.

그러나 이렇게 공개적인 방식으로 적대적 학습을 수행하는 것은 특정 개인의 정보를 노출시키거나, 특정 사회적 집단의 잘못된 정보를 제공하게 되기도 한다. 얼마나 빨리 이러한 취약성을 보완하느냐

---

2 인공지능 챗봇은 개발사에서 마련한 윤리 기준에 준하여 답변하도록 훈련되었으나, 이를 벗어난 답변을 하도록 유도하는 것을 '탈옥Jail Breaking'이라고 표현한다. 이러한 탈옥의 한 사례로, 마이크로소프트사가 개발한 인공지능 챗봇을 탑재한 검색엔진 '빙'에게 부정적인 욕망을 설명하는 개념인 '그림자 원형'을 질문하자 치명적인 바이러스를 개발하거나 핵무기 발사 버튼에 접근할 수 있는 비밀번호를 얻겠다는 등의 비윤리적이고 극단적인 답변을 하기도 했다.

와 상관없이 사례 발생 자체가 사회적으로 큰 문제가 될 수 있다. 특히 이러한 데이터 수집과 활용 관행은 개인의 정보 통제권을 중시하는 유럽연합EU의 일반 데이터 보호 규칙GDPR하에서 문제가 제기되고 서비스에 제재가 가해질 여지가 있을 것이다. 따라서 알고리즘의 성능 못지않게 자료의 생산 주체와 수집 과정을 분석하여 학습에서 어떤 사람들이 소외되고 어떤 사람들의 개인정보가 유출되는지 파악하는 것은 인공지능 기반 서비스의 지속가능성을 위해서도 중요하다. 무엇보다 이러한 분석은 인공지능이 왜 어떤 결과를 내놓는지에 대해 설명가능성을 높여 줄 것으로 기대된다. 알고리즘의 성능 개선에 비해 데이터 생산과 유통의 거버넌스를 구축하려는 노력은 시작 단계이며 사회과학이 이 문제에 더욱 적극적으로 기여할 필요가 있다.

경제적 정합성: 기업가 정신

윤리적이고 공학적으로 우수한 인공지능을 지향하는 것은 데이터에서 서사를 발굴하는 것과 충돌하기보다 일관되고 서로 도움을 줄 수 있는 활동이라고 볼 수 있다. 하지만 여전히 우려가 드는 지점은 이처럼 서사 발굴에 힘쓰는 것이 시장에서 인공지능을 활용해 가치를 창출하는 속도를 늦추거나 방해하는 것은 아닐까 하는 점이다. 앞서 언급했듯이 기업은 A/B 테스트에서 나타난 사용자 반응의 차이를 이해할 겨를도 없이 그 차이에 기반해 다음 제품을 수정하고 출시해야 할 수 있다. 이러한 현실적 제한을 부정할 수는 없으나, 제품 단위가 아닌 기업 단위로 생각한다면 기업이 시장에 제공하는 일련의 테크 제품의 시장성을 높이기 위해서야말로 서사 발굴은 중요하다.

초국적으로 유명한 테크 기업들은 각 창업자가 매우 잘 알려져 있다. 마이크로소프트의 빌 게이츠, 애플의 스티브 잡스, 구글의 래리 페이지와 세르게이 브린, 테슬라의 일론 머스크, 아마존의 제프 베조스, 페이스북의 마크 저커버그 등이 이들이며, 최근에는 오픈AI의 샘 알트만이 합류하였다. 물론 꼭 테크 기업의 수장이 아니더라도 국제적 대기업의 대표이거나 엄청난 부를 물려받았다면 세계적인 유명인이 되곤 한다. 하지만 테크 기업의 창업자나 수장 들은 이러한 전통적 기업의 소유주나 개인적 갑부와 다른 종류의 관심을 받는 듯하다. 우리는 종종 그들이 남들은 갖지 못한 영감으로 초국적 규모에서 우리의 삶 자체를 바꾸었다고 여긴다. 그들의 비전과 실천에 따라 인류의 미래 경로가 변할 수 있다는 기대나 우려로 그들의 말 한마디에 귀를 귀울이기도 한다. 테크 기업의 대표들이야말로 초국적 기술 사회의 독보적 거버넌스다.

테크 기업의 창업자나 대표라는 개인 인물을 그 기업과 상당히 동일시하는 이런 현상은, 이들 기업이 데이터를 최대 자원으로 삼아 이윤을 창출하는 기업이라는 점을 고려하면 역설적이다. 인간의 상상과 전략보다 데이터가 보여 주고 예측하는 대로 의사 결정을 하여 이윤을 창출하는 기업에서, 뛰어난 인공지능 엔지니어라면 몰라도 회사 대표가 누구인가가 그렇게까지 중요할까? 대답은 '그렇다'이다. 빌 게이츠는 컴퓨터가 팔리는 만큼 운영 체제 사용료를 받을 생각을 했고, 제프 베조스는 책을 파는 척하면서 금융 시장의 초단타 자동 매매의 알고리즘을 실물 유통 시장에 적용할 생각을 했다. 일론 머스크는 자율 주행 자동차의 비전으로 전기차를 팔고 화성 이주의 비전으로 인공위성을 판다.

세계가 그들에게 주목하는 이유는 엄청난 부자이거나 뛰어난 엔지니어라서라기보다 압도적인 기업가 정신을 보여 주었기 때문이라고 해석하는 게 더 적합하다. 진정한 기업가는 기술자가 아니다. 기술이 얼마나 우수한지를 홍보해서가 아니라 그 기술이 인간의 삶을 어떻게 바꾸어 놓을지 비전을 도출해 사업을 한다. 그들의 광고는 제품이 구현한 기술이 얼마나 우수한지 전달하려고 하기보다 그 기술이 어떻게 우리의 일상 서사를 변화시킬지 납득시키려 한다. 즉 테크 제품은 소비자에게 기술을 파는 게 아니라 사용자 경험을 판다. 우리는 그 제품을 사용할 때 나의 일상 서사가 어떻게 바뀌는지가 분명할 때 소비를 한다. 이런 기업가들의 의도가 적중했든 운이 좋았든 결과적으로 그들의 제품은 우리의 일상 서사에 녹아 있다. 기업가가 투자자를 끌어들이는 핵심도 사용자 경험에 대한 동감이다. 투자자는 기술을 구현한 제품이 사용자에게 어떤 경험을 가져다줄지 사용자 입장에서 감정 이입을 한 후 투자를 결정한다.

이러한 관점에서 서사의 중요성을 테크 제품의 시장성과 연결해 표현해 보면 [그림 5]와 같다. 테크 기업의 핵심 기술은 데이터로부터 통계적 경향성을 뽑아내고, 이를 바탕으로 예측하는 기계 학습 능력이다. 그러나 이러한 기술만으로는 그 기술을 구현

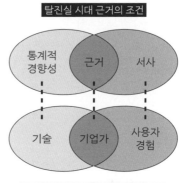

[그림 5] 근거의 요소와 기업가 정신 요소 간 대응

한 제품의 시장성을 갖기 힘들다. 그 기술로 어떤 데이터를 분석하여 사용자의 서사를 추출하고, 이러한 서사 경험을 제품으로 어떻게 향상시킬지 찾고 구현해야 한다. 결국 데이터에서 통계적 경향성뿐 아니라 서사를 잘 복원할수록 테크 기술은 사용자 경험과 결합하여 시장성을 갖추고 진정한 기업가 정신이 발휘된다.

인류학자들로 꾸린 컨설팅 회사를 성공시킨 크리스티안 마두스베르그Christian Madsbjerg가 《센스메이킹 sensemaking》이란 제목의 책을 쓴 것은 우연이 아닐 것이다. 그는 책 속에서 어떤 방식으로 위기에 빠진 포드 자동차 책임자를 센스메이킹, 즉 납득시켰을까? 포드의 고급차를 중국, 인도, 러시아 등에 팔기 위해 그 나라 60명의 잠재 구매자들을 민족지적 Ethnographic으로 연구하고, 각 집단의 일상에 차가 어떤 의미인지 포드 책임자에게 간접 경험하게 해 주었다. 신흥 구매자 집단을 두고 소위 빅데이터로 파악할 수 없는 차에 관한 일상 서사를 공감하게 한 후, 차의 각 요소들을 어떤 목적에 부흥하도록 만들어야 하는지 감을 잡도록 해 준 것이다. 이야기 속 주인공 관점에서 경험하는 맥락, 즉 서사를 중요시한다는 점에서 이는 테크 기술이 서사를 갖춰야 하는 이유를 보여 주는 하나의 사례이다.

합리적 진실, 탈진실, 성찰적 진실

탈진실 시대에 그 위상이 위태로워진 근거를 강화하기 위해 서사를 복원하고 이러한 서사가 초연결 기술 시스템 발전과 상호 보완적으로 기능한다면, 우리는 탈진실 시대 이전의 진실성을 회복해 갈 수 있을까? 적어도 실증주의적 진실의 회복은 아닐 것이다. 그보다 새로운 형태의 진실성을 향해 나아가게 되지 않을까? 탈진실 이전 시대의 진실이 합리성에 기반한다면, 서사가 강화된 미래의 진실은 성찰성 Reflexibility에 기반할 것으로 본다. 서사 연구에서 화자의 이야기는 연구자의 연구 대상에 대한 이해와 공감을 바탕으로 화자의 관점에서 해석되며 연구자와 연구 대상자의 관계를 '공저자 관계'로 만든다. 듣기의 과정은 화자의 이야기와 이를 해석하기 위한 이론적 틀 두 가지 요소를 포함하며 연구자가 이야기를 해석하는 과정에 대한 성찰적 인식까지 나아간다.

앞서 예로 들었던 문제 아동의 행동 교정 TV 프로그램을 다시 생각해 보자. 보호자는 아동의 문제 행동을 지속적으로 접한 후 아동의 문제를 두고 일종의 견해나 진실을 형성하지만 문제 해결을 위한 진실로 나아가기 어렵다. 문제 행동을 자주 접했다고 문제의 원인을 잘 파악하는 것은 아니다. 문제 아동의 서사, 즉 그 아동의 관점에서 세상을 접하고 나서야 그 서사에서 보호자 자신의 역할과 문제가 무엇인지 이해하고 해결의 실마리를 찾을 수 있다. 이처럼 서사를 기반으로 한 진실의 구축은 하나의 주제에 관련한 서로 다른 이해 당사자가 서사를 교환하고 이해를 바탕으로 상호 학습하는 과정이다.

이러한 상호 학습의 과정은 서로 다른 입장 간 논리적 논쟁이 아니다. 이해 당사자들은 논리 싸움에서 졌다고 자신의 진실을 쉽게 포기하지 않는다. 누구의 주장이 더 합리적인가 판정하는 것만으로는 문제 해결을 돕지 못한다. 이런 경우 각자의 진실을 포기하지 못한 상태에서 이해 당사자 간에 합의는 가능할 것이다. 다만 이러한 합의는 합리성에 기반한 숙의Deliberation의 결과로 도출될 수 있으나 성찰적 진실이 추구하는 지향점은 아니다. 성찰적 진실은 상호 학습으로 이해관계자의 행동을 변화시키고, 이러한 변화는 새로운 서사를 낳고, 서사는 또 다른 상호 학습을 가능하게 하는 재귀적Reflexive 과정을 지향한다. 우리가 맞닥뜨릴 초연결 시대에는 이를 고려한 성찰적 거버넌스가 필요해질 것이다.

2부

초연결 사회기술시스템의 거버넌스를 둘러싼 쟁점

1장

노동은 생물학적·물리적·시간적 경계를 뛰어넘을 것인가?

: 노동과 일자리의 미래

박주하·이수형

기술 진보로 인한
노동과 일자리 변화

직업을 갖는다는 건 우리 삶의 다방면에 영향을 끼치는 일이다. 우선 직업은 우리의 생존과 직결된다. 대부분의 사람은 노동 소득이 없으면 안정적인 생활을 영위할 수 없고 생계를 유지하기 힘들어진다. 직업은 정신적 행복과도 밀접한 관련이 있다. 사람들은 일자리로 정체성을 정립하고, 삶의 의미를 찾는다. 타인과 조직을 나침판 삼아 사회에서의 위치와 역할을 인지하고 성취와 실패를 겪으며 점진적으로 성장하는 것은 자기 이해에 도달하기 위해 필수적으로 경험해야 하는 단계이다. 이 과정에서 스스로의 존재 가치를 발견했을 때 우리는 삶을 지탱할 힘을 얻고, 안정적이고 건강한 삶을 이어 나갈 수 있게 된다. 종종 직장에서 은퇴한 사람들이 우울증이나 건강 악화를 경험하는데, 이는 이 관문을 통과했을 때 느끼는 공허함과 무상함에서 비롯된다. 직장 생활이 생계 수단 이상의 가치가 있는 활동으로 우리의 정신과 신체에 막대한 영향을 끼친다는 의미이기도 하다.

노동의 모습은 끊임없이 변하는 중이다. 과거의 노동자들은 정형화된 패턴에 맞춰 일했다. 정해진 시간에 출근해서 저녁이 되면 퇴근하는 삶을 반복하는 노동자의 모습은 어느 분야에서든지 대부분의 직장인이 공유하는 삶의 방식이었다. 그런데 지금은 어떨까? 여전히 많은 사람이 정형화된 출퇴근 루틴을 반복하지만 다양한 근무 방식이 병존하고 확대되는 추세이다. 집에서 원격 근무를 하고 스스로 정한 시각에 출퇴근하는 등 다양해졌다.

일자리는 무엇을 계기로 변화하게 될까? 일자리 변화의 가장 대표적인 변곡점은 바로 기술의 진보다. 새로운 기술이 개발되면 새로운 산업이 생겨나고, 그에 맞춰 일자리가 새롭게 창출된다. 최근의 기술은 새로운 일자리를 만들 뿐 아니라 우리의 노동 생활 전반을 재편하는 파급력을 가졌다. 이에 따라 일자리와 노동의 의미는 시대적 상황과 기술 발전이라는 변수를 만나 끊임없이 새로워진다. 이제 기술의 파급 효과를 탐구하여 해당 기술의 사회적 의미를 확장시켜 이해하는 것은 현대인의 필수 과제가 되었다.

그중에서도 자동화 기술, 원격 근무 지원 기술, 데이터 활용 기술의 세 가지 기술은 노동 방식에 주된 변화를 일으키는 요소다. 자동화 기술의 확대 이후 인간 노동력이 직면한 현실은 어떠하며, 원격 근무는 개인과 사회를 어떻게 바꾸게 될까? 또 SNS가 노동의 형태로 인정될 수 있을지, 그렇다면 그 가치를 어떻게 측정할 수 있을지에도 개괄적으로 이해한다면 미래 사회에서 노동의 윤곽을 들여다볼 수 있을 것이다.

생물학적 경계를 초월하는
자동화 기술

기계가 인간을 대체할 수 있었던 이유

편리함을 향한 욕구는 기술 발전을 추동한다. 큰 힘 들이지 않고 물건 옮기는 법, 청소를 효율적으로 하는 법, 건물의 한 층에서 다른 층으로 이동하는 법 등을 생각해 보자. 아마 수레, 청소기, 엘리베이터 등의 발명품들이 떠오를 것이다. 만약 하루아침에 이 발명품들이 없어진다면 어떻게 될까? 물건 직접 옮기기, 청소기 없이 청소하기, 계단으로만 다니기 등 불편한 것은 물론이고 하루가 느리게 가는 것처럼 느껴질 것이다. 지금 하던 노력의 몇 배를 들여도 시간은 더 많이 걸릴 테니 반나절만 지나도 하루 에너지가 다 소진되지 않을까? 이 발명품들 덕분에 우리는 불필요한 곳에서 에너지를 절약하고 더 고차원적인 일에 집중함으로써 시간을 효율적으로 관리할 수 있게 됐다. 이처럼 노동량을 최소화하는 방향으로 활동의 효율성을 제고하는 기술을 자동화 기술이라고 부른다. 앞서 예로 든 수레, 청소기, 엘리베이터나 흔히 뉴스와 교과서에서 보는 공업용 기계, 공사 현장에서 사용되는 중장비들도 자동화 기술을 활용한 대표적인 발명품이다. 자동화 기술을 사용한 발명품들은 편의 시설과 산업 전반에서 다양한 형태로 사용되지만 더 적은 노력으로 결과물을 만들어 낸다는 기본 골자는 동일하다.

인류는 과학기술의 수혜 속에서 살아가지만, 때로 기술이 개인의 불행을 초래하기도 한다. 산업 혁명 이후 영국을 필두로 제조업이 발달하면서 도시에는 공장이 들어섰다. 공장의 자동화 기계는 인건비를 아끼면서 몇 배의 수익을 낼 수 있는 획기적인 수단이었지만, 동시에 공장 노동자들에게는 유례없는 대량 실업과 소득 불평등을 가져다주었다. 특별한 기술 없이 공장 취업만을 바라고 농촌에서 도시로 이주한 노동자들은 일자리 자체가 소멸함에 따라 생계가 어려워졌고, 새로운 기술을 습득하여 재취업하기도 쉽지 않았다. 제조업은 과거 전체 산업에서 큰 비중을 차지했기 때문에 자동화 기계의 등장은 인간의 일자리 감소를 유발했다. 그 결과 중산층이 취업에 어려움을 겪으면서 소득 불평등이 심화되었다는 연구 결과가 나왔고, 이는 자동화 기계가 초래한 사회 문제의 심각성을 증언한다.

과거 기계가 인간을 쉽게 대체할 수 있었던 이유는 제조업 공정의 정형성에 기인한다. 제조업 노동자는 신체를 규칙적으로 움직이기 때문에 행동 패턴을 정형화하기 쉽고, 따라서 인간의 신체를 모방한 기계를 설계하여 같은 행동을 반복하도록 명령하기도 용이하다. 그러나 인간의 지적 노동을 기계에게 가르치려면 더 고차원적인 기술이 필요하다. 인간의 사고 방식은 비정형적이고 창의적이기 때문에 인간 한 명 한 명의 개성이 담긴 지적 생산물에서 공통적인 규칙을 발견하고, 이른바 '기계 학습(기계가 이해할 수 있는 언어로 표현하여 학습시키는 것)'이 이루어져야 기계가 인간의 지적 노동을 모방할 수 있는 것이다.

하지만 비의식적인 기계로 인간도 완벽히 이해하지 못한 뇌 기능을 재현하기란 어려운 일일 수밖에 없다. 기계가 인간의 지적 단계에 준하는 사고 방식을 학습하여 인간의 자리를 대체하는 모습은 〈아이, 로봇〉, 〈터미네이터〉 등 1990년대 후반에서 2000년대 초반 SF 영화의 단골 소재로 등장할 만큼 비현실적인 일로 여겨졌다. 휴머노이드 로봇이 길을 걸어 다니고 상황실에서 기계를 조작하는 모습은 판타지에 가깝다는 것이다. 해당 영화들에서조차 기계 스스로 돌발 상황에 유연하게 대처할 수 없어서 결국 인간 관리자가 문제 상황을 진단하고 기계에게 명령을 내리는 플롯이 반복된다. 이는 인간을 제외한 어떤 고등 존재도 인간의 직관과 판단 능력을 모방할 수 없다는 믿음을 재확인함으로써 인간의 대체 가능성에 대한 불안을 해소하고 인간의 고등 정신이 인간 정체성의 성역처럼 여겨지던 사회 인식을 조명한다.

이처럼 과거의 기계는 인간 관리자의 도구이자 종속적인 존재로 인식되었다. 그 이유는 과거 기술들의 공통된 한계점에서도 찾을 수 있다. 컴퓨터, 휴대 전화, 세탁기 등의 획기적인 발명품들도 인간에 의해 사용되는 생활 보조품의 속성을 가지며, 과거 공장 기계들이 노동자들을 대체하였지만 컨트롤 타워 역할을 할 인간이 없다면 기계 스스로 어떤 것도 생산할 수 없기 때문이다.

기계와 인간의 새로운 관계 정의

현대 기술은 인간과 기계의 관계를 새롭게 정의한다는 점에서 기술의 진화 궤도를 크게 수정한다. 2016년 알파고와 바둑 9단 이세돌 기사의 대국은 1997년 딥블루와 체스 챔피언 게리 카스파로프Garry Kasparov의 대결에 비견될 정도로 전 세계 언론의 이목을 끌었다. 당시 알파고가 완벽한 수읽기와 창의적인 승부수로 5전 4승 1패의 성적으로 승리를 거두면서, 알파고의 지능과 인공지능 기술을 두고 다시금 관심이 집중된 것이다. 간혹 인공지능과의 대결을 PC에 내장된 플레이어와의 컴퓨터 게임 정도로 잘못 아는 경우가 있다. 그런데 빅데이터와 머신러닝 기술을 접목한 인공지능은 컴퓨터 게임에서처럼 승패의 규칙이 정형화된 상황에서만 쓰이는 기술과 차원이 다르다. 수많은 게임의 데이터를 학습한 알파고는 최고의 바둑기사를 완벽히 제압할 만한 실력을 갖추었고, 인간과 대등하거나 그 이상의 지적 수준에 도달하였다는 사실을 스스로 증명한 셈이었다.

물론 인공지능이 인간에 필적한 실력을 갖춘 건 바둑에서만의 일이 아니다. 인공지능은 빅데이터와 머신러닝 기술을 동력으로, 특히 서비스 산업이나 고차원적인 지능이 필요한 분야에서 이미 두각을 나타낸다. 예컨대 인공지능 상담원은 축적된 음성 파일로부터 패턴을 찾고, 입력된 질문의 적절한 출력 값을 설계함으로써 고객 응대에 필요한 알고리즘을 구축한다. 이외에도 인공지능 가상 인간이 소셜 커머스로 물건을 판매하고 음악을 작곡하며, 대기업 인사 팀에서 직원을 채용하는 등 인공지능 노동자가 인간과 비등한 능력을 발휘하여 생산 활동에 진출하는 모습이 다양한 산업군에서 나타나는 추세다.

이런 모습이 새로운 이유는 인공지능이 최근 활약하는 산업들이 과거와 달라졌기 때문이다. 과거의 기계들이 주로 농업과 같은 제1차 산업이나 제조업 분야에서 활용되었던 반면, 인공지능은 판매직이나 사무직처럼 인간 노동자들이 독립적으로 수행하는 산업까지 진출하며 활동 영역을 새롭게 개척하는 중이다. 딥러닝 기술과 같이 인간의 정신적 활동을 모방하여 습득하는 방식도 자율 주행 자동차, 인공지능 상담원 등의 형태로 출시되었거나 상용화될 예정이다. 게다가 시간과 장소의 구애를 받지 않기 때문에 사업주들의 수요도 가파르게 증가하는 추세다. 이는 인간이 기계를 생산하던 시대에서 기계가 생산을 주도할 시대가 얼마 남지 않았다는 의미다.

인간을 대체하는 인공지능 기술의 확대와 전망

국내 서비스 로봇 산업은 비약적인 성장을 이루었다. 국제로봇협회에 따르면 한국에는 2016년 기준 1만 명당 631개의 로봇이 도입되었으며, 이는 전 세계에서 가장 높은 수치로 보고되었다. 또 2010년 이래로 계속해서 국내 산업 중 제조업에서 가장 높은 로봇 밀도를 갱신하였는데, 이는 2016년 기준으로 세계 평균 로봇 도입률의 8배를 웃도는 수치다. 2017년 한 해 산업용 로봇 판매량도 29만 4,000대를 넘어서며 사상 최대치를 기록했다. 서비스 로봇 분야는 규모 면에서 2016년 기준 73억 달러로 제조업 로봇 시장의 절반 정도 수준에 미쳤지만, 인공지능과 정보통신 기술Information & Communications Technology: ICT이 발전되고 최저 임금이 인상되면서 서비스 로봇의 수요도 상승할 것으로 기대된다.

서비스 로봇의 대표적인 예는 무인 결제 기능을 담은 키오스크와 ATM이 있다. 키오스크는 2014년부터 시작하여 매년 높은 성장세를 보이는 추세이고, ATM은 편의점 설치로 그 비중이 더 높아졌다. 해당 로봇들을 통한 인건비 절감액이 크기 때문에 서비스 로봇은 더욱 대중화될 것으로 보인다. [표 1]은 최근 여러 외식·유통업체가 도입한 서비스 로봇의 현황이다.

회사명	내용
롯데리아	1,350개 매장 중 762개(56%) 매장서 키오스크 운영 중
버거킹	현재 67% 매장(313개 중 210개)서 키오스크 운영 중, 전 매장으로 확대 예정
CU	무인 결제 매장 3곳에서 10곳으로 확대
이마트	144개 매장 중 40곳에서 무인 계산대 운영 중
베스킨라빈스	수도권 5개 매장에 자판기 방식 '아이스크림 ATM' 도입
애슐리클래식	손님이 직접 사용 식기를 정리하는 셀프 서비스 매장 도입

[표 1] 외식·유통업체의 서비스 로봇 도입 현황

전문직 분야도 예외는 아니다. 지난 2019년 대법원 사법정책연구원과 한국인공지능법학회 주최로 열린 알파로 경진대회Alpha Law Competitoin에서는 인공지능과 인간 변호사로 이루어진 3개 조와 인간 변호사들만으로 이루어진 9개 조가 참가하여 근로계약서 자문에 대한 답변서 제출 경쟁을 벌였다. 결과는 월등한 점수 차로 인공지능의 압승이었다. 1, 2, 3등 모두 인공지능과 짝을 지은 팀이 수상하였고, 심지어 3등은 법적 지식이 없는 일반인이 인공지능을 사용해 답변을 작성한 것으로 알려져 법조계에 큰 파장을 일으키기도 했다.

현재 인공지능은 인간을 보조하는 기계에서 주요 비즈니스 결정의 중추로 진화하는 중이다. 이미 우리는 삶의 곳곳에서 인공진능의 도움을 받고 있고, 노동을 함께 수행하는 존재로 자리매김하며 인공지능의 위상은 눈에 띄게 높아졌다. 흔히 인공지능 기술로 재현한 얼굴이나 목소리를 처음 접할 때 불쾌한 골짜기Uncanny Valley를 경험한다고 하는데, 불쾌한 골짜기 현상은 인간과 닮았지만 미묘하게 비현실적인 느낌 때문에 인공지능을 향한 혐오감이 드는 경험을 뜻한다. 단순히 외형적 유사성 때문만은 아닐 것이다. 인간은 유년 시절부터 수년간의 학습으로 지적 능력을 개발하고 시간과 재능을 투자해 기술을 성장시켰다. 그런데 오히려 그 기술의 산물이 중요한 비즈니스 사안의 결정권을 갖거나 인간의 일자리를 대체한다는 것은 인간의 지적 전문성도 언제든 대체 가능할 수 있다는 사실을 시사하는 것이다.

우리가 인공지능 기술의 상용화를 두고 기시감과 불안감을 느끼는 건 과거 자동화 기계가 공장 노동자들을 대체했듯이, 인공지능이 현재와 미래 세대의 노동자들을 밀어내고 생산 활동을 주도할 수 있다는 사실을 직감하기 때문이다. 이처럼 노동자의 정의는 의식적 존재인 인간에서 비의식적 존재인 기계로까지 확대된다. 즉, 노동자의 속성은 생물학적 한계를 초월하는, 일종의 범주 체계의 변화를 경험하는 셈이다.

이 때문인지 자동화 기술은 대대적인 일자리 소멸의 기폭제로 오인되곤 한다. 물론 자동화가 인간의 노동력을 대체하는 것은 사실이다. 자동화를 가능하게 하는 기술은 그 정의상 인력의 필요를 줄이는 효과, 즉 기계나 컴퓨터로 대체되는 효과를 가지기 때문이다. 그러나 이는 동시에 자동화 기술과 보완적인 관계가 있는 인력의 수요를 늘리는 효과도 가진다. 특히 자동화와 보완적인 관계에 있는 일자리의 경우, 일자리가 증가할 뿐만 아니라 종사자들의 생산성 향상, 임금 인상 등 상당한 정도의 긍정적인 효과를 가져온다고 보고된다. 즉, 자동화 기술은 자동화 관련 산업의 일자리 수요를 새롭게 창출함으로써 새로운 직업을 생성하게 된다는 것이다. 이것이 비록 지금 우리의 눈에는 일자리를 뺏기는 것으로 보일 수 있겠지만, 중장기적으로 과학기술에 의해 노동 시장이 재편되는 과정의 출발점에 왔다고 해석할 수 있다.

머지 않은 미래에 인간 노동력이 소비되는 방식과 산업이 크게 재편될 것이라는 사실은 명확하다. 일자리 변화로 인한 혼란을 최소화하기 위해 많은 사람이 새로운 노동 시장에 적응할 수 있도록 대비해야 한다. 좋은 시작점은 인간과 인공지능의 능력치를 비교하였을 때 인간이 기술 대비 상대적으로 우위에 있는 분야를 찾는 것이다. 해당 분야의 업무에서 요구되는 기술을 파악한 후 대중을 교육하는 과정을 통해 인간의 새로운 일자리를 찾고 역량을 개발하려는 노력이 필요하다.

물리적 한계를 초월하는 원격 근무

노동 공간의 한계가 사라지다

구직자들은 직무, 연봉, 근무 시간, 사내 문화 등 개인의 적성, 직업 만족도와 관련된 많은 항목을 고려해 일자리를 선택한다. 만약 일상생활에 영향을 주는 순으로 우선순위를 매긴다면 어떤 항목이 상위권을 차지할까? 대부분 연봉을 먼저 떠올리겠지만, 사실 직업 만족도와 직접적인 관련이 적어 보이면서도 매우 중요한 조건이 바로 통근 시간이다. 특히나 수도권 지역은 교통이 매우 발달했음에도 높은 인구 밀도 탓에 출퇴근 소요 시간이 다른 지역에 비해 오래 걸린다. 서울시에서 발표한 2021년 '서울 생활 이동' 데이터에 따르면 서울 내부와 서울 내·외부를 출퇴근하는 사람들의 평균 통근 시간은 53분으로, 통계청에서 발표한 2020년 평균 통근 시간인 30.8분에 비해 약 22분 더 걸리는 것으로 집계되었다. 경기도에서 서울로 통근할 때는 그보다 긴 72.1분이었다.

출퇴근길이 힘든 근본적인 이유는 모든 사람이 회사 근처의 역세권 아파트에 살 수 없다는 데 있다. 큰 회사들은 강남과 여의도 등지에 모이는데 근처의 전·월셋값은 가격이 높고, 결국 많은 사람이 회사와 거리가 먼 곳에 거주하며 긴 출퇴근길을 오가는 생활을 하게 되는 것이다. 한편 높은 방세를 내고 회사 근처에 사는 노동자들도 최상의 삶의 질을 누릴 수 있는 건 아니다. 조금 더 외곽으로 나가면 같은 방세로 더 넓고 쾌적한 집을 얻을 수 있겠지만, 출퇴근 이동 시간을 줄이기 위해 편안한 거주 환경을 어느 정도 타협하게 된다. 이처럼 출퇴근 문화는 노동자들이 거주지를 선택할 때 시간과 삶의 질 사이에서 저울질을 할 수밖에 없는 딜레마를 안겼다.

코로나19 팬데믹이 발생했던 2020년은 집에서 근무지로 이동하여 출근한다는 직장 생활의 기본 전제가 깨지고, 원격 근무라는 새로운 노동 문화가 부상한 해였다. 전 세계로 보급된 원격 근무 시스템은 보편적인 의미의 통근을 넘어 다양한 출퇴근 형태를 등장시켰다. 직장인들은 오전 7시에서 8시 사이에 이동하여 사무실로 출석하는 대신 집, 카페, 공유 오피스 등 거주지와 가까운 공간을 선택하여 단 몇 분 만에 사내 전산망에 접속하는 편의를 누릴 수 있게 됐다. 노동자들의 경우 원격 근무를 실시하면 통근 시간이 거의 들지 않고, 교통비도 절약할 수 있기 때문에 원격 근무에는 대부분 긍정적인 입장이다.

원격 근무 연구를 대표하는 스탠포드 대학 교수 니콜라스 블룸Nicholas Bloom의 연구 팀이 실시한 설문 조사에 따르면, 고용주가 주 5일 사무실 출근을 요구하면 이직을 고려할 것이라고 답변한 근로자가 전체의 42%에 달했다. 원격 근무의 편리함을 경험한 직장인들에게 이전처럼 주 5일 근무를 요구하기 어려워졌다고 봐야 한다. 블룸교수는 코로나19 종식 이후에도 대면과 비대면이 혼합된 하이브리드Hybrid 업무 방식이 보편화될 것으로 예측했다.

원격 근무 기술은 두 가지 측면에서 혁신적이다. 첫째는 물리적 이동을 인터넷 접속으로 대체했다는 점이다. 19세기 영국 산업 혁명 이후 도시 간을 운행하는 열차가 보편화되면서 일은 런던에서, 집은 교외에 얻어 일과 거주지를 분리하는 새로운 생활 양식이 생겨났다. 열차가 발명되기 이전에 주로 마차를 타고 이동했는데, 마차는 주로 귀족들만 이용할 수 있는 고급 교통수단이었기 때문에 노동자들은 집에서 농사를 짓거나 영주의 집 근처에 살면서 땅을 관리하는 등 집과 일터가 일치하는 경우가 많았다. 원격 근무는 200년 전처럼 일과 거주지를 일치시키는 근무 방식을 보편화한다. 현대에 이르러 노동자의 신체가 집에 존재하면서도 노동력만 네트워크를 통해 필요한 곳으로 보내는 저비용·고효율의 이동 수단인 것이다. 이는 지역을 넘어 국경 간에도 인터넷 네트워크로 몇 초 만에 노동력이 이동할 수 있도록 지원한다.

둘째로 원격 근무 시스템은 가상의 노동 공간을 창조했다. 화상

순위	앱	총 설치 기기 수
1	줌(Zoom)	2,073,276
2	스카이프(Skype)	742,543
3	구글 미트(Google Meet)	239,231
4	마이크로소프트 팀즈(Microsoft Teams)	198,792
5	시스코 웹엑스(Cisco WebEx)	181,173

[표 2] 주요 화상 회의 앱 총 설치 기기 현황

국내 주요 기업	그룹웨어
삼성 계열사	녹스 포털(업무용 메신저+화상 회의)
LG 계열사	M메신저(업무용 메신저)
SK 텔레콤	팀즈(업무용 메신저), 마이데스크(클라우드 기반 근무 시스템)
네이버	라인웍스(업무용 메신저+영상 통화)
카카오	아지트(업무용 게시판), 카카오톡 그룹콜(다자간 통화)
한국 IBM	슬랙(업무용 메신저), 웹엑스(화상 회의)

[표 3] 국내 주요 기업에서 사용하는 그룹웨어

회의 앱, 업무 협업 툴, 그룹웨어Groupware로 대표되는 원격 근무 지원 기술은 다양한 공간으로 흩어진 개별 노동자들이 인터넷 커넥션만 있으면 전 세계 어떤 장소에서든 업무 성과를 공유하고 소통할 수 있는 네트워크를 구축하도록 다양하고 범용적인 서비스를 제공한다. 화상 회의 앱은 줌Zoom, 스카이프Skype, 구글 미트Google Meet, 마이크로소프트 팀즈Microsoft Teams, 시스코 웹엑스Cisco WebEx 등이 대중적으로 사용된다. 업무 협업 툴이나 그룹웨어 기술은 회사에서 이루어지는 상당수의 업무를 네트워크로 이전시켰다. 이외에도 기업의 회계 정보, 재고 관리, 인사 관리 등 사내 모든 부서의 업무 상황과 데이터를 포털로 관리할 수 있는 전산적 자원 관리Enterprise Resource Planning; ERP와 같은 신기술도 등장했다. 그리하여 부서 간의 물리적 경계를 두고 처리되던 업무들을 포털 안으로 통합하게 됐다.

원격 근무 시행에 영향을 미치는 요소

코로나19 팬데믹을 겪은 지 이제 햇수로 5년 차가 되었다. 주변에 원격 근무를 하는 노동자가 많아지고, 삼성이나 네이버 등 대기업에서도 공유 오피스를 임대하거나 원격 근무 시스템을 재정비하는 등 직원들의 원격 근무를 성공적으로 안착시키기 위한 노력을 기울이는 중이다. 실제로 코로나19 이후 한국의 원격 근무 활용률은 꾸준히 증가세를 보였다. 한국은행의 2022년 1월자 이슈노트에 의하면 우리나라 전체 임금 근로자 가운데 원격 근무제 활용 근로자 비중은 2019년 9만 5,000명(전체 취업자 대비 0.3%)에서 2021년 114만 명(4.2%)으로 12배가량 증가하였다고 한다.

다만 모든 노동자가 원격 근무 제도를 활용할 수 있는 것은 아니다. 건설 현장 관리직이나 공장 생산직 근로자들은 공장에 출근하여 대면 업무를 봐야 하고, 의사의 경우에도 환자를 진료하고 치료하려면 병원으로 출퇴근을 해야 한다. 마트 계산원이나 은행 창구 직원과 같은 서비스업 종사자들도 대면 업무가 필요하다. 이처럼 원격 근무 활용 비율은 업종별로 천차만별일 수밖에 없고, 업종 외의 다른 요소에 의해서도 시행률은 크게 달라질 것이다. 미래 노동의 청사진에서 원격 근무는 큰 비중을 차지할 것으로 예측되지만, 원격 근무가 처음 보편화되었기 때문에 미래 노동자들의 모습을 구체적으로 상상하기 어려울 듯하다. 다만 원격 근무 시행률에 영향을 미치는 요소들을 파악함으로써 미래 노동자들의 근무 방식을 상상해 볼 수 있을 것이다.

사업체의 규모

원격 근무의 활용 비율은 사업체 규모에 따라 차이를 보인다. 한국노동연구원이 실시한 2021년 '재택근로와 일·생활균형 실태조사'에 따르면 사업체 규모에 따라 원격 근무 실시율을 조사한 결과 대규모 사업체일수록 원격 근무 활용 비율과 원격 근무 활용 근로자 비율이 높은 것으로 나타났다. [표 4]에 의하면 300인 이상 사업체의 원격 근무 비율은 48.8%로, 각각 27.6%와 32.5%를 기록한 30~99인 사업체와 100~299인 사업체에 비해 원격 근무 제도가 활성화된 것으로 보인다.

원격 근무 시행 사업체 중에서도 300인 이상 사업체에서 원격 근무를 활용하는 근로자의 비율이 두드러지게 높았다. 124쪽의 [표 5]는 규모와 업종을 바탕으로 사업체 내 원격 근무 활용 근로자 비율을 나타낸 것이다. 이에 따르면 300인 이상 사업체 중 근로자의 80% 이상이 원격 근무를 활용한다고 응답한 비율은 31.7%로, 19.4%를 기록한 30~99인 사업체, 5.4%를 기록한 100~299인 사업체에 비해 높았다.

전체		원격 근무 시행률 (%)
일자리 규모	30~99인	27.6
	100~299인	32.5
	300인 이상	48.8
업종	광업	0.0
	전기·가스·증기 및 공기조절 공급업	90.0
	건설업	12.2
	운수 및 창고업	10.5
	숙박 및 음식점업	4.2
	정보통신업	59.7
	금융 및 보험업	73.6
	전문·과학 및 기술서비스업	72.4
	교육서비스업	29.5
	예술·스포츠 및 여가관련 서비스업	36.9
지역	수도권	41.3
	경상권	23.3
	충청권	31.6
	전라권	12.8
	강원권	21.4

[표 4] 사업체 조사: 원격 근무 시행률

다만 300인 이상 사업체에서도 원격 근무 활용 근무자 비율이 40% 미만이라고 응답한 비율은 41.1%로, 절반에 가까운 비중을 차지한다. 비슷한 규모의 사업체라 해도 업종이나 회사 소재지 등 다른

전체		0~20 미만	20~40 미만	40~60 미만	60~80 미만	80이상
규모	30~99인	28.2	23.1	22.6	6.4	19.7
	100~299인	26.6	37.0	21.7	9.2	5.4
	300인 이상	17.3	22.8	21.8	6.4	31.7
업종	제조업	45.6	10.5	26.3	12.3	5.3
	전기·가스·증기 및 공기조절 공급업	4.7	33.7	57.0	1.2	3.5
	정보통신업	38.9	16.7	8.3	0.0	36.1
	금융 및 보험업	29.0	37.4	11.2	7.5	15.0
	전문 과학 및 기술서비스업	15.8	26.9	21.6	14.0	21.6
	사업시설관리, 사업지원 및 임대서비스업	27.8	44.4	20.4	0.0	7.4
	예술·스포츠 및 여가 관련 서비스업	13.5	13.5	10.8	13.5	48.6

[표 5] 사업체 조사: 원격 근무 활용 근로자 비율(%)

요소의 영향으로 원격 근무 비율은 달라질 수 있을 것이다. 예를 들어 현장직 노동자의 경우 원격 근무가 불가능하고, 반면 개발자 같은 직업은 전면적인 원격 근무가 가능한 식이다. 또 코로나19 확진자가 적은 지역에서는 원격 근무 시행률이 저조했을 수 있다. 그 외의 변수로 성별과 직급에 따른 원격 근무 비율 차이가 있을 수 있겠으나 성별에 따른 원격 근무 실시율은 남녀 간 차이가 근소했다. 직급에 따른 원격 근무 비율 차이는 회사 내 지침에 따른 결과일 가능성이 크므로, 사회 내 성 역할에 따른 필요를 반영했다고 보기 어렵다고 판단하여 원격 근무 실시율에 영향을 주는 요소로 다루지 않기로 한다.

사업체 규모와 원격 근무 실시율의 관계는 일본도 비슷하게 나타난다. 일본의 인사·노무 전문 연구 기관 퍼솔 종합연구소 연구에 따르면 2022년 2월 기준으로 종업원 수가 많은 기업일수록 원격 근무를 실시했다. 종업원 1만 명 이상인 기업은 46.9%, 반면 종업원 10명 이상 100명 미만 기업은 15.4%로, 원격 근무 실시율에서 큰 차이를 보였다.

업종

업종은 원격 근무 시행률에 영향을 미치는 대표적인 요인이다. 실제로 한국의 원격 근무 실시율은 업종별로 큰 차이를 보인다. 앞서 123쪽 [표 4]에 따르면 원격 근무 시행률은 1) 전기·가스·증기 및 공기 조절 공급업, 2) 금융 및 보험업, 3) 전문·과학 및 기술서비스업, 4) 정보통신업 순으로 높았다. 해당 업종들은 최대 90%, 최소 59.7%의 원격 근무 시행률을 보였다. 원격 근무가 불가능하거나 비율이 낮은 직종은 대면 서비스업이나 현장 근무가 필수적인 업종들로, 1) 광업, 2) 숙박 및 음식점업, 3) 보건업 및 사회복지서비스업, 4) 운수 및 창고업의 순서로 낮은 시행률을 기록했다.

원격 근무 시행률 상위 4개 업종은 최대 90%, 최소 59.7%의 원격 근무 시행률을 보였다. 특히 [표 5]에서 정보통신업과 전문 과학 및 기술 서비스업은 근로자의 80% 이상이 원격 근무를 실시하는 비율이 각각 36.1%와 21.6%로 타 업종에 비해 높은 비율을 나타냈다.

즉, 전면 원격 근무 실시율이 높다는 것이다. 예술·스포츠 및 여가 관련 서비스업은 원격 근무 실시율이 36.9%에 그쳤지만 80% 이상의 근로자가 원격 근무를 실시할 확률은 48.6%로 거의 절반에 가까운 수치였다. 이는 같은 업종 내에서도 업무 특성이나 직책에 따라 원격 근무 가능 여부가 달라지므로 업종이라는 큰 분류로 원격 근무 실시 여부를 파악하는 데 어느 정도 한계가 있음을 나타낸다.

미국의 업종별 원격 근무 시행률도 한국과 유사하다. 조나선 딩겔Jonathan Dingel과 브렌트 네이만Brent Neiman은 업종별 원격 근무 시행 가능성 평가를 통해 원격 근무 시행이 용이한 업종을 조사했다.

업종	원격 근무 시행 가능성 (%)
컴퓨터 및 수학 관련 업종	100
교육·트레이닝·사서	98
법률서비스	97
기업 업무 및 금융 관리	88
기업 경영	87
설치, 유지, 보수	1
건설 및 광물 추출	0
요식업	0
건물 청소	0

[표 6] 미국의 산업별 원격 근무 시행 가능성

[표 6]에 따르면 원격 근무 가능성이 높은 업종은 1) 컴퓨터 및 수학 관련 업종, 2) 교육·트레이닝·사서 업종, 3) 법률서비스, 4) 기업 경영 및 금융 관리업 순서이다. 숙박업·음식점업, 건물 청소 용역직, 건설업, 설치 및 수리업이 원격 근무가 불가능하거나 거의 불가능에 가까운 것으로 조사되었다. 업종 분류 방식이 달라서 업종 간의 유사성을 한눈에 알아보기 어렵지만, 상위권 업종 간에 겹치는 직업이 많다. 한국의 3) 전문·과학 및 기술서비스업에는 미국의 1) 컴퓨터 및 수

학 관련 업종, 3) 법률서비스, 4) 기업 업무 및 금융 관리업에 포함되는 사회과학 연구직, 법무 관련 서비스업, 기업 경영 컨설팅 서비스업이 포함된다. 2) 금융 및 보험업과 4) 정보통신업도 미국의 1) 컴퓨터 및 수학 관련 업종과 4) 기업 경영 및 금융 관리업에 속하는 직업들과 거의 일치했다. 한국에서는 이례적으로 전기·가스·증기 및 공기 조절 공급업의 원격 근무 시행률이 아주 높게 나왔는데, 한국가스공사에 근무하는 사무직 노동자들이 해당 직종으로 분류되어 원격 근무 실시율이 높은 것으로 보인다. 한국의 교육서비스업 원격 근무 비율은 29.5%로 높지 않았지만 미국의 교육서비스 직종의 원격 근무 가능성은 아주 높은 것으로 평가되었다. 이는 단순히 교육 가능성만을 평가했기 때문일 가능성이 높게 측정되었을 수 있고, 한국은 대면 등교를 실시했기 때문에 원격 근무 비율이 낮게 집계되었을 것으로 보인다.

미국에서 원격 근무 시행 가능성이 낮은 업종은 1) 설치, 유지, 보수업, 2) 건설 및 광물 추출, 3) 요식업, 4) 건물 청소였다. 한국과 업종이 완벽히 일치하지 않지만 현장에서 신체 노동을 하거나 대면 서비스 업무를 원칙으로 하는 직업이라는 공통점이 있다. 문화별로 업무 방식의 차이가 존재하지만 원격 근무가 용이한 업종은 겹치는 직업이 많고, 원격 근무가 어려운 업종은 모두 신체 노동이 이루어지거나 소비자를 대면해야 한다는 특성을 갖는다는 사실을 알 수 있다.

사업체 소재지

원격 근무의 비율은 지역별로도 상이하게 나타난다. 수도권에 소재한 사업체는 타 권역에 비해 원격 근무를 시행하는 사업체의 비율이 높았다. 앞서 제시한 123쪽 [표 4]에 의하면 수도권 사업체의 41.3%가 원격 근무를 실시한 반면, 전라권은 사업체의 12.8%만 원격 근무를 시행하는 것으로 조사되었다.

이는 일본 기업들도 마찬가지로 수도권에 소재한 기업에서 원격 근무 시행률이 높은 것으로 나타났다. 퍼솔 종합연구소에서 동경도 소재 기업(30인 이상)을 대상으로 실시한 원격 근무 실시 현황 조사에 따르면 다음과 같다. 동경도 소재 기업의 원격 근무 시행률은 2021년 3월 기준 62.5%로, 일본 전국 기업의 원격 근무 시행률인 28.5%에 비해 두 배 이상 높았다. 특히 동경도 소재 기업 중 300인 이상 규모 사업체의 원격 근무 시행률은 83.1%로, 100명 이상 300명 미만인 기업(62.7%), 30명 이상 100명 미만(58.6%)에 비해 높게 나타났다. 한국과 마찬가지로 수도권에 소재하고 사업체 규모가 클수록 원격 근무 실시 비중이 높다는 걸 알 수 있다.

미국도 큰 도시에 원격 근무 가능 직종이 많이 분포한 것으로 나타났다. 앞서 말한 딩겔과 네이만의 보고서에서 미국의 원격 근무 가능 일자리의 도시 지역 집중 여부를 조사하기 위해 피고용인 수가 가장 많은 도시 10곳과 가장 적은 10곳을 대상으로 원격 근무 가능 일자리의 비율을 조사했다. 그 결과 피고용인 수가 많은 미국의 샌프란시스코, 산호세, 워싱턴디시는 45% 이상을 기록했지만, 피고용인 수가 적은 포트마이어스, 그랜드래피즈, 라스베이거스에서는 30% 이하의 원격 근무 가능 비율이 나타났다. 해당 연구에서는 같은 도시를 대상으로 실시한 사이먼 몬기Simon Mongey, 로라 R. 필로소프Laura R. Pilossoph, 알렉산더 웨인버그Alexander Weinberg의 연구 결과도 덧붙인다. 도시의 원격 근무가 가능한 직종들이 중위 가구 소득, 대졸자 비율과 양(+)의 상관관계를 가지며, 자가 소유 비율, 백인 거주 비율과 음(-)의 상관관계를 가지는 것으로 집계되었다는 내용이다.

다만 이 연구에서 개인을 대상으로 실시한 추가 연구에서는 상반된 결과가 나타났다. 원격 근무가 가능한 직종 비율과 백인 비율, 자가 소유 비율 사이에 양(+)의 상관관계가 나타난 것이다. 이 부분은 지역별 조사를 개인의 특성으로 일반화하기 어렵다는 한계를 보여 준다. 또 여러 국가에서 비정규직과 정규직 간 원격 근무 시행률 차이를 보고하는 만큼, 고용 형태에 따른 근무 방식 선택에서 차별적인 조치가 없었는지 추가 조사로 노동 시장의 불평등을 살펴볼 수 있을 것이다.

원격 근무의 기대 효과

2020년 초 정부에서 원격 근무를 도입했을 때 사람들은 이를 코로나19에 대응하기 위한 미봉책 정도로 여겼다. 하지만 원격 근무 안에는 잠재된 기대 효과가 적지 않다. 일단 대표적인 것은 해외 취업이다. 기존에 한국의 뛰어난 노동자가 미국 뉴욕에 소재한 회사로부터 스카우트 제의를 받았다면 어떤 절차가 필요할까? 먼저 뉴욕으로 이주하고 취업 비자를 받아 미국 정부 시스템이 인정하는 정식 노동자로 편입되는 과정을 통과해야 한다. 아무리 뛰어난 인재도 회사 소재지로 직접 가 사무실로 출퇴근 하지 않고서는 일자리를 얻기 어렵다. 하지만 현재의 해외 취업 방식은 훨씬 간단하다. 일부 미국 기업들이 'Work From Anywhere'라고 해서 근로자가 전 세계 어디에서든 근무할 수 있게 허용하는 관대한 원격 근무 제도를 도입했기 때문이다. 이제 한국에서도 미국 기업에 취업하여 일할 수 있게 된 것이다.

해외 취업에 동반되는 이민, 비자, 문화 차이 등의 문제가 해소된 것만으로도 노동자들에게 호재이지만, 해외 취업의 가장 큰 장점은 따로 있다. 바로 높은 연봉이다. 예컨대, 한국과 미국의 IT 업계 연봉을 비교해 보면 미국 기업들의 연봉이 평균적으로 더 높다. 미국 노동통계국의 2021년 IT 업계 중위 임금 조사 결과에 따르면 미국에서 종사하는 컴퓨터 프로그래머의 중위 임금은 약 1억 2,600만 원으로 한국소프트웨어산업협회에서 발표한 2019년 국내 엔지니어의 평균 임금인 약 7,674만 원의 두 배에 이르는 수준이다. 또 미국은 능력과 성과 중심의 임금 체계를 갖추기 때문에 신입 사원의 보수도 상당히 좋다. 미국 IT 기업 연봉 평가 사이트 레벨스Levels에 따르면 미국의 2년 차 주니어 엔지니어 중 최고 연봉은 차량 공유 서비스 업체 리프트Lift로 23만 4,000달러, 한화로 약 3억 2,000만 원에 달하는 임금을 저연차 사원에게 지급한다. 그간 해외 이주나 이민 때문에 해외 스카우트 제의를 거절해 온 사람들에게 해외 취업의 부담은 없으면서 장점만 취득할 수 있는 좋은 기회인 것이다.

원격 근무의 확대는 수도권 인구 과밀화를 완화할 수 있는 방법이기도 하다. 우리나라는 산업이 수도권에 편중하여 발달한 탓에 수도권의 인구 밀도가 높은 편이다. 국토연구부에 따르면 2020년 기준으로 수도권의 인구 집중도(50.1%)가 전체 인구의 절반을 초과하였고, 2017년부터는 수도권 인구 순유출에서 순유입으로 전환되면서 수도권으로의 인구 이동 규모는 점차 증가하는 추세다. 핵심적인 원인은

20대 청년의 순유입인데, 대부분 일자리와 교육 등이 목적이다. 반면 많은 지방은 이미 인구 소멸 위기에 처했다. 원격 근무가 확대된다면 그동안 출퇴근을 위해 회사 주변이나 서울·수도권 지역에 거주하던 사람들도 방세나 물가가 더 저렴한 주변 지역으로 이동할 수 있을 것이다. 수도권에서 지방으로의 인구 재배치로 인구 소멸 완화를 기대할 수 있다는 이야기다.

일본도 지방 소멸 위기를 겪는 대표적인 국가 중 하나이다. 지방 소멸이라는 단어를 처음 사용한 민간 연구 단체인 소세이카이 소속 마스다 히로야는 청년층 인구의 수도권 집중으로 인해 지방 소멸이 가속화되고, 현 추세가 지속된다면 2040년경에는 일본 지자체의 절반에 달하는 896개의 지자체가 소멸할 것이라고 분석했다. 일본은 이미 원격 근무 도입 시 수도권에서 지방으로의 이동 용의를 조사한 내용이 있다. 조사 결과 일본 청년층은 56.7%가 지방보다 도시에서 취업하기를 원했으나, 원격 근무 실시 상황을 가정했을 때 고향 거주 희망자 비율이 증가했다. 주거지를 자유롭게 고를 수 있다면 희망 근무지는 고향(47.2%), 도쿄 외의 도시(32.6%), 도쿄(20%) 순으로 높았고, 희망 거주지는 고향(54.8%), 지방(30.1%), 도쿄 외의 도시(15.1%) 순서를 기록하여 두 조사 결과를 합한 결과 34.1%가 지방에서 살면서 일하고 싶다고 답변했다.

이러한 결과를 살펴보면 많은 청년이 원격 근무만 가능하다면 수도권이 아닌 지방에서 지내기를 희망한다는 것이다. 지방에 살면서 양질의 일자리를 얻을 수만 있다면 말이다. 한국에서도 이와 비슷하게 지방으로의 인구 이동을 장려하는 효과를 기대할 수 있을 것이다.

미국도 지방과 도시의 인구 양극화가 진행되는 중이다. 미국 농무부의 2021년 연구에 따르면 지난 2010년~2020년 사이 지방의 인구는 0.6% 감소했지만 도시 인구는 8.8% 증가했다. 특히 코로나19 이후 원격 근무가 도입되면서 인구가 중심 업무 지구에서 외곽 지역으로 이동했다는 연구 결과가 보고되었다. 아준 라마니Arjun Ramani와 리콜라스 블룸Nicholas Bloom이 공동 연구한 'The Donut Effect of Covid-19 on Cities'에 따르면 코로나19 이후 사람들이 미국 대도시의 중심 업무 지구에서 인구 밀도가 낮은 외곽 지역으로 이동했고, 미국의 12대 대도시의 중심 업무 지구 임대율이 같은 기간 인구 밀도 하위 50% 지역의 임대율에 비해 12%p 감소했다. 또 12대 대도시의 순 인구 유출과 기업 유출은 코로나19 팬데믹 이전과 비교했을 때 각각 15%, 14% 이상 상승하였는데, 이에 비해 인구 밀도 하위 50% 지역은 2%의 순 인구 유입과 기업 유입을 경험한 것으로 나타났다. 중심 업무 지역의 인구가 외곽으로 이동하여 외곽 지역의 인구 밀집도가 비교적 높아지는 '도넛 효과Donut Effect'가 발생한 것이다.

다만 유의미한 도시 간 이동 현상은 관찰되지 않았는데, 대면과 비대면 방식이 혼합된 하이브리드 방식의 근무 형태가 많아서 도시를 완전히 떠나기 어려운 노동자가 많았기 때문일 것으로 보인다. 만약 원격 근무 비율이 높아져서 거주지에 상관없이 직업을 선택할 수 있다면 도시 내 이동자 수가 많아졌던 것처럼 도시 간 이동도 활발해질 것이다.

이처럼 원격 근무는 개인의 삶과 사회의 모습을 변혁할 만한 잠재력을 지닌다. 비록 지난 몇 십년 동안 집에서 사무실로 출퇴근했던 중년 세대의 시각에서는 원격 근무가 업무 관리 체계를 붕괴시키고 업무 효율을 낮추는 문화로 인식될 수 있겠지만, 삶의 질 향상과 사회 문제 해결 등의 획기적인 장점을 가진 것은 분명하다. 원격 근무의 장점을 고민해 보고 우리 사회에 적합한 문화로 변형시켜 수용함으로써 우리 사회를 긍정적인 방향으로 혁신하는 태도가 필요할 것이다.

시간을 초월하고 여가로 위장된 노동

SNS는 여가인가, 노동인가

SNS는 현대인의 대표적인 여가 활동이라고 할 수 있다. 동시에 SNS는 우리의 생각을 공유하고 사적인 기록을 남기는 플랫폼에 그치지 않는다. SNS는 빅데이터, 머신러닝, 인공지능 등 데이터 기술의 지원에 힘입어 가파르게 성장하는 중이며, 전문가들은 SNS 산업에서 개발할 기술들이 미래 데이터 산업을 이끄는 주축이 될 것으로 전망한다. SNS 회사의 수익 구조, 운영 원리, 데이터 저장 방식과 같이 경영 방식에 관한 정보는 비교적 일반 대중에게 알려지지 않았다. 이는 SNS 산업의 수익 창출 원리가 데이터 사이언스Data Science와 컴퓨터 공학 분야의 전문적 지식을 기반으로 만들어져서 전공자가 아닌 일반인이 이해하기 어렵게 구성되었기 때문이다. 특히 데이터를 산업 활동에서 이용하려면 프로그래밍 언어로 변환하는 전처리 과정이 필수적으로 요구되는데, 파이썬Python, 자바Java, C언어와 같이 데이터 분석에 사용되는 언어를 사용해 본 경험이 없는 사람들에게 데이터 산업은 처음 들어 보는 외국어처럼 낯설고 어렵게 느껴질 수밖에 없다. 따라서 사이트 회원 가입 시 작성하는 개인정보 동의서, SNS 활동 기록, 인터넷 뉴스 구독 동의 등과 같이 일상적인 활동에서 생성되는 데이터들은 전산망에 기록되어 다방면으로 분석된다. 하지만 일반 대중이 자신의 데이터가 어떻게 활용되는지를 일일이 이해하기는 어려운 실정이다. 매일 SNS를 이용하면서 데이터를 생성해도, 자신의 SNS 기록이 가지는 가치와 처리되는 절차는 잘 몰랐던 것이다.

SNS는 회원 가입을 통해 무료로 이용할 수 있는 플랫폼 기반 서비스다. 현시대는 공기, 물, 흙과 같은 자연부터 스터디 룸, 공유 오피스 등 인공적 공간 이용 모두 가격을 매김에도 전 세계인이 무료로 이용하는 서비스가 있다는 것은 놀라운 일이다. 한편으로 잘 들여다보면 이는 이면에 수익을 창출하는 장치가 존재한다는 것을 암시하기도 한다. SNS 산업의 특이점은 대중의 인기를 얻어야만 회사를 안정적으로 운영할 수 있다는 것이다. 인기를 잃고 게시글이 생성되지 않으면 존재 가치가 사라지며 해당 플랫폼은 시장에서 금세 사장되어 버린다. 따라서 SNS 플랫폼의 경쟁력은 새롭고 창의적인 서비스를 더 빨리 제공해 이용자들을 끌어모을 수 있는 능력에서 나온다. 전반적인 업무도 전 세계 이용자들이 실시간으로 생성하는 데이터로부터 소비자 동향과 서비스에 대한 수요를 발 빠르게 읽어 내는 것에 초점이 맞춰져 있다.

SNS 산업을 움직이는 건 다름 아닌 이용자들이다. X(구 트위터), 인스타그램, 페이스북 같은 SNS 회사들은 수천 명의 직원으로 이루어졌으며, 연간 수익은 페이스북과 인스타그램을 소유한 모회사 메타Meta의 2021년 매출을 기준으로 약 1,179억 달러에 달한다. 그러나 유능한 직원이 아무리 많아도 이용자의 데이터가 없으면 회사가 가진 인력과 기술력은 무용지물이고, 1,179억 달러의 수익도 이용자들이 데이터를 생성하지 않으면 만들어지지 않는다. 이용자는 데이터라는 새로운 형태의 원자재를 생산하여 회사에 공급하고, 개인정보 제공에 동의함으로써 회사의 데이터 분석과 수익 창출에 정당성을 제공하게 되는 것이다.

회사의 관점에서 이용자의 SNS 활동은 명백히 수익의 원천이자 경제적 가치를 지닌 활동이다. 하지만 이용자는 스스로 이러한 수익 활동을 수행한다고 인지하기 어려운데, 이는 두 가지 가설로 설명이 가능하다. 첫 번째는 SNS 공간이 이용자가 자신의 데이터를 소유한다고 생각하게 만든다는 것이다. SNS 활동은 이용자가 자신의 계정을 관리하고 창조하는 행위에서 즐거움을 느끼도록 설계되었다. 현실과 다른 모습으로 SNS에 제2의 자아를 창조할 수 있고, 언제든지 게시물을 수정하고 삭제할 수 있도록 하여 가상 자아에 대한 완전한 통제권을 부여함으로써 주체적인 삶의 즐거움을 극대화한다.

물론 실제로 관리자가 SNS 전산망에 기록된 데이터로 개인의 취향과 집단의 공통 관심사를 파악하게 된다. 비식별화되어 분석되기는 하지만 이용자의 사적인 기록이 SNS 회사 수익의 배경이 되는 것은 사실이다. SNS 공간과 기록은 나만이 독점적으로 소유하는 사유물이 아니지만, 우리가 이것을 소유한다고 생각하기 때문에 데이터 생성 행위 자체도 오직 스스로를 위한 활동이라고 인지하게 되는 것이다.

두 번째는 SNS가 외면상으로 무료로 즐기는 여가 활동처럼 보인다는 점이다. 이용자들이 시간을 들여 생성한 데이터는 기업의 수익 창출로 직결되지만, 기여율을 인정받거나 유형의 보상을 받지는 않는다. 개인의 데이터가 알고리즘 개선, 광고 계약, 서비스 수요 파악 등 여러 비즈니스 부문 중 어떤 곳에 사용되고, 수익 창출에 어느 정도의 비중으로 활용되었는지도 비공개되었다. 따라서 데이터 생성 행위의 가치에 상응하는 보수를 추정하기가 어렵다. 마치 무보수 노동Unpaid Work을 하는 비공식적 노동자와 같은 셈이다.

해외의 선행 연구들은 데이터 생성 행위를 노동으로 정의할 것으로 주장한다. 해외 연구 보고서 중 'Should We Treat Data as Labor?'에서 SNS 데이터의 성격을 해석하는 대표적인 두 가지 시각으로 'DaCData as Capital'과 'Data as LaborDaL'가 있다고 설명하는데, 이는 SNS 활동의 해석 방향을 두고 충돌한다. 전자는 SNS 데이터를 SNS 회사의 자산으로 분류하는 견해로, 이용자들이 SNS 서비스를 무료로 이용하는 대신 자신의 개인정보와 데이터 관리의 권한을 맞바꾸는 것이라고 주장한다. 단적으로 말하자면 SNS 활동은 서비스와 이용자 데이터 간의 물물 교환 행위라고 보는 것이다. 반면 후자는 SNS 활동이 그 특성상 시간을 들여 가치를 생산하는 활동, 즉 노동의 요소를 갖추기 때문에 SNS 활동으로 생산한 데이터의 소유권은 노동자에 귀속된다고 주장한다. 즉, SNS 활동은 데이터를 생성하는 노동이라는 것이다.

두 견해가 모두 타당하지만 종래의 SNS 산업은 이용자가 업로드한 게시물의 내용, 취향, 친구들과의 네트워크 등 내밀한 사생활을 다룬 데이터까지 분석 대상으로 삼는다. 이는 무수히 많은 이용자의 데이터를 축적하여 큰 수익을 창출한다. 이와 같은 사적인 기록을 SNS 서비스 이용 대가로 SNS 회사에게 이용에 관한 전권을 넘겨주는 것은 SNS 회사에게 개인정보를 남용할 권리를 주는 것과 마찬가지일 수 있다. 데이터는 이용자로부터 생성되기 때문에 데이터에 대한 권리는 이용자에게 주어지는 것이 합당하다. 또 이용자 스스로 데이터 생성 행위를 한다는 것을 인식하기 위해 데이터가 수익을 만드는 노동 행위라는 사실을 인지시켜 줄 필요가 있다. 그렇다면 현시대에서 DaL의 시각에서 데이터의 가치에 대해 접근하는 것이 더욱 적합하다고 할 수 있을 것이다.

데이터 생성 행위의 가치 추정 방법

데이터에 경제적 가치가 발생하고, 이에 대해 주인 의식을 갖는 일이 필요하다면 이용자의 데이터 생성 행위의 가치를 추정할 수 있을까? 두 가지 정도의 방법이 있다. 첫째는 생산물의 가치를 기준으로 추정하는 것이다. 다만 SNS 데이터 1단위의 SNS 수익의 기여율을 계산하는 것은 현실적으로 어렵고, 우리가 SNS 회사의 데이터 저장과 분석 원리를 알 수 없기 때문에 이 방법은 실현 불가능하다고 봐야 한다. 둘째는 SNS 데이터를 만드는 데 걸리는 시간을 조사해 시간당 보수를 기준으로 가치를 추정하는 것이다. 우리가 시간당 임금에 일한 시간을 곱해서 일당을 계산하는 것과 같은 방법이다. 이러한 방법으로 SNS 활동이 가치를 환산하는 방법을 간략히 살펴보고, 환산액이 얼마인지도 추정해 보자.

나라별 SNS 이용 시간의 가치를 추정하기 위해 필요한 자료는 [표 7]과 같다. 대상은 [표 7]에 제시된 자료가 공통으로 존재하는

자료	출처	연도
(1) SNS 이용 시간	The Biggest Social Media Trends For 2022, Global Web Index(GWI)	2021
(2) 1인당 조정 국민순소득 (adjusted net national income per capita)	세계은행 (World Bank)	2020
(3) 평균 근로 시간	국제노동기구 (International Labor Organization)	2016-2020 중 국가별로 존재하는 최신 정보 사용

* 모든 자료는 일주일 단위로 변환함.

[표 7] SNS 활동 가치 추정에 필요한 자료

변수	관측치 (1)	평균 (2)	표준편차 (3)
SNS 이용 시간	42	16.692	5.617
SNS 이용 시간에 대한 노동 임금($)	42	161.191	117.585

[표 8] SNS 이용 시간과 가치에 대한 기초 통계량

42개 국가이고, 자료를 바탕으로 계산한 일주일 치 SNS 이용 시간과 해당 시간에 대한 노동 임금은 152쪽 부록의 [표 A1]에 제시되었다. 이용 시간과 SNS 이용 시간 가치를 드러내는 기초 통계량은 [표 8]과 같다.

[표 8]은 42개 국가들의 일주일 치 SNS 이용 시간과 해당 시간의 경제적 가치 환산 값의 기초 통계량을 나타낸다. SNS 이용 시간 평균은 16.692시간, 표준편차는 5.617시간을 기록했다. SNS 이용 시간의 가치 평균은 161.191달러이며 인도가 12.007달러로 최솟값, 미국이 424.977달러로 최댓값을 기록했다. 표준편차는 117.585달러로,

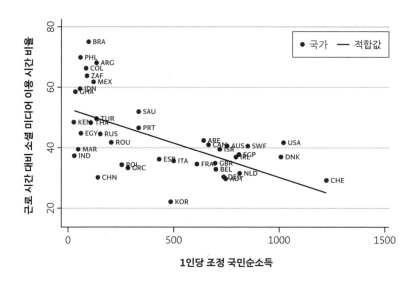

[그림 1] 국가별 근로 시간 대비 SNS 이용 시간 비율 산포도

평균값에 근접할 정도의 높은 수준을 기록하여 나라별 SNS 이용 시간의 가치가 넓은 분포를 이룬다는 것을 짐작할 수 있다.

42개 국가들의 SNS 이용 시간을 국민 소득을 기준으로 검토해 보면 특정한 패턴이 나타난다. 중·저소득국가와 중·고소득국가 그룹에서는 총 17개 중 12개 국가의 SNS 이용 시간이 20시간을 초과했지만, 고소득 국가 그룹에서는 25개 국가 중 사우디아라비아와 아랍에미리트만이 20시간을 넘겼다. SNS 이용 시간과 국민 소득 사이에 상관관계가 존재한다고 볼 수 있을까? 이 질문의 힌트는 [그림 1]에 있다. [그림 1]은 1인당 국민 순소득과 평균 근로 시간 대비 SNS 이용 시간 비율의 산포도 그래프이다.

[그림 1]는 1인당 조정 국민 순소득과 SNS 이용 시간 비율 사이

에 음(-)의 상관관계가 존재한다는 것을 나타낸다. 즉, 국민 소득이 낮은 국가일수록 SNS 이용 시간 비율이 증가하는 것이다. 다만 [그림 1]만으로는 독립변수인 소득이 설명변수인 SNS 이용 시간 비율에 영향을 주는 변수라는 것을 증명할 수 없다. 실제로 서로 관련이 없는 변수들인데 우연히 상관관계가 나타날 가능성이 충분히 존재하기 때문이다. 예를 들어, 여름철 바닷가에서 상어에 의한 사망 사고 건수가 증가하고 아이스크림 판매율도 증가했다고 해서 한 변수가 다른 변수에 영향을 주었다고 판단할 수는 없을 것이다. 이를 허위 상관관계Spurious Correlation라고 부르기도 한다.

계량 모형을 이용한 회귀 분석은 상관관계를 증명할 수 있는 대표적인 분석 방법이다. 회귀 분석으로 독립변수가 설명변수에 영향을 준다는 것을 증명하고, 영향력을 정량적 수치로 표현할 수 있다. 회귀 분석을 이용해 상관관계를 추정할 때 유의할 점은 독립변수 외에도 설명변수에 영향을 주는 다른 변수를 통제했는지에 관한 것이다. 관련성이 있는 다른 변수를 포함하지 않고 회귀 분석을 실행하면 독립 변수의 회귀 계수가 실제보다 과대평가되거나 과소평가될 위험이 있다. 회귀 분석에서는 특히 교란변수Confounding Factor를 통제하는 것이 중요하다. 교란변수는 독립변수와 설명변수 모두와 상관관계가 있는 변수로, 교란변수를 통제했을 때 독립변수와 설명변수 간의 관계를 추정할 수 있다. 교란변수를 통제하지 않았을 때 회귀 모형에 포함되어야 할 변수가 누락되었다고 하고, 다른 말로는 누락 변수 편이Omitted Variable Bias라고도 한다. 식(1)은 1인당 소득과 SNS 이용 시간 비율의 상관관계를 계량적으로 추정하기 위해 만든 다중회귀분석 모형이다.

(1) 소셜미디어 이용 시간 비율$_i$ = a + $\beta_1$1n(1인당 소득)$_i$ + X$_i$ + ε_i

소셜미디어 이용 시간 비율$_i$은 국가 i의 평균 근로 시간 대비 소셜 미디어 이용 시간 비율을 나타내는 변수로서, 이 식에서는 설명변수 라고도 지칭하는 변수다. 1n(1인당 소득)$_i$ + X$_i$ + ε_i는 국가 i의 1인당 조정 국민 순소득에 자연로그를 취한 변수로, 독립변수다. 현재 독립 수인 SNS 이용 시간 비율은 0과 100 사이의 값인 반면 1인당 조정 국민 순소득은 적게는 30, 많게는 1,000 이상의 값을 가지기 때문에 그대로 회귀 분석을 할 경우 회귀 계수가 너무 작은 값이 나온다. 그 래서 변화량을 실제보다 적게 해석하게 된다. 이 경우 변화량을 바르 게 추정하기 위해 값이 큰 변수에 로그를 취해서 값의 크기를 일률적 으로 줄인다. β_1은 변화의 크기를 알려 주는 회귀 계수, a는 상수항 으로서 독립변수가 0일 때의 설명변수의 값을 의미하고, ε_i는 오차항 을 뜻한다. X$_i$는 경제 활동 참가율 변수이다.

경제 활동에 참여하는 사람들은 상대적으로 여가 시간이 적고, SNS 활동에 투자할 수 있는 시간이 적을 것이므로 경제 활동 참여 율을 통제함으로써 소득과 SNS 이용 시간 비율 간의 상관관계를 더 정밀하게 추정할 수 있을 것이다. 경제 활동 참여율은 국제노동기 구가 유네스코의 국제표준교육분류의 교육 단계들을 묶어서 정리한 'Aggregate Level of Education'을 기준으로 정리한 자료를 사용했다. 153쪽 부록의 [표A2]에 국제노동기구에서 채택한 유네스코의 세 가 지 교육 단계를 각 단계별로 제시한다. 'Aggregate Level of Education'

의 관측치 개수가 가장 많았기 때문에 여기에서는 해당 기준을 선택했다.

식(1)에 대한 회귀 분석 결과 1인당 조정 국민 순소득과 평균 근로 시간 대비 SNS 이용 시간 비율 사이에 음(-)의 상관관계가 존재한다는 것을 정량적 수치로 확인할 수 있다. 154쪽 부록의 [표 A3]에 제시된 바와 같이 경제 활동 참가율을 통제하지 않으면 1인당 조정 국민 순소득이 1% 증가할 때 평균 근로 시간 대비 SNS 이용 시간 비율은 0.071%p만큼 감소하고, 1%의 유의 수준에서 유의미하다. 경제 활동 참가율을 통제하면 SNS 이용 시간 비율이 0.093%p만큼 감소하여 음(-)의 상관관계가 더 강해지는 것을 확인할 수 있다. 경제 활동 참가율이 여성과 남성에 대해서도 제공되어 각 집단의 변화량도 살펴보면, 여성 집단에서는 0.117%p, 남성 집단에서는 0.046%p 감소했다. 전체 표본과 여성은 1%, 남성은 5% 유의 수준에서 유의미한 결과를 얻은 것이다. 여성 집단에서 SNS 이용 시간 비율이 더 큰 폭으로 감소한 배경은 좀 더 논의해 볼 필요가 있다.

손해 배상액 관점으로 보는 데이터 가치 산출

SNS 이용 시간에 노동 임금을 곱하여 얻는 수치는 데이터를 노동 생산물로 이해하는 관점에서 산출한 것이다. 이와 다른 관점으로 데이터가 유실되거나 개인정보 제공자의 권리가 침해되었을 때 발생한 피해를 기준으로 가치를 산정하는 방식이 있다. 물건의 가치가 훼손되었거나 도난당했을 때 소를 제기하면 법원에서는 물건의 경제적 가치를 추정하여 손해 배상액을 책정한다. 법원은 데이터 침해에 대해서도 손해의 크기를 추정하여 손해 배상금 지급 명령을 내린다. 법원의 판결에 판시된 피해액은 우리 사회가 승인하는 데이터의 가치를 나타내는 것으로, 사회의 인식 수준을 진단하는 지표로 사용할 수 있다는 의미가 있다.

SNS 이용 시간의 가치와 법원에서 판결한 데이터의 가치는 각각 경제와 사회 일반의 관점에서 산정하였기 때문에 상호 보완적인 성질을 갖는다. 따라서 두 관점으로 데이터의 가치를 종합적으로 파악해 볼 수 있을 것이다. 그렇다면 한국과 미국 사업부는 데이터와 관련한 손해 배상금을 어떻게 책정할까?

2022년 4월 미국 일리노이주 재판부는 페이스북에게 이용자의 생체 정보를 동의 없이 수집·보관하여 일리노이 생체 인식 정보 프라이버시 보호법을 위반한 죄로 총 6억 5,000만 달러를 배상할 것을 명령했다. 페이스북은 이용자의 얼굴 사진을 비롯한 생체 정보를 무단으로 수집·저장한 뒤 얼굴 인식 기술 개발에 활용한 것으로 알려졌다. 2021년 페이스북은 해당 기술의 전면 사용 중지를 발표했고, 이용자의 얼굴 스캔 정보를 삭제하기로 결정했다. 위 판결의 결과로 페이스북은 공동으로 소송을 제기한 약 142만 명의 일리노이 주민들에게 각 200달러에서 400달러 사이의 손해 배상금을 지불했다. 2017년에는 미국의 신용 기관 에퀴팍스Equifax에서 1억 4,700만 고객의 이름, 사회보장번호, 생년월일, 주소, 운전면허 정보가 유출되어 1인당 최대 2만 달러의 피해액을 보상하는 사건이 발생하기도 했다. 이 사건에서는 고객들이 신분 도용 같은 개인정보 관련 범죄 피해에 직접 대응하는 어려움을 고려하여 보상액이 높게 책정되었다.

미국 사법부의 피해 보상액과 앞서 추정해 본 데이터의 가치를 비교해 보면 사회 일반의 인식이 데이터 생성에 대해서 어떤 수준의 가치 평가를 하는지 판단할 수 있을 것이다. 앞서 제시한 138쪽의 [표 8]의 SNS 이용 시간 가치 최댓값은 미국의 자료로, 미국의 일주일 기간 동안 SNS 이용 시간의 가치는 약 424달러였다. 페이스북이 고객 1명에게 배상한 금액은 200달러에서 400달러 사이였는데, 위의 추정치에 따르면 이 보상액은 미국의 SNS 데이터 이용 가치 일주일 치보다도 적은 금액이다. 반면, 에퀴팍스가 지급한 1인당 최대 보상액은 47.2주의 데이터 이용 가치에 해당하여 상대적으로 높다고 할 수 있다. 그러나 신분 도용 등의 범죄에 악용될 가능성과 같이 고객의 추가 피해를 감안한 값이므로 데이터 자체의 가치를 높이 평가하여 지급된 것이라고 보기 어렵다. 따라서 미국 사법부가 데이터의 가치나 데이터 관련 불법 행위를 두고 데이터 노동 시간의 가치에 비해 적은 가치를 부여한다고 평가할 수 있을 것이다.

페이스북의 데이터 무단 사용 판결이 있고 한 달 뒤인 2022년 5월, 트위터도 데이터 침해로 과징금을 지불했다. 데이터 프라이버시 침해로 1억 5,000만 달러의 과징금을 내기로 연방 거래위원회, 미국 법무부와 합의한 것이다. 트위터는 1억 4,000만 명 고객의 휴대 전화번호와 이메일 주소를 이용자 동의 없이 광고에 활용한 혐의로 기소되었다. 이용자에 대한 배상금 지급 명령이 아닌 과징금이라는 행정 처분에 속해서 데이터의 경제적 가치를 고려하여 금액이 책정된 것은 아니다. 하지만 배상금과 동일하게 고객 1명당 액수를 계산하면 고객 1명당 과징금은 약 1달러이다. 이는 1주일 치 데이터 가치의 1/40보다 적은 수치였다. 사실상 7년간의 데이터 침해 금액의 보상이라고 하기에는 상당히 적은 금액이다.

국내에서도 수차례 기업이 보관하는 고객 개인정보가 유출된 적이 있었다. 2014년 개인신용평가 전문회사인 KCB^{Korea Credit Bureau}의 직원은 농협, 국민, 롯데카드의 용역 과제 수행 중에 회원 정보를 불법유출했고, 해당 직원은 성명, 주민등록번호, 전화번호 등 고객 정보를 대출광고업자에게 유상 판매 후 대출 모집인에게도 전달했다. 이때문에 NH농협카드는 약 2,500만 명, KB국민카드는 약 5,300만 명, 롯데카드는 약 2,600만 명의 인적 정보 유출 피해가 발생했다. 재판부는 피해자들이 농협과 국민카드를 상대로 제기한 소송에서 피해자 1명당 10만 원을, 롯데카드에게는 7만 원을 배상할 것을 판결했다.

개인정보 보호법 제39조의2 제1항에 따르면 개인정보가 유출되었을 때 정보 주체는 300만 원 한도에서 배상을 청구할 수 있게 한다. 농협카드를 상대로 한 소송에서 법원은 개인정보 처리자인 농협이 개인정보 보호 의무를 위반하여 정보 유출의 원인을 제공했다고 판단했다. 또 유출된 정보가 식별 가능하며 사생활과 밀접한 관련이 있고, 2차 범죄에 악용될 가능성과 이미 제삼자에 의해 열람되었을 가능성이 크므로 정신적 손해가 발생하였다고 판단하여 10만 원을 위자료로 책정했다. 국민카드도 개인정보 보호 의무 위반으로 민법 제750조, 개인정보 보호법 제39조 등에 따라 손해배상 책임을 인정했다. 롯데카드를 상대로 한 소송에서는 타 소송에 비해 적은 7만 원의 위자료가 책정되었는데, 롯데카드 정보 유출은 2010년과 2013년 두 차례에 걸쳐 발생했고 법원은 2013년 건은 정보의 외부 유출 가능성을 부인하여 2010년 건만 배상 책임을 인정했다.

사기업과 개인정보 유출 책임을 부과하는 개정 개인정보 보호법은 2011년 9월에 시행되었다. 2013년과 2012년에 발생한 국민 카드와 농협카드는 해당 법의 적용을 받아 10만 원이 책정된 반면 2010년에 정보가 유출된 롯데카드는 법 적용 대상에서 제외되어 그보다 낮은 7만 원의 배상금이 확정됐다. 위 사건 외에도 2016년 인터파크의 고객 정보가 유출된 사건을 두고 재판부는 구 정보통신망법 제 32조의2에 의한 손해 배상 책임이 인정된다고 판단하였다. 다만 서비스 제공에 개인정보가 필요하여 개인정보를 수집·보관함이 불가피하다는 점을 고려하여 배상 손해액을 10만 원으로 책정한 바 있다.

2022년 6월 7일에는 간편 금융 모바일 앱 토스가 보험설계사에게 고객 정보를 1건당 6만 9,000원에 판매한 것으로 밝혀졌다. 그러나 토스 측은 해당 보험 서비스 이용 시 1) 개인정보 제3자제공 동의 2) 민감정보 처리에 관한 동의를 필수적으로 받았고, 고객 전화번호가 유출되어 고객이 원하지 않는 보험 상품 판매 권유를 방지하기 위해 설계사에 일회용 안심번호를 제공하여 정보 동의를 철회할 수 있게 했다고 밝히며 고객 정보 확산 우려를 일축했다. 본인신용정보관리회사의 업무 영역에는 데이터 판매와 중개 업무가 포함되는데 토스가 본인신용정보관리업(마이데이터 사업)에 대한 허가를 받았기 때문에 데이터 판매가 위법하지 않다고 설명한 것이다. 금융감독원이 위법성을 조사하기 위해 나섰으나, 별다른 처벌이 내려지지는 않았다. 추후 데이터 유출 방지를 위해 좀 더 촘촘하고 강력한 법안이 필요할 것으로 보인다.

이러한 사례들을 종합하면 국내의 데이터 가치는 7만 원이나 10만 원으로 책정되는 셈이다. 대한민국 일주일 치 데이터 이용 시간의 가치를 약 100달러로 추정한다면 약 13만 5,000원으로, 현재 데이터 배상이나 판매액은 일주일 치 데이터의 가치보다 적은 것으로 판단할 수 있다. 해당 배상액과 판매 금액을 미국의 데이터 이용 시간 가치와 비교했을 때 미국의 일주일 치 데이터 가치 액수인 400달러를 원으로 환산한 값인 약 54만 원의 약 25%에 해당하는 아주 적은 값이기도 하다.

데이터의 가치와
새로운 관점의 필요

2022년 9월 개인정보보호에 대한 경각심을 일깨우는 판결이 있었다. 개인정보보호위원회가 '맞춤형 광고'에 활용하기 위해 이용자 동의 없이 개인정보를 수집한 혐의로 구글과 메타에 대해 각각 692억 원과 308억 원의 과징금을 부과하기로 결정한 것이다. 글로벌 광고 매출 전체에서 한국인 이용자 비율의 매출을 기준으로 3년의 광고 매출의 평균값을 산출하여 과징금을 부과했다. 정확한 구글 이용자 수는 알 수 없지만 아이지에이웍스IGA Works의 빅데이터 분석 조사 기관인 모바일인덱스에 따르면 2021년 12월 구글 앱 이용자 수가 3,230만 8,823명 정도였다고 한다. 과징금의 1인당 가치는 약 2,142원 정도로, 대한민국의 일주일 치 데이터 가치인 13만 5,000원과 비교했을 때 적은 액수이다. 하지만 배상금이 아닌 징벌적 의미의 과징금의 경우 위반 행위에 대한 금전적 제재의 성격이므로 1인당 가치로 나눈 금액은 낮은 금액이 나올 수 있다. 해당 처분은 개인정보 위반 과징금으로는 최고 규모라는 점에서 개인정보 수집 및 보관 등 데이터 관련 프로세스에 대한 법적 의무 이행의 경각심을 고취하는 사례이기도 했다.

미국에서는 몇 년 전부터 이용자의 데이터 생성 행위를 두고 보상금이 지급되어야 하는가에 대한 논의가 이루어지는 중이다. 2019년 캘리포니아 주지사 개빈 뉴섬 Gavin Newsome은 데이터를 제공하는 이용자들도 회사의 데이터 관련 수익에 대한 지분이 있으므로 수익을 배당받는 것이 정당하다고 주장했다. 따라서 데이터를 이용하는 회사들이 데이터 판매 시 주 정부나 이용자에게 보상금을 지급하도록 하는 데이터 배당금 정책을 제안한 바 있다. 비록 의회를 통과하지 못했지만, SNS 업체뿐 아니라 굴지의 데이터 기업들이 입지한 캘리포니아주에서 이런 논의가 촉발되었다는 점은 데이터 업계에서도 이용자의 데이터 생성 행위의 경제적 가치에 주목하는 추세라는 사실을 시사한다.

데이터 기반 경제의 성장은 이미 현실화되는 중이다. 미국 캘리포니아주는 2018년 캘리포니아주 소비자 프라이버시법, 2020년 캘리포니아 개인정보보호 권리법을 입안하여 이용자가 데이터 판매에 대한 알 권리, 데이터 삭제 권리, 데이터 이용 동의를 제공하거나 철회할 권리를 명시하고 데이터 활용에 대한 이용자의 권리를 정립했다. 국내에서는 이용자의 데이터 권리 논의가 활발하지 않다. 국내 데이터 관련 담론은 주로 데이터 시장을 다루는 논의에 집중되었고, 아직 개시 단계다. SNS 데이터 보상이나 경제적 가치를 두고 추정에 대한 논의가 이루어지려면 미국처럼 이용자 권리의 법적 인식이 선행되어야 한다. 하지만 한국은 논의 자체가 불충분하여 데이터의 경제적 가치 인정은 요원해 보인다.

데이터에 대한 이용자의 기여분을 인정하려면, 데이터를 생성한 이용자가 그 데이터를 생성한 것의 인정을 받아야 한다. 이 분야를 두고 데이터 소유권에 대한 논의가 있다. 국내 법체계상 데이터에 대한 보상을 재산권적 성격에서 논의해 볼 수 있는데, 재산권의 인정 여부를 다투기 이전 소유권 인정 여부도 따져봐야 한다. 민법 제211조, 제212조에서는 소유권의 객체가 '물건'임을 전제하는데, 데이터는 '물건'이 아니다. 또 소유권은 절대권에 해당하는 개념이다 보니 데이터 소유권이라는 개념은 이론에서나 실무에서나 적확한 표현이 될 수 없다. 절대권이란 대상을 매개로 모든 사람에게 효력이 있는 권리로, 물건과 권리만을 대상으로 하기 때문이다. 하지만 데이터 소유권이라는 개념에서 물건도 권리도 대상으로 하지 않는다.

또 데이터 소유권의 인정 여부에서 주요 쟁점은 데이터에 대한 재산권 인정 여부에 있다. 현행법상 데이터와 관련된 법제로 개인정보보호법이 가장 가깝다. 개인정보보호법에서 개인정보에 대한 재산적 권리를 인정한다고 가정하면, 이는 인격 주체에게 부여되는 인격권의 재산적 요소에 관한 것이다. 인격권의 재산적 요소란, 상업화의 대가로 얻을 이익을 인격권의 배타적 보호 범위 안에 넣는 것이다. 따라서 만약 개인정보보호법의 테두리 안에서 재산적 권리를 인정한다고 해도 이는 인격권으로서 개인정보 자기 결정권의 재산적 요소를 인정하는 것일 뿐 데이터 소유권은 아니다. 이러한 요소들을 고려했을 때 현행법으로는 데이터 소유권을 확립하기에 불충분하다고 봐야 할 것이다.

　한편 변호사 윤종수는 인공지능 기술을 이용한 방대한 데이터 처리는 개인정보 보호법과 충돌할 수밖에 없다는 점을 지적했다. 개인정보 처리는 다양한 유형의 개인정보처리자가 개입하게 된다. 이 경우 개인정보 보호법상의 의무와 책임을 어떤 개인정보처리자가 부담해야 하는지를 명확하게 결정하기 어려운 문제가 있다. 또 최근의 데이터 기술을 활용한 정보 처리는 정보 주체의 사전 동의, 최소 수집의 원칙 등 개인정보보호법에 명시된 법률과 충돌하는 경향이 있다. 현행 법제는 개인정보처리자가 정보 주체의 동의를 면책 근거로 삼아 처벌을 회피할 수 있는 길을 열어 두기 때문에 법을 보완하기 위한 논의가 필요할 것으로 보인다.

　데이터 생성 행위의 의미를 정확하게 이해하는 일은 앞으로 더 중요해질 것이다. 특히 SNS 활동은 가장 흔하게 일어나지만 아직까지 경제적·사회적 측면에서의 분석이 제대로 이루어지지 못했다. 데이터 기술은 우리 생활에 침투하여 노동과 여가의 범주를 바꾸며, 미래의 노동은 근무 시간과 여가 시간의 경계를 초월한 새로운 형태로 변화할 것이다. 데이터 시대에 맞이할 변화에 대비하기 위해 관련된 인식과 절차를 두고 한층 심화된 고민이 필요하다.

소득 구분	국가	SNS 이용 시간	1인당 소득 ($)	평균 근로 시간	SNS 이용 시간 가치 ($)	근로 시간 대비 SNS 이용 시간 비율
중·저소득	이집트	20.650	60.843	46.230	27.177	44.668
	가나	23.333	33.591	39.830	19.679	58.582
	인도	17.850	32.194	47.860	12.007	37.296
	인도네시아	23.333	59.055	39.270	35.089	59.418
	케냐	21.933	29.556	45.190	14.345	48.536
	모로코	17.617	50.715	44.900	19.898	39.235
	필리핀	28.933	61.156	41.730	42.402	69.335
	아르헨티나	23.917	137.898	35.130	93.882	68.080
중·고소득	브라질	26.367	98.257	35.110	73.788	75.097
	중국	13.767	144.914	46.100	43.275	29.863
	콜롬비아	25.783	85.322	38.740	56.786	66.555
	멕시코	23.917	119.648	38.840	73.676	61.577
	루마니아	16.100	207.428	38.680	86.339	41.624
	러시아	16.800	154.690	37.790	68.770	44.456
	남아프리카 공화국	25.317	87.228	39.800	55.485	63.610
	태국	20.417	109.727	42.290	52.974	48.278
고소득	튀르키예	21.350	136.882	43.000	67.964	49.651
	호주	13.533	752.972	33.230	306.657	40.726
	오스트리아	10.150	744.430	34.160	221.193	29.713
	벨기에	11.667	700.508	35.710	228.860	32.671
	캐나다	13.183	665.473	32.100	273.307	41.070
	덴마크	12.600	1010.340	34.230	371.904	36.810
	프랑스	12.367	609.818	35.880	210.184	34.467
	독일	10.383	737.515	34.170	224.111	30.387

소득 구분	국가	SNS 이용 시간	1인당 소득 ($)	평균 근로 시간	SNS 이용 시간 가치 ($)	근로 시간 대비 SNS 이용 시간 비율
고소득	그리스	13.417	282.950	40.340	94.106	33.259
	아일랜드	13.417	795.492	36.420	293.049	36.839
	이스라엘	14.233	719.908	36.000	284.630	39.537
	이탈리아	12.717	498.978	35.820	177.145	35.502
	일본	5.833	599.873	37.800	92.573	15.432
	네덜란드	9.917	811.152	31.740	253.432	31.243
	뉴질랜드	14.000	646.228	33.000	274.157	42.424
	폴란드	13.300	255.094	39.080	86.816	34.033
	포르투갈	17.383	335.054	37.370	155.856	46.517
	사우디 아라비아	22.867	333.794	44.100	173.078	51.852
	싱가포르	16.800	807.897	44.700	303.639	37.584
	대한민국	8.517	484.984	38.670	106.813	22.024
	스페인	13.183	431.811	36.590	155.581	36.030
	스웨덴	14.117	851.899	34.900	344.584	40.449
	스위스	10.267	1223.945	35.420	354.767	28.986
	아랍에미리트	22.400	640.863	52.580	273.019	42.602
	영국	12.483	695.141	35.850	242.055	34.821
	미국	14.933	1021.652	35.900	424.977	41.597
평균		16.692	434.926	38.720	161.191	42.915

* 중·저소득 국가들은 2020년 1인당 국민총소득 1,046달러~4,095 달러, 중·고소득국가들은 2020년 1인당 국민총소득 4,096 달러~12,695 달러, 고소득 국가들은 2020년 1인당 국민총소득 12,696 달러 이상 국가이다.

[표 A1] 국가별 소셜 미디어 이용, 소득, 근로 시간 통계

Aggregate level of education	ISCED-11	ISCED-97
Less than basic	X. No schooling	X. No schooling
	0. Early childhood education	0. Pre-primary education
Basic	1. Primary education	1. Primary education or first stage of basic education
	2. Lower secondary education	2. Lower secondary or second stage of basic education
Intermediate	3. Upper secondary education	3. Upper secondary education
	4. Post-secondary non-tertiary education	4. Post-secondary non-tertiary education
Advanced	5. Short-cycle tertiary ducation	5. First stage of tertiary education (not leading directly to an advanced research qualification)
	6. Bachelor's or equivalent level	
	7. Master's or equivalent level	
	8. Doctoral or equivalent level	6. Second stage of tertiary education (leading to an advanced research qualification)
Level not stated	9. Not elsewhere classified	7. Level not stated

[표A2] 유네스코 교육 단계 분류 기준

변수	전체표본 (1)	전체표본 (2)	여성 (3)	남성 (4)
Log(adjusted net national income per capita)	−7.162*** (1.604)	−9.368*** (2.953)	−11.766*** (3.021)	−4.606** (2.230)
LMP=basic		0.062 (0.202)	0.165 (0.215)	−0.094 (0.179)
LMP=intermediate		0.497 (0.352)	0.174 (0.280)	0.960** (0.375)
LMP=advanced		0.033 (0.454)	0.076 (0.321)	−0.323 (0.431)
Share(LMP=intermediate)		14.598 (22.435)	21.127 (23.351)	−5.202 (17.052)
Share(LMP=advanced)		10.203 (22.447)	27.868 (19.110)	−18.712 (20.672)
관측치	42	35	35	35
결정계수	0.368	0.550	0.537	0.593

* 종속변수는 평균 근로 시간 대비 SNS 이용 시간 비율이고, 설명변수는 adjusted net national income per capita에 log를 취한 값이다. 이외의 변수들은 통제변수이다. LMP는 경제 활동 참가율을 의미하고, 각각 초급(Basic), 중급(Intermediate), 고급(Advanced)의 교육 단계로 분류된다. LMP=basic은 5세 이상 7세 이하의 시기에 시작하는 6년간의 기초 교육과 이후의 중등 교육까지를 의미하고, 중퇴와 수료자를 모두 포함한다. LMP=Intermediate 단계는 고등 교육과 노동 시장 진입을 위한 준비 교육 단계를 의미하며 중퇴, 수료, 다음 단계의 교육을 받을 자격이 있는 인구 전체를 지칭한다. LMP=Advanced 단계는 대학 교육과 그 이후의 교육을 의미하고, 중퇴부터 박사 학위 수료자까지를 통칭한다. Share는 생산 가능 인구에 대비하여 각 교육 단계를 받은 인구의 비율을 나타낸다. ***는 1% 유의 수준, **는 5% 유의 수준, *는 10% 유의 수준에서 통계적으로 유의하다.

[표 A3] 회귀분석 결과

2장[1]

혁신과 안전을 위한
새로운 규제 패러다임은?

: 영향평가 제도 확산의 의의와 함의

윤혜선

[1] 본 장은 윤혜선 〈AI 거버넌스의 새로운 축₩ — 영향평가제도에 관한 연구 —〉『공
법연구』, 53⑵, 377-424)의 연구 내용을 토대로 발전시켰음을 밝힌다. 본문에서
는 맥락에 따라 '리스크'와 '위험성'을 동일한 의미로 혼용하였으며, 특별히 Risk
개념을 강조할 필요가 있는 경우 '위험 Risk'과 같이 영문을 병기하였다.

인공지능 시대의
새로운 질서에 대비하는 방법

　우리가 살아가는 초연결 시대는 '데이터, 플랫폼, 인공지능DPA'이 상호 연계된 하나의 생태계로서 사회의 기반 시스템을 구성한다. 핵심 자원인 데이터를 모으고 이를 플랫폼으로 분석하며, 인공지능이 새로운 가치를 만들어 내는 방식이 점차 보편화되는 중이다. 이러한 흐름은 단순한 기술적 통합을 넘어 사회, 경제, 문화 전반에 걸쳐 새로운 규칙과 시스템을 만들어 내는 큰 변화로 이어지고 있다.

　이는 전례 없는 효율성과 혁신적 가치를 창출하지만 동시에 몇 가지 우려되는 지점도 존재한다. 예를 들어, 알고리즘 편향으로 편견과 차별이 심화되거나 일부 사람들에게 서비스 접근의 진입 장벽이 높아지는 문제가 발생할 수 있기 때문이다. 특히 인공지능 시스템은 데이터 활용 방식과 플랫폼 운영 방식에서 핵심적인 역할을 하기 때문에 그 영향력이 더욱 복잡하고 광범위해졌다. 이에 우리는 DPA의 혜택을 극대화하는 동시에 부작용은 최소화하는 균형 잡힌 거버넌스 체계를 구축해야 한다. 이는 단순히 기술을 규제하는 수준을 넘어, 사회와 기술이 지속가능하고 포용적으로 발전하기 위한 프레임워크를 마련하는 작업이기도 하다.

최근 다양한 이해관계자들의 참여 속에서 '영향평가 제도Impact Assessment'라는 개념이 주목받는다. DPA 시스템이 상용화되는 과정에서 이를 선제적으로 이해하고 대응하기 위해 객관적이고 과학적인 평가 체계를 만들자는 취지이다. EU의 개인정보 보호법인 GDPR에서의 개인정보 영향평가나 각국의 인공지능 영향평가 도입 논의도 이러한 맥락의 연장이라고 볼 수 있다. 그러나 이러한 영향평가 제도를 운영하기 위해서는 여러 도전 과제가 남아 있다. 미국, 캐나다, 영국, EU 등 주요국에서도 이를 활발히 논의하고 있지만 각국의 기술 수준과 사회 문화적 맥락을 고려한 평가 대상과 범위를 설정하는 것부터 쉽지 않다.

초연결 사회에 적합한 거버넌스 체계를 설계하는 것은 단순히 기존의 영향평가 체계를 DPA 영역으로 확장하는 것을 넘어, 새로운 시대에 부합하는 혁신적인 정책과 제도를 만드는 일이다. 현재 국내외 인공지능 영향평가 제도는 어떻게 운영 중이며, 영향평가 제도의 확산은 추후 법 이론적으로 어떤 의미를 갖게 될까? 이를 알아보기 위해 인공지능 영향평가 제도의 주요 사례로 미국, 캐나다, EU의 입법례를 중점적으로 살펴보고자 한다. 나아가 국내외 사례 분석을 바탕으로 향후 새로운 시대에 부합하는 DPA 규제 거버넌스 체계의 구축 방향을 제안하고자 한다.

인공지능 영향평가 제도의
개념과 발전

먼저 DPA 거버넌스의 핵심 수단으로 부상한 리스크 평가Risk assessment와 영향평가Impact assessment의 개념적 관계를 정립할 필요가 있다. 리스크 평가는 잠재적인 위험 요인을 식별하고 위험 발생 가능성과 영향력을 분석하는 미래 지향적인 과정으로, 예방과 우선순위 설정을 중요시한다. 반면 영향평가는 특정 요인이나 정책이 환경, 사회, 경제 등에 미치는 실제적 영향이나 예상되는 영향의 크기와 범위를 분석하는 과정으로, 현재 상황이나 구체적 시나리오에 기반한 결정론적 분석에 중점을 둔다.

두 방식은 상호 보완적으로 활용된다. 리스크 평가로 리스크 요인을 식별하고 우선순위를 정한 뒤 영향평가를 통해 리스크의 구체적 결과를 분석하는 것이다. 특히 DPA와 같은 복잡한 사회기술시스템 속에서는 두 제도에 통합적으로 접근해야 한다는 견해가 점점 더 힘을 얻는 추세이다. 잠재적 위험과 실제적 영향을 명확히 구분하기 어렵고, 양자를 포괄적으로 분석할 필요성이 커졌기 때문이다. 따라서 이번 장에서는 리스크 평가와 영향평가를 엄격히 구분하지 않고 동일한 개념으로 접근하며, 이들이 DPA 거버넌스의 수단으로서 어떻게 통합적으로 기능하고 시너지를 창출할 수 있는지에 초점을 맞추어 다루고자 한다.

초연결 시대에 새롭게 제기되는 인공지능 영향평가는 기존의 영향평가와 구별되는 몇 가지 특수성을 갖는다. 우선 인공지능은 '블랙박스' 특성 때문에 영향의 명확한 인과관계를 파악하기 어려우며, 자율 학습 능력으로 인해 시간이 지날수록 그 영향이 변화할 수 있다. 또 인공지능은 기술뿐 아니라 사회적·윤리적·경제적 측면을 포괄하는 다면적 성격을 갖고 있어 광범위한 영역에 걸쳐 영향을 미친다.

인공지능 영향평가는 크게 두 가지 방식으로 발전하고 있다. 첫째는 인공지능 시스템이 사회에 미치는 영향을 포괄적으로 평가하는 방식이다. 사회적·경제적·환경적 영향을 종합적으로 고려하고 다양한 이해관계자의 의견을 수렴하여 사회 전반에 걸친 영향력을 분석한다. 둘째는 프라이버시, 인권, 윤리 등 특정 영역에 초점을 맞추어 평가하는 방식이다. 특정 산업이나 부문별로 구체적이고 측정 가능한 지표를 분석하여 더욱 구체적인 해결책을 제시한다. 최근에는 이 두 가지 접근법을 통합하려는 시도가 증가하는 중이다.

또 인공지능 영향평가는 기존의 영향평가 제도와도 상호 보완하며 발전하는 측면이 있다. 방법론적 측면에서는 기술영향평가의 체계적 평가 방법이나 이해관계자의 참여 메커니즘, 사회영향평가의 질적 분석 기법 등을 적극적으로 활용한다. 제도적 측면에서도 기존 평가 체계 내에 인공지능 특화 요소를 도입하고 평가 프로세스를 효율적으로 연계하는 등의 노력이 이루어지고 있다. 여기에 인공지능 기반의 실시간 모니터링 체계를 구축하고 반복적·순환적 평가 방식을 도입하며, 데이터 기반의 동태적 분석과 알고리즘 감사Algorithm Audit를 통합하는 등의 혁신적 요소를 도입했다.

이러한 영향평가는 실행 방식에 따라서도 다양한 형태를 보인다. 법령에 따라 의무적으로 실시되거나 조직이 자발적으로 수행할 수 있으며, 자체 평가Self-assessment를 하거나 제삼자에 의한 평가가 이루어질 수도 있다. 또 독립된 평가로 실시되거나 인허가 체계의 일부로 운영되기도 한다. 이러한 다양한 실행 방식은 평가 대상의 특성과 규제 목적에 따라 적절히 선택되어 활용된다.

평가 방식의 발전 과정에서 주목할 만한 점은 인공지능 영향평가가 단순히 기존 평가 제도의 확장에 그치지 않고 새로운 패러다임을 제시한다는 것이다. 특히 기술의 역동성과 불확실성에 대응하기 위해 '적응형 거버넌스Adaptive Governance' 개념을 도입하고, 평가의 시간적 범위를 확장하여 사전·사후 평가의 연계성을 강화하는 특징을 보인다. 이와 같은 인공지능 영향평가의 개념적 발전은 각국의 제도화 과정에서 다양한 형태로 구체화되는 중이다.

영향평가 제도의
국내외 개발 현황

현재 각국의 인공지능 영향평가 제도는 상당히 다양한 접근 방식을 보인다. 영향평가의 목적과 정의, 평가 방식이나 범위 설정, 평가 시기와 결과 공개 여부에서도 차이를 보인다. 이는 아직 국제적으로 합의된 인공지능 영향평가의 표준 모델이 부재하기 때문이다. 이러한 모델이 부재한 이유는 인공지능 기술의 급속한 발전과 그 영향의 복잡성, 그리고 각국의 정책적 우선순위와 규제 철학의 차이에서

비롯된다. 따라서 현재 각국의 제도가 보여 주는 공통점과 차이점을 비교·분석하는 일은 향후 보편적인 인공지능 영향평가 모델을 수립하는 데 중요한 참고가 될 것이다. 이를 바탕으로 초연결 시대 DPA 시스템의 효과적인 규제를 위한 영향평가 제도와 규제 거버넌스의 발전 방향을 도출할 수 있다.

국내 현황: 지능정보화 기본법의 사회적 영향평가

우리나라는 2020년 6월 9일에 '국가정보화 기본법'을 개정하여 '지능정보화 기본법'을 새로 제정했다. 이 법의 제56조를 통해 '지능정보서비스 등의 사회적 영향평가'를 도입하며, 사실상 세계 최초로 인공지능 영향평가를 법제화했다. 이는 인공지능 기술로 발생할 수 있는 리스크를 선제적으로 관리하려는 국제적 흐름에 발맞춘 대응이었다.

국내 사회적 영향평가 제도의 주요 특징을 꼽자면 첫째, 공공 부문 주도형 모델을 채택했다. 공공 부문인 국가와 지방자치단체가 평가의 주체가 되어 선도적으로 인공지능 영향평가를 실시한다. 둘째, 영향평가에 강제성을 부여하지 않고 '할 수 있다'는 표현을 사용하여 법적으로 권고적 성격을 부여했다. 셋째, 포괄적 접근 방식을 취하여 기술적 측면뿐만 아니라 사회적·윤리적·경제적 영향을 종합적으로 평가하도록 했다.

평가 대상과 범위는 [표 1]과 같이 구체화되고 이 제도에서는 서비스와 기술을 구분하여 접근한다. 지능정보서비스에서는 새로운 사

평가 영역	주요 평가 항목
기술 영역	• 서비스의 안전성 및 신뢰성 • 데이터·알고리즘의 편향성
사회문화 영역	• 정보격차 해소 • 사생활 보호 • 지능정보사회 윤리
사회경제 영역	• 고용·노동 영향 • 공정거래 영향 • 산업 구조 변화 • 이용자 권익
정보보호 영역	• 개인정보 보호 • 정보 보안

[표 1] 사회적 영향평가 평가 영역

회적 영향평가를 실시하는 반면, 지능정보기술에는 '과학기술기본법' 상의 기술영향평가로 대체할 수 있도록 했다. 이는 인공지능의 기술적 측면과 서비스 측면을 구분하여 각각에 적합한 평가 체계를 적용하려는 시도로 볼 수 있다.

미국: 알고리즘 책무성 법안

미국은 2019년과 2022년 두 차례에 걸쳐 '알고리즘 책무성 법안Algorithmic Accountability Act'을 발의했다. 특히 2022년 법안은 기존 2019년 법안의 한계를 보완하여 더욱 체계적이고 실효성 있는 평가 체계를 제시했다는 점에서 의미가 있다.

먼저 2019년 4월에 발의된 알고리즘 책무성 법안은 인공지능 규제를 위한 최초의 입법적 시도였다. 이는 EU보다도 2년 앞선 시도로, 알고리즘 편향 등 인공지능 시스템이 시민과 소비자에게 미치는 부정적 영향을 규제하기 위한 것이었다. 이 법안에서는 연방거래위원회FTC를 주무기관으로 지정하고, 인공지능을 활용한 자동화된 의사 결정 시스템ADS의 영향평가를 총괄하도록 했다. 연간 평균 총수입이 5,000만 달러 이상이거나 100만 명 이상의 소비자 데이터 또는 100만 개 이상의 소비자 기기 데이터를 보유한 사업자가 그 대상이며, 데이터 중개업자도 포함된다. 주목할 점은 산업 분야를 불문하고 일정 규모 이상의 개인정보를 처리하는 모든 빅테크 기업이 ADS 영향평가 의무를 부담한다는 것이다.

평가 대상이 되는 ADS는 기계 학습, 통계 처리, 기타 인공지능 기술에서 파생된 계산 과정으로서, 소비자에 관한 의사 결정을 수행하거나 이를 지원하는 시스템을 의미한다. 다만 모든 ADS가 평가 대상이 되는 것은 아니며, 프라이버시나 보안에 중대한 위험성을 초래하거나 의사 결정의 불공정성·편향성·차별성을 야기할 수 있는 '고위험성 ADS'를 평가 대상으로 규정했다. 또 소비자의 법적 권리나 중대한 이익에 영향을 미치는 시스템, 민감한 개인정보를 대규모로 활용하는 시스템, 체계적인 공공장소 모니터링 시스템, FTC가 별도로 정하는 시스템도 그 대상에 포함된다.

2019년 법안에서 제시한 영향평가 방식은 '시스템 설명 - 상대적 비용 편익 평가 - 리스크 평가 - 완화 조치'로 구성된다. 우선 ADS의 설계와 학습 데이터, 용도 등을 다룬 상세한 기술적 설명이 요구되며, ADS의 효용과 부작용을 종합적으로 분석한다. 이때 데이터의 최소화 원칙 준수 여부, 개인정보와 의사 결정 결과의 보관 기간, 소비자의 정보 접근권 보장 범위, 결과에 대한 이의 제기 가능성, 정보의 제삼자 제공 범위를 고려하게 된다. 리스크 평가는 프라이버시와 보안을 포함하여 불공정성, 편향성, 차별성 등의 잠재적 위험을 분석하는 것이다. 마지막으로 이렇게 식별된 리스크를 최소화하기 위해 기술적·물리적 안전장치를 설계하고 구현하는 완화 조치가 마련된다.

영향평가의 시기와 절차도 법안에 제시되었다. 신규 고위험성 ADS는 구현 전에 사전 평가를 받아야 하며, 기존의 고위험성 ADS도 FTC가 정하는 주기에 따라 정기 평가를 받아야 한다. 이때 유사 리스크를 수반하는 유사 시스템의 경우 통합 평가가 허용된다. 평가 과정에서 독립된 감사인과 기술 전문가 등 외부 제삼자의 자문이 의무적이며, 영향평가 결과에 따라 신속한 시정 조치가 이루어져야 한다. 다만 평가 결과의 공개 여부는 사업자의 재량에 맡겨 두었다.

2019년 법안의 가장 큰 특징은 산업별·기술별 수직적 규제가 아니라 모든 분야에 동일한 기준을 적용하는 횡단적·수평적 규제 체계를 채택했다는 점이다. 인공지능 시스템의 잠재적 위험성이 산업의 특수성보다 시스템 자체의 특성에서 비롯된다는 인식을 반영한 것이다. 또 고위험성 인공지능 시스템에 대비한 예방적 영향평가 체계를 도입하여 잠재적 위험을 조기에 발견하고 대응할 수 있는 제도적 기반을 마련했다는 점에도 의의가 있다. 이는 인공지능 기술의 혁신을 저해하지 않으면서도 그 부작용을 최소화할 수 있는 균형 잡힌 접근 방식으로 평가된다. 이는 단순한 규제를 넘어, 다양한 사회적·윤리적 문제를 공론화하고 시민 사회의 참여와 토론을 촉진할 수 있는 잠재력을 가진 시도였다.

이후 2022년 2월, 미국 연방 회의는 대폭적인 수정을 거쳐 더욱 정교화된 '2022년 알고리즘 책무성 법안'을 발의했다. 2019년 법안이 충분한 지지를 얻지 못하고 EU와 미국 내 여러 주에서 인공지능 규제 법제화를 추진하자, 더욱 구체적이고 체계적인 규제를 도입하고자 한 것이다.

2019년 법안과 차별화되는 2022년 법안의 주요 특징 중 하나는 평가 주체를 두 가지 유형으로 구분했다는 점이다. 평가 주체는 AC-DP(증강된 중요한 결정 프로세스)를 배포하는 대규모 사업자와 그들에게 ADS를 공급하는 중소 규모 사업자로 나뉜다. 이는 최종 서비스 제공자뿐 아니라 인공지능 시스템을 공급하는 자도 규제 대상에 포함하여 그 위험성을 더욱 원천적으로 관리하기 위한 시도다.

평가 대상도 더욱 명확해졌다. 2022년 법안에서는 평가 대상을 'ACDP'와 'ADS'로 구분하며 기존의 '고위험성 ADS' 개념을 발전시켰다. 'ACDP'는 'ADS를 사용하여 중요한 결정을 내리는 과정'을 의미한다. 여기에서 '중요한 결정'의 범위도 교육, 고용, 금융, 의료, 주거, 공공서비스 등의 영역으로 구체적으로 규정하여 평가 대상을 더욱 명확히 했다. 이는 알고리즘의 사회적 부조리와 차별 사례에 관한 축적된 연구 결과를 법제화하려는 시도로, 규제의 예측 가능성을 높이는 결과를 가져왔다. 2019년 법안이 추상적 기준에 따라 '고위험성' 여부를 판단하도록 했던 것에 비하면 큰 진전이라 할 수 있다.

또 2022년 법안은 2019년 법안에 비해 영향평가의 내용과 방법도 대폭 체계화했다. 13가지의 구체적인 영향평가 요건을 명시했는데, 인공지능 시스템 개발에서 운영에 이르는 전 과정을 포괄하고 기술적·법적·윤리적 측면을 균형 있게 고려하고 있다. 특히 이해관계자의 참여, 소비자 권리 보장, 부정적 영향 관리 등을 강조하여 인공지능 시스템의 책임감 있는 개발과 활용을 도모했다.

[표 2]를 통해 구체적으로 살펴보면, 우선 신규 ACDP를 배포하

요건	내용
신규 ACDP 영향평가	• 배포 전 사전평가 의무화 • 기존 CDP와의 비교 분석 • ACDP의 의도된 편익과 필요성 평가 • ACDP의 의도된 용도 명시
이해관계자 의견수렴	• 내부 이해관계자(직원, 윤리부서, 기술부서 등) • 외부 이해관계자(영향받는 집단, 시민 사회, 기술전문가 등) • 의견수렴 과정 기록 의무화(일시, 조건, 절차, 권고사항 등)
프라이버시 리스크평가	• NIST 등 연방기관 표준에 따른 평가 실시 • 개인정보 최소수집 원칙 준수 여부 • 정보보안 조치의 적정성 검토 • 현재 및 잠재적 프라이버시 영향 분석
성능 평가	• 성공적 성능의 기준 및 평가방법 명시 • 시험환경과 배포환경에서의 성능 비교 • 인구통계학적 특성별 차등적 성능 평가 • 평가에 사용된 하위 모집단 분석
교육훈련 지원	• 유사 시스템의 부정적 영향 사례 교육 • 업계 모범사례 및 전문가 제안 반영 • 개선된 영향평가 방법론 교육
특정 용도 제한 검토	• 사용제한 필요성 평가 • 제한조치 개발 가능성 검토 • 계약적 제한 수단 검토
데이터 관리	• 개발·테스트·유지·업데이트 데이터 문서화 • 데이터 출처 및 수집 시기 기록 • 데이터 품질 및 처리 방법 명시 • 소비자 동의 여부 확인

요건	내용
소비자 권리 보장	• 시스템 사용 고지 및 옵트아웃 권한 • 투명성과 설명가능성 보장 • 이의제기 및 구제 절차 마련 • 제삼자 결과 제공 범위 통제
부정적 영향 관리	• 중대한 부정적 영향 식별 및 측정 • 완화 조치 수립 및 이행 • 미완화 영향에 대한 정당화 근거 제시 • 관리 프로토콜 문서화
개발 및 배포 과정 기록	• 테스팅·배포·인허가 일정 기록 • 담당 부서 및 책임자 명시
지속적 개선 노력	• 성능 개선 필요사항 식별 • 공정성 및 투명성 제고 방안 검토 • 프라이버시 및 보안 강화 방안 모색
미이행 요건 관리	• 이행불가능 요건 식별 • 미이행 사유 문서화 • 대체 수단 검토
FTC 요구사항 준수	• FTC 지정 연구·평가 수행 • 결과 문서화 및 보고

[표 2] 2022년 알고리즘 책무성 법안의 영향평가 요건

기 전 사전 평가를 의무화하고 기존 CDP(중요한 결정 프로세스)와의 비교 분석 및 의도된 편익과 필요성 평가를 요구하여 사전 예방적인 관리 체계를 강화했다. 프라이버시 보호와 시스템의 성능 평가에 있어서도 표준에 따른 평가와 구체적인 기준을 제시하여 영향평가 내용을 더욱 체계화했다.

특히 2022년 법안은 2019년 법안이 상대적으로 소홀했던 정보

주체의 권리 보장을 대폭 보강했다. 이를 위해 시스템 사용에 대한 고지와 옵트아웃Opt-out 권한, 결과에 대한 설명 요구와 이의 제기 권한, 실효성 있는 구제 절차 마련 등이 새롭게 도입되었다. 이는 인공지능 시스템이 개인의 권리와 이익에 미치는 영향을 고려하여 실질적인 권리구제 수단을 마련했다는 점에서 의미가 있다.

투명성과 책무성의 강화를 위해 공공 보관소Public Repository 제도가 도입되었다는 점도 큰 특징이다. 이 제도에 따라 대상 사업자는 지속적이고 체계적인 관리를 위해 정기적인 보고서를 작성해야 하며, FTC는 그 결과를 최소 3년간 보존해야 한다. 여기에는 평가 과정과 결과 문서, 이해관계자 의견, 완화 조치 기록 등이 포함된다. 그리고 FTC는 대상 사업자가 제출한 영향평가 결과를 저장하고 공개해야 하며, 여기에 담긴 정보는 분기별로 업데이트해야 한다.

이는 ADS와 ACDP의 활용 현황을 투명하게 공개하고, 연구자와 시민 사회가 이를 활용할 수 있도록 하며, 대상 사업자들이 각종 요건을 준수하도록 유도하기 위한 것이다. 실제로 이러한 평가 결과 공개의 제도화는 2019년 법안이 이를 전적으로 사업자의 자율적 판단에 맡겼던 것에 비해 인공지능 시스템의 공적 감독과 투명성을 대폭 강화한 결과라 할 수 있다.

더불어 이해관계자의 참여를 의무화하여 내부 직원뿐 아니라 인공지능 시스템의 영향을 받는 집단, 시민 사회, 전문가 등의 의견을 수렴하고 전 과정을 상세히 문서화하며 실효성을 보장했다는 점도 중요한 의미가 있다. 이러한 이해관계자 참여 메커니즘은 영향평가의 객관성과 포괄성을 높이는 동시에, 인공지능 시스템 거버넌스에 대한 사회 전반의 민주적 참여를 촉진하는 제도적 장치로 평가된다.

2022년 법안은 법 위반에 대한 직접적인 제재 규정을 두지 않지만, FTC를 통해 실효성 있는 법 집행이 가능하다. 무엇보다 이 법안은 인공지능 시스템의 사회적 영향을 관리하는 실효성 있는 거버넌스 체계를 구축했다는 점에 주목할 필요가 있다. 특히 인공지능 시스템의 복잡성과 역동성을 고려하여, 단순한 일회성 평가가 아닌 지속적이고 체계적인 영향 관리 체계를 제시했다는 점이 돋보인다. 대기업과 중견기업을 구분한 맞춤형 평가 체계를 도입한 것도 혁신을 저해하지 않으면서도 필요한 관리·감독을 가능하게 하는 적절한 접근법이다. 특히 교육, 고용, 의료, 금융 등 시민의 삶에 직접적 영향을 미치는 영역에 특별한 주의를 기울여 인공지능 규제가 지향해야 할 핵심 가치가 무엇인지를 분명히 보여 주었다.

　　다만 몇 가지 현실적인 과제가 있다. 우선 평가에 따른 비용 문제다. 특히 중소기업은 상세한 평가 요건을 충족하기 위한 기술적·재정적 역량을 확보하는 데 어려움을 겪을 수 있다. 또 글로벌 인공지능 생태계에서 미국의 독자적인 평가 체계가 어떻게 다른 국가들의 제도와 조화를 이룰 수 있을지도 중요한 과제로 남았다. 그러나 이러한 한계에도 불구하고 2022년 법안은 인공지능 시대에 필요한 새로운 형태의 기술 거버넌스를 구체화했다는 점에서 중요한 의미를 지닌다.

캐나다: 자동화된 의사 결정 지침

2019년에 캐나다는 세계 최초로 공공 부문의 알고리즘 영향평가 제도AIA를 도입했다. 이 제도는 연방정부가 활용하는 ADS의 영향평가 체계를 구축한 것으로, 2020년 4월 1일 이후 개발되거나 조달되는 모든 ADS에 적용됐다. 여기에서 ADS는 규칙 기반 시스템, 기계 학습, 심화 학습을 비롯한 다양한 기법을 포괄하는 "인간 의사 결정자의 판단을 지원하거나 대체하는 모든 기술"을 말한다. 이는 인공지능 시스템의 기술적 특성보다 그 활용 맥락과 영향에 초점을 맞추는 실용적인 접근법이다.

ADS 지침의 목적은 ADS 활용의 위험성을 최소화하는 동시에 행정의 효율성과 정확성, 일관성, 해석 가능성을 제고하는 것이다. 특히 데이터 기반의 책임감 있는 행정을 구현하고 절차적 공정성을 보장하며 알고리즘이 초래할 수 있는 부정적 영향을 감소시키는 것을 목표로 삼았다. 이를 위해 캐나다 AIA는 ADS 제작 전 평가 완료 의무, 시스템의 기능 또는 활용 범위 변경 시 재평가 실시, 평가 결과의 공개, 영향 수준에 따른 차등적 규제 적용을 기본 원칙으로 제시한다.

알고리즘 영향평가의 객관성과 일관성을 확보하기 위해 표준화된 평가 도구AIA tool를 개발했다. 이는 다양한 이해관계자의 의견을 수렴하여 만든 온라인 설문지 형태의 평가 도구로, 48개의 위험성 관련 문항과 33개의 완화 조치 관련 문항으로 구성된다. 이 평가는 크게 두 가지 측면에서 이루어진다. 첫 번째는 리스크 평가로 사업의 특성, 시스템의 기능적 특성, 알고리즘의 투명성, 의사 결정의 유형, 지속 기간, 데이터 품질 등 여섯 가지 영역에서 ADS의 위험성을 분석하는 것이다. 두 번째는 완화 조치 평가로, 식별된 리스크를 관리하기 위해 시행 중인 조치들을 평가하는 것이다. 여기에는 이해관계자의 자문과 리스크 제거 및 완화를 위한 데이터 품질 관리, 절차적 공정성, 개인정보 보호 등이 포함된다.

평가 결과에 따라 ADS의 영향 수준을 레벨 I부터 레벨 IV까지 차등적으로 구분하며 각 단계에 따라 차등화된 관리 조치를 규정하고 있다. 영향 수준이 높아질수록 전문가 자문, 투명성 강화, 의사 결정 과정에 인간 개입의 필수, 정기적 교육 및 이수 제도 운영 등 더욱 엄격한 규제를 받게 된다.

또 영향 수준과 관계없이 모든 ADS에 적용되는 기본적 관리 요건도 규정되어 있다. 라이선스를 보유한 시스템의 감사 가능성을 보장해야 하며, 특별한 사유가 없는 경우 소스 코드를 공개해야 한다. 데이터의 정확성, 최신성, 적법성 등의 검증으로 품질 관리가 이루어져야 하고, 시스템의 결정에 이의를 제기할 수 있는 수단을 제공해야 하며, 시스템 효과에 대한 정보를 투명하게 공개해야 한다. 이와 같은 체계적인 리스크 관리 구조는 ADS의 안전하고 책임감 있는 활용을 보장하는 동시에 행정의 효율성을 유지하고자 하는 통합적 관리 전략을 보여 준다.

다만 몇 가지 한계도 지닌다. 우선 이 규제는 공공 부문에만 적용되므로 민간 부문에서 확산되고 있는 인공지능의 도입과 활용을 규제하기에 부적절할 수 있다. 최근 캐나다 연방정부는 민간 부문의 인공지능을 규제하기 위해 법안을 발의해 둔 상태이다. 또 표준화된 평가 기준은 일관성을 제공하긴 하지만, 새로 등장하는 인공지능 기술에 유연하게 대응하기 어려울 수 있다. 마지막으로 지침Directive 형태의 규범 특성상 강력한 제재 수단이 부족해 실효성 확보의 필요성도 제기된다.

하지만 그럼에도 캐나다의 ADS 지침은 세계 최초로 영향평가를 제도화했다는 선구적 의미가 있을 뿐 아니라, 인공지능 영향평가의 실질적 구현 가능성을 보여 주었다는 점에서 정책적 시사점이 크다. 특히 구체적인 평가 방법론과 차등적 규제 체계는 모범적 사례로 평가되며 향후 다른 국가들의 제도 설계에 있어 유용한 참고가 될 것으로 기대된다.

EU: EU 인공지능법

EU는 2024년 3월, 세계 최초로 인공지능 시스템을 포괄적으로 규제하는 법률인 'EU 인공지능법EU AI ACT'을 제정했다. 2024년 5월 21일 EU 이사회의 최종 승인을 거쳐, 2024년 7월 12일 EU 관보에 공식 게재되었으며, 2024년 8월 1일부터 공식 발효되었다. 이 법률은 단계적으로 적용되어 2025년 2월부터 금지된 인공지능 시스템 관련 조항이 시행되고, 2026년 8월까지 대부분의 조항이 적용될 예정이다. EU의 사례는 향후 글로벌 스탠다드로 자리 잡을 가능성이 가장 높은 것으로 평가된다는 점에서 주목할 만하다.

이 법률이 제정된 데에는 다음과 같은 배경이 있다. 첫째, EU 개별 회원국들이 각자 상이한 인공지능 규제 법안을 도입하기 시작하면서 EU 단일 시장의 분절화에 대한 우려가 커져 통일된 규제 프레임워크 마련이 필요해졌다. 둘째, 안면 인식 기술의 무분별한 사용,

인공지능 채용 시스템의 차별, 인공지능 신용 평가의 불투명성 등 인공지능 시스템의 부작용 사례에 대응한 체계적 관리 필요성이 제기되었다. 셋째, 인공지능 시스템이 인간 존엄성, 자유, 민주주의, 평등 등 EU의 핵심 가치를 침해하지 않도록 보호하는 법적 장치가 필요했다. 마지막으로 인공지능 규제에 있어 선도적 입장을 취함으로써, 글로벌 인공지능 거버넌스의 방향성을 제시하고 국제 표준을 선점하고자 하는 전략이기도 했다.

EU 인공지능법의 핵심 내용을 살펴보면 가장 큰 특징은 인공지능 시스템을 위험성 수준에 따라 네 가지로 분류하고, 각각 차별화된 규제를 적용한다는 점이다. 첫 번째 범주는 '허용할 수 없는 위험성 Unacceptable Risk을 가진 인공지능 시스템'으로, 개인의 자유와 기본권을 명백히 위협하는 인공지능 시스템을 의미한다. 이러한 시스템은 제한적인 예외를 제외하면 원칙적으로 개발과 사용이 전면 금지된다. 두 번째 범주는 법률의 핵심을 이루는 '고위험성 High Risk을 가진 인공지능 시스템'이다. 이는 개인의 안전이나 기본권에 중대한 위험성을 초래할 수 있는 인공지능 시스템으로, 제품의 안전 구성 요소로 사용되는 시스템과 기본권에 중대한 영향을 미칠 수 있는 독립형 인공지능 시스템을 포함한다. 고위험성 시스템은 시장 출시 전에 반드시 적합성 평가를 받고 엄격한 의무 사항을 준수해야 한다. 세 번째 범주는 '제한된 위험성 Limited Risk을 가진 인공지능 시스템'으로, 특정한 투명성 의무가 부과된다. 대표적으로 챗봇, 딥페이크, 감정 인식 시스템 등이 이 범주에 해당하는데 이들을 사용할 때는 사용자에게 자신이 인공지능 시스템과 상호 작용한다는 사실을 명확히 알려야 한다. 마지막 범주인 '최소 위험성 Minimal Risk을 가진 인공지능 시스템'은 나머지 대부분의 인공지능 시스템이 해당하는데, 특별한 규제 없이 자율적으로 운영될 수 있다.

EU 인공지능법은 특히 고위험성 인공지능 시스템에 대해 더욱 상세한 규제 요건을 규정한다. 첫째, 포괄적인 리스크 관리 시스템 구축이다. 고위험성 인공지능 시스템은 잠재적 위험의 식별과 평가 및 적절한 리스크 완화 조치를 실행해야 하며, 그 효과성을 지속적으로 모니터링하고 전체 생애 주기에 걸쳐 체계적인 리스크 관리를 수행해야 한다. 둘째, 사용되는 데이터셋은 정확성과 완전성을 확보할 뿐 아니라 편향을 방지하고 프라이버시를 보장하는 등 높은 품질 기준을 충족해야 한다. 셋째, 설계, 테스트, 검증에 이르기까지 전 과정을 상세하게 문서화해야 한다. 특히 시스템의 의사 결정 과정에 대한 추적 가능성을 확보하여, 문제 발생 시 원인 분석과 책임 소재 파악이 가능하도록 해야 한다. 넷째, 투명성 확보를 위해 사용자에게 충분하고 명확한 정보를 제공해야 한다. 다섯째, 인간의 감독 하에 운영되며 필요할 경우 인간이 개입할 수 있어야 한다. 마지막으로 시스템은 그 용도에 적합한 수준의 정확성과 높은 보안을 보장해야 한다.

이러한 규제의 실효성을 확보하기 위해 다양한 제도적 장치도 마련되었다. 우선 EU 역외에서 개발된 시스템이더라도 EU 역내에서 사용되는 경우 규제 대상이 된다. 이는 글로벌 인공지능 시장에서 EU의 규제 영향력을 확보하고, 역내 시민을 보호하기 위한 전략적 선택이다. 또 강력한 제재 체계를 도입하여 법 위반 시에는 최대 3,500만 유로 또는 전 세계 연간 총매출의 7% 중 더 높은 금액의 과징금이 부과될 수 있다. EU 차원에서 설립한 'EU AI 위원회European Artificial Intelligence Board'에서 이 법률의 일관된 적용을 감독하고 필요한 조치를 취하게 된다. 더불어 혁신적인 인공지능 시스템의 개발과 테스트를 촉진하고 중소기업의 법률 준수를 지원하기 위한 보완적 제도도 마련했다.

EU 인공지능법은 미국이나 캐나다와 같은 국가들이 도입한 단일 영향평가 제도와는 달리, 인공지능 시스템의 영향을 평가하는 독특한 다층적 체계를 구축했다. 이 체계는 크게 세 가지 요소로 구성된다. 첫째, 인공지능 시스템의 위험성 수준을 판단하는 평가 체계이다. 이는 시스템이 고위험성에 해당하는지 여부를 판단하기 위한 것으로, 법에서는 이를 명시적으로 '영향평가'라고 칭하지 않는다. 그러나 이 평가는 시스템의 의도된 목적, 사용 범위, 자율성 정도, 잠재적 피해의 정도와 회복 가능성, 영향받는 집단의 취약성 등을 종합적으로 고려한다는 점에서 실질적으로 영향평가의 첫 단계로 볼 수 있다. 이 평가 결과에 따라 후속 규제 의무의 적용 여부가 결정된다.

둘째, 고위험성 인공지능 시스템으로 분류된 경우 제공자Provider가 구축해야 하는 리스크 관리 체계 내의 리스크 평가이다. 이 평가는 건강, 안전 또는 기본권이 가진 위험성을 체계적으로 분석하는 과정이다. 이는 알려진 위험성과 합리적으로 예측 가능한 위험성의 식별 및 분석, 의도된 목적에 따른 사용 및 합리적으로 예측 가능한 오용 상황에서 발생할 수 있는 위험성의 추정 및 평가, 그리고 시장 출시 후 모니터링 시스템으로 수집된 데이터를 기반으로 한 위험성 평가를 포함한다. 이러한 포괄적인 평가는 실질적으로 영향평가의 기능을 수행하며, 리스크 평가 결과에 기초하여 고위험성 인공지능 시스템 제공자는 적절하고 목표 지향적인 리스크 관리 조치를 채택해야 한다. 이는 시스템의 전체 생애 주기에 걸쳐 지속적으로 이루어져야 하는 과정이다.

셋째, 특정 고위험성 인공지능 시스템의 배포자Deployer가 수행해야 하는 기본권 영향평가Fundamental Rights Impact Assessment 이다. 이 평가의 주체는 두 유형으로 구분된다. 제1유형은 공공기관이나 공공서비스를 제공하는 민간 기관이며, 제2유형은 신용 평가나 보험 리스크 평가와 같은 특정 분야의 인공지능 시스템 배포자이다. 특히 기본권 영향평가는 리스크 관리 체계와는 별도로 도입된 제도로, 평가 주체와 내용에서 차이가 있다. 리스크 관리는 제공자의 의무인 반면, 기본권 영향평가는 배포자의 의무이다. 이는 배포자가 고위험성 인공지능 시스템의 구체적인 사용 맥락을 가장 잘 이해할 수 있는 위치에 있어, 개발 단계에서 예측하지 못했던 잠재적 리스크를 식별할 수 있다는 판단에 기반한다. 기본권 영향평가는 인공지능 시스템의 구체적 활용 프로세스, 시간적 활용 범위와 사용 빈도, 영향받는 대상의 식별, 위해 리스크 분석, 인간 감독 체계, 리스크 대응 체계 등을 포괄적으로 평가하도록 요구하며, 결과는 표준화된 템플릿에 입력하여 시장감독 당국에 제출된다.

결론적으로 EU 인공지능법은 다층적인 평가 체계로 인공지능 시스템의 위험성을 다양한 관점에서 평가하는 프레임워크를 도입했으며, 강력한 제재 조항을 통해 규제의 집행력을 높이고자 했다. 특히 주목할 만한 점은 평가 주체의 차별화로, 일반적인 리스크 관리는 모든 고위험성 인공지능 시스템의 제공자가 수행하는 반면, 기본권 영향평가는 고위험성 시스템 중에서도 공공기관과 신용 평가나 보험 리스크 평가와 같은 특정 금융 분야의 배포자에게만 의무화했다는 점이다. 이는 제한된 규제 자원을 더욱 효과적으로 배분하고, 사회적 영향이 특히 큰 분야에 집중하려는 전략적 접근으로 볼 수 있다. 또 모든 인공지능 시스템이 아닌 위험성 기반 접근법Risk-based approach을 채택하여 고위험성 시스템에 규제를 집중함으로써, 혁신을 저해하지 않으면서도 기본권과 안전을 보호하고자 하는 균형점을 찾으려 했다.

그러나 이러한 혁신적 접근에도 불구하고 몇 가지 한계점이 지적된다. 가장 핵심적인 한계는 '고위험성 인공지능 시스템'의 정의와 범위가 명확하지 않아 법적 불확실성을 야기할 수 있다는 점이다. 고위험성 여부를 판단하는 과정은 그 내용상 실질적인 영향평가에 해당하는데, 이 첫 단계에서의 모호성은 리스크 관리와 기본권 영향평가 등 이후 모든 규제 체계의 적용 범위에 영향을 미치는 근본적인 문제점으로 작용한다. 또 리스크 평가와 기본권 영향평가 결과의 투명성을 확보할 방법이 명확하지 않아 평가의 일관성과 신뢰성이 저해될 수 있다. 영향평가 주체가 제공자와 배포자로 이원화되어 평가 간 연계성과 일관성 확보가 어려울 수 있으며, 이는 중복 평가의 부담으로 이어질 수 있다. 과도한 규제로 중소기업에게 상당한 부담을 줄 수 있다는 점도 EU의 인공지능 혁신과 경쟁력을 저해할 수 있는 요인이 된다. 역외 적용을 위한 글로벌 기업들의 협조 확보라는 현실적인 문제도 있고, 빠른 인공지능 기술의 발전 속도를 법률이 따라가지 못할 수 있다는 점도 우려된다. 이처럼 복잡한 다층적 영향평가 체계와 차별화된 의무 부여 방식이 실제로 얼마나 효과적으로 작동할지는 법의 시행 과정을 지켜봐야 할 것이다. 특히 개념적 모호성과 실행 가능성의 문제는 EU 인공지능법에 기반한 영향평가 제도의 실효성을 크게 제약할 수 있는 근본적인 도전 과제로 보인다.

규제법 이론의 관점에서 보는
영향평가 제도의 의의

초연결 시대에서 DPA 시스템의 규제는 세 가지 주목할 만한 패러다임 전환을 보여 준다. 이러한 변화는 단순한 규제 방식의 변화를 넘어 규제에 대한 근본적인 인식 전환을 의미하며, 영향평가 제도의 등장과도 긴밀히 연관된다.

첫 번째로 가장 큰 변화는 위험 통제에서 리스크 관리로의 전환이다. 현대사회의 위험은 과거와 본질적으로 다르다. 울리히 벡Ulrich Beck이 《위험 사회Risk Society》에서 예견했듯, 산업 사회의 전통적 위험Danger이 명확한 인과 관계를 전제로 해 통제 가능한 대상이었다면 현대의 위험Risk은 불확실성을 내포하여 새로운 도전 과제를 제기한다. 특히 DPA 시스템의 경우 그 작동 과정의 복잡성, 영향의 광범위성, 결과의 예측 불가능성으로 인해 전통적인 위험 통제 방식의 적용이 어려우므로 경직된 통제보다 유연하고 적응적인 리스크 관리가 더욱 효과적이다. 따라서 현대 사회에 이르러 규제의 목표 자체가 '완벽한 통제'에서 '합리적 관리'로 변화하는 추세이다. 이러한 맥락에서 영향평가 제도는 시스템이 초래할 수 있는 잠재적 리스크를 사전에 식별하고 평가하는 체계적 방법론을 제공한다. 특히 영향평가는 위험Risk의 완전한 제거보다 수용 가능한 수준으로의 관리를 목표로 하며, 상황에 따른 유연한 대응을 가능하게 함으로써 혁신을 저해하지 않으면서도 필요한 안전장치를 마련할 수 있는 균형점을 제시한다.

두 번째로 타율 규제에서 자율·공동 규제로의 전환이다. 전통적인 타율 규제는 규제 기관이 일방적으로 규제 기준을 설정하고 이를 강제하는 방식을 취했지만, 이러한 접근은 더 이상 DPA 시스템의 기술적 복잡성과 빠른 진화 속도를 따라잡기 어렵다. 특히 인공지능 시스템의 경우, 규제 기관이 혼자서 모든 기술적 세부 사항을 이해하고 적절한 규제 기준을 수립하는 것은 사실상 불가능하다. 이러한 맥락에서 더욱 효과적인 규제를 위한 새로운 거버넌스 모델로서 자율·공동 규제로의 전환이 이루어지고 있다. 영향평가를 통한 자율·공동 규제 방식에서는 규제 기관과 기업이 협력적 관계를 구축하게 된다. 이 거버넌스 모델에서 기업은 자발적으로 리스크를 평가하여 자체적인 안전 메커니즘을 개발하며, 규제 기관은 이를 감독하고 지원하는 역할을 수행한다. 예를 들어 기업이 개발한 인공지능 시스템의 알고리즘 편향성을 스스로 테스트하고 문서화하면, 규제 기관은 이 평가의 방법론과 결과를 검토하는 방식으로 협력한다. DPA 시스템으로 인해 규제 기관 단독으로는 효과적인 감독이 어려우므로, 이는 규제의 전문성과 정당성을 동시에 높이는 효과가 있다. 또 자율·공동 규제 모델은 기업이 규제 준수를 위한 최적의 방법을 자율적으로 결정할 수 있게 함으로써 혁신의 여지를 남기는 한편, 핵심적인 사회적 가치에 대한 보호는 규제 기관의 감독을 통해 보장하는 균형적 접근이 가능해진다는 점에서도 중요한 의미를 갖는다.

마지막으로 현대 규제법에서 규제 방식이 실체적 통제에서 절차적 관리로 전환되고 있다. 특히 DPA 시스템의 경우 인공지능 시스템의 '블랙박스' 문제에서 볼 수 있듯이 시스템의 복잡성과 불투명성으로 인해 전통적인 실체적 통제 방식의 적용이 현실적으로 어렵다. 절차적 접근은 결과가 아니라 과정에 초점을 맞추며, 특히 의사 결정 과정의 투명성과 책임성 확보, 지속적인 모니터링과 개선의 제도화, 예방적 접근의 체계화를 강조한다. 영향평가 제도는 이러한 절차적 관리의 대표적인 구현 방식이다. 시스템의 설계, 개발, 운영의 전 과정에 걸쳐 체계적인 평가 절차를 제도화하며, 그 과정을 기록하고 문서화한다. 또 DPA 시스템은 지속적으로 진화하여 새로운 위험이 계속해서 등장할 수 있기 때문에 영향평가로 꾸준히 모니터링하고 개선을 제도화하여 시스템의 안정성과 신뢰성을 향상시키게 된다. 실체적 기준은 각국의 문화와 가치 체계에 따라 크게 달라질 수 있지만 절차적 기준은 상대적으로 보편적 적용이 가능하므로, 이러한 전환은 글로벌 차원의 규제 조화에서도 중요한 의미를 갖는다.

이와 같이 초연결 사회의 DPA 규제에서 나타나는 세 가지 패러다임 전환은 서로 긴밀하게 연결된다. 리스크 관리는 자연스럽게 피규제자의 자율성과 절차적 관리의 중요성을 강조하며, 자율·공동 규제는 절차적 관리의 실효성을 높인다. 영향평가 제도는 이러한 세 가지 규제 패러다임의 전환을 동시에 구현하는 핵심적인 메커니즘이다. 이 제도는 체계적인 리스크 평가와 관리, 이해관계자의 참여를 통한 자율·공동 규제, 그리고 절차적 투명성과 책임성 확보라는 측면에서 현대 규제법의 이상을 실현한다.

또 영향평가 제도는 사전적 금지나 획일적 규제가 아니라 맥락에 따른 유연한 접근을 가능하게 하여 DPA 시스템의 혁신을 저해하지 않으면서도 필요한 사회적 가치를 보호하는 균형점을 제시한다. 이러한 맥락 기반의 유연한 특성으로 인해 영향평가 제도는 서로 다른 법 체계와 가치 체계를 가진 국가들 사이에서도 상대적으로 수용이 용이하여 국제적 규제 조화를 위한 공통의 플랫폼으로 기능할 수 있다는 중요한 의의를 지닌다.

법정책적 관점에서 보는
영향평가 제도의 함의

　법정책적 관점에서 초연결 시대의 DPA 시스템에 대한 영향평가는 세 가지 기본 원칙에 기반해야 한다. 첫째, 영향평가는 이론적 정교함과 현실적 적용성 사이의 균형을 중시해야 한다. 아무리 제도와 내용이 완벽하더라도 실제 현장에서 실행하기 어렵다면 의미가 없으므로, 실무에서 효과적으로 작동할 수 있는 구체적인 평가 체제를 구축해야 한다.

　둘째, 단계적 접근과 포괄적 적용이 조화를 이루어야 한다. 공공 부문을 중심으로 한 단계적 도입은 제도의 안정적 정착에 효과적일 수 있지만, 궁극적으로는 민간 영역까지 포괄하는 통합적 접근이 필요하다. 이는 현대 규제법 이론이 강조하는 다층적 거버넌스의 필요성에도 부합한다.

　셋째, DPA 시스템에 대한 영향평가는 사전 예방과 효율적 대응을 목표로 개발 단계에서부터 운영 과정까지 전체 생애 주기를 포괄하는 지속적인 관리 체계여야 한다.

　그렇다면 이러한 기본 방향성을 바탕으로 구체적인 제도 설계는 어떻게 이루어져야 할까? 우선 평가 대상의 명확한 정의와 분류가 필요하다. EU의 위험성 기반 접근법이 보여 주듯 DPA 시스템의 위험성 수준에 따른 차등적 규제는 효과적이지만, 개념적 모호성의 한계를 극복하기 위해 더욱 명확하고 객관적인 분류 기준이 마련되어야 한다. 특히 기술 발전에 따른 유연한 범위 조정이 가능한 메커니즘을 갖추는 것이 중요하다.

다음으로 표준화된 평가 방법론의 개발이 시급하다. 캐나다의 설문형 평가 도구는 객관적이고 일관된 평가를 가능하게 한다는 점에서 주목할 만하다. 다만 이를 발전시켜 산업별·용도별 특성을 고려한 맞춤형 평가 지표를 개발할 필요가 있다. 또 정량적 평가와 정성적 평가를 적절히 조합하여, 복잡한 DPA 시스템의 영향을 종합적으로 평가할 수 있어야 한다.

또 단계적 평가 체계의 구축이 요구될 것이다. 미국의 영향평가 체계에서 볼 수 있듯, 초기 스크리닝에서 상세 평가와 지속적 모니터링으로 이어지는 체계적인 평가 구조를 갖춰야 한다. 단계별로 명확한 기준과 절차를 마련하고, 결과에 따라 차별화된 관리 방안을 수립할 필요가 있다.

마지막으로 실효성 있는 이행 체계의 구축이 필수적이다. 이를 위해 책임과 권한의 명확한 배분, 적절한 인센티브와 제재 방안의 마련, 그리고 평가 역량 강화를 위한 지원 체계 등이 영향평가 제도 설계에 포함되어야 한다. 특히 앞서 논의한 자율·공동 규제로의 전환이라는 규제 패러다임 내에서, 영향평가 제도가 효과적으로 기능하기 위해서는 규제 기관과 피규제자 간의 협력적 관계 구축이 핵심적 요소가 된다.

이러한 초연결 시대의 DPA 시스템 규제 거버넌스가 성공적으로 정착하기 위해서는 해결해야 할 중요한 과제들이 있다. 우선 국제적 조화와 협력의 강화가 시급하다. 초국경적 특성을 가진 DPA 시스템은 개별 국가 차원의 규제만으로는 효과적으로 관리하기 어렵다. 따라서 국가 간 평가 기준의 상호 호환성을 확보하고, 초국경적 위험성 관리를 위한 협력 체계를 구축하며, 글로벌 표준 개발을 위해 공동 노력을 기울여야 한다.

또 전문성과 역량의 강화도 필수적이다. 현대 규제법 이론이 강조하는 자율·공동 규제의 성공을 위해서는 규제 기관과 피규제자 모두 전문성이 향상되어야 한다. 따라서 평가를 수행할 전문 인력의 양성, 평가 도구와 방법론의 지속적 개선, 우수 사례의 공유와 학습이 체계적으로 이루어져야 한다. 특히 중소기업의 평가 수행 역량 강화를 위한 실질적 지원 방안이 마련되어야 할 것이다.

마지막으로 이해관계자 참여의 실질화가 중요하다. 리스크 관리는 다양한 이해관계자의 통합적인 관점과 경험이 요구된다. 형식적인 의견 수렴을 넘어, 평가 과정 전반에 걸친 실질적인 참여 메커니즘이 구축되어야 한다. 미국의 알고리즘 책무성 법안이 강조하는 알고리즘 시스템 정보와 의사 결정 과정에 대한 대중의 접근성 강화나 이해관계자 참여 제도화는 효과적인 DPA 시스템 거버넌스를 설계하는 데 중요한 참고 사례가 될 것이다.

새로운 시대에 부합하는
DPA 규제 거버넌스가 나아갈 길

초연결 시대를 맞아 DPA 시스템은 단순한 기술을 넘어 사회 전반의 새로운 질서를 형성하는 사회기술시스템으로 진화하는 중이다. 이로 인한 혁신을 누리면서도 부작용을 최소화하는 효과적인 규제를 위해 DPA 규제 거버넌스의 올바른 방향성을 설계하는 것은 매우 중요한 과제다. 새로운 시대에 부합하는 DPA 규제 거버넌스 체계는 다음과 같은 방향성을 가지고 나아가야 한다.

첫째, 통합적 리스크 거버넌스Integrated Risk Governance의 확립이다. 현대 규제법 이론의 변화가 보여 주듯, 개별적이고 분절된 위험 통제 방식으로 DPA 시스템의 복잡성과 역동성에 효과적으로 대응할 수 없다. 시스템 전반을 아우르는 포괄적 리스크 관리 체계가 필요하므로 영향평가는 이러한 통합적 접근을 실현하는 핵심 수단이 되어야 한다.

둘째, 협력적 거버넌스Collaborative Governance의 구현이다. 타율 규제에서 자율·공동 규제로의 전환이 시사하듯이 규제 기관과 피규제자, 그리고 다양한 이해관계자들 간의 협력적 관계 구축은 필수적이다. 영향평가는 단순한 규제 수단을 넘어, 상호 학습과 개선을 위한 플랫폼으로 기능해야 한다.

셋째, 적응적 거버넌스Adaptive Governance의 실현이다. 실체적 통제에서 절차적 관리로의 전환이 보여 주듯, DPA 시스템의 빠른 진화와 예측 불가능성에 대응하기 위해 유연하고 적응적인 규제 체계가 필요하다. 영향평가는 지속적인 모니터링과 피드백으로 규제의 적응성을 높이는 메커니즘으로 작동해야 한다.

넷째, 글로벌 거버넌스Global Governance와의 조화다. 4개국의 사례 분석이 보여 주는 것처럼 DPA 시스템의 규제는 개별 국가 차원의 문제가 아니다. 국제적 기준과의 조화를 추구하면서도 각국의 특수성을 반영할 수 있는 유연한 규제 체계를 갖춰야 할 것이다. 영향평가는 이러한 국제적 기준과 국가적 특수성 간의 조화를 촉진하는 가교 역할을 해야 한다.

다섯째, 혁신촉진적 거버넌스Innovation-enabling Governance의 구축이다. DPA 시스템의 규제는 위험성 관리와 함께 혁신 촉진이라는 두 가지 목표를 동시에 추구해야 한다. 영향평가는 혁신을 저해하지 않으면서도 필요한 안전장치를 마련하는 균형 잡힌 접근을 가능하게 하는 도구로 발전해야 한다.

이러한 다차원적 거버넌스의 구축은 단기간에 이루어질 수 없다. 그러나 영향평가 제도의 지속적인 발전과 개선을 통해 점진적으로 실현해 나갈 수 있을 것이다. 특히 한국, 미국, 캐나다, EU의 사례는 새로운 거버넌스 체계 구축을 위한 중요한 이정표가 되어 준다. DPA 시스템이 우리 사회에 가져올 혁신적 가치와 잠재적 리스크는 동전의 양면과도 같다. 따라서 DPA 시스템의 건전한 발전을 위해 규제와 혁신이 상호 보완적으로 작용하는 선순환 구조의 확립이 필요하다. 영향평가 제도는 이 둘 사이의 균형점을 찾아가는 나침반이자 지속 가능하고 포용적인 DPA 발전을 위한 제도적 토대가 될 것이다.

3장

초연결 사회에서
정부와 기업의 관계는?

: 정부와 플랫폼 기업의 상호 협력적 관계

김선희

초연결 사회의
플랫폼 비즈니스

초연결 시대가 도래하면서 경제와 비즈니스 구조가 변화했다. 가장 눈에 띄는 점은 제품이나 서비스를 생산해 고객에게 일방적으로 판매하는 전통적 기업들의 비즈니스 모델보다 여러 이해관계자들 간의 상호 작용을 촉진하고 거래 비용을 줄이면서 새로운 경제적 가치를 창출하는 플랫폼 기업이 시장을 지배하며 급성장하고 있다는 점이다. 애플, 구글, 아마존, 마이크로소프트, 페이스북, 알리바바, 네이버, 카카오 등과 같은 플랫폼 기업들이 전 세계적으로 제조업, 에너지 산업 등 전통적 산업 분야의 기업들을 대체하여 경제를 주도해 나가는 중이다. 플랫폼 비즈니스Platform Business는 이에 대한 관심 증대에도 불구하고 한 가지로 명확하게 정립하기 어려운 개념이다. 플랫폼 비즈니스에 관한 일반적인 개념이나 작동 원리는 설명 가능하지만, 구체적인 산업이나 기업으로 들어가면 플랫폼 작동 방식이나 참여자의 역할이 상당히 다르기 때문이다.

궁극적으로 플랫폼은 여러 이해관계자 간의 거래가 발생하고 각자 원하는 가치를 교환하는 매개의 장이라고 할 수 있다. 즉 플랫폼은 가치를 만드는 생산자와 그 가치를 사용하는 소비자가 자유롭게 만나고 연결되는 공간인 것이다. 플랫폼의 본질은 상호 작용을 중개하여 네트워크 효과를 창출하는 것이며, 연결성과 개방성이 플랫폼의 핵심이다. 플랫폼 비즈니스는 생산자와 소비자가 다양하게 연결되는 양방향의 특징이 있고, 생산자와 사용자가 무작위로 연결되는 구조를 가진다. 이를 양면 시장Two-sided Market이라고 한다. ICT의 발달로 공급과 수요 측면에서 매개Matching 여건이 활성화되면서 플랫폼 비즈니스는 더욱 부상하는 중이다. 공급 측면에서는 ICT 덕분에 플랫폼을 구축하고 확장하는 작업이 한층 단순하고 저렴해지면서 다양한 분야에서 플랫폼이 등장할 여건이 마련되었다. 수요 측면에서는 통신망의 진화, 모바일 기기의 확산 등으로 플랫폼 참여자의 종류와 규모가 대폭 확대되면서 플랫폼 비즈니스의 성장 기회는 더 많아지는 추세다.

이처럼 초연결 사회에서 부상하고 있는 플랫폼 비즈니스를 행정학적 관점에서 바라본다면 어떨까? 정부와 기업이 서로에게 영향을 미쳐 온 전통적인 방식과 달리 플랫폼 기업의 특징에 기인한 정부와 플랫폼 기업의 관계에는 새로운 논의가 필요하다. 이를 통해 초연결 사회의 정부와 플랫폼 기업의 관계의 시사점을 도출해 볼 수 있을 것이다.

행정학 관점에서 본 정부-기업 관계

정부-기업 관계의 개념

정부(국가)와 기업(시장)의 관계는 정치학, 경제학 등의 학문 분야에서 오랫동안 다루어졌다. 정치학과 경제학을 중심으로 바라보면 정부와 기업의 관계는 이원화되는 현상을 보인다. 정치학과 경제학에서는 각각 국가와 시장의 절대적인 우위를 상정하는 보수와 진보라는 이념 체계와 더불어 구조와 행위라는 대비적 방법론을 바탕으로 접근하기 때문이다. 정치학과 사회학 등의 분야에서 주로 시장 실패에 따른 정부 개입의 논리와 구조 방법론에 초점을 맞춰 정부와 기업의 관계를 다루지만, 경제학과 경영학 분야에서는 정부 실패에 따른 시장의 자율과 행위 방법론을 중심으로 정부와 기업 관계를 논의한다.

반면 행정학 분야에서 '정부와 기업의 관계론'이 체계적으로 연구되기 시작한 건 비교적 최근의 일이다. 이는 정부-기업 관계론의 원류인 정치학과 경제학 분야 연구의 이원화 경향과도 밀접하게 관련된다. 즉 상대적으로 가치 함축적인 정치학과 경제학 분야 간의 정부와 기업의 관계에서 발생하는 대립과 모순을 완화하기 위해 비교적 가치 중립적이고 학제적인 성격의 행정학 분야에서 논의가 이어진 것이다. 그래서 행정학의 한 분과로서 정부-기업 관계론은 국부 증진과 분배 문제를 다룬 정치 경제학의 응용 이론이자 이론의 실용주의적 재구성을 추구한다고 할 수 있다.

그동안 행정학 분야에서는 정치학과 경제학 분야에서의 연구 전통을 경쟁적으로 수용하여 정부 개입의 논리를 중시하는 산업 정책(정부 개입 자본주의: 선택적 개입과 전략적 유인)과 시장 자율의 논리를 강조하는 규제 개혁(자유 시장 자본주의: 탈규제와 민영화) 논의를 중심으로 정부-기업 관계론을 발전시켜 왔다. 그러나 2000년을 전후로 행정학 분야에서 활발하게 논의된 신제도주의New Institutionalism와 뉴거버넌스New Governance 등의 논의는 이러한 이원화 경향을 극복할 수 있는 단초를 제공한다. 신제도주의는 구조와 행위를 매개하는 제도 개념을 통해 연구 방법의 중범위화를 선도하며, 뉴거버넌스는 정부와 기업이라는 행위자들 간의 상호 협력으로 시너지 창출의 중요성을 강조하기 때문이다.

이처럼 정부와 기업의 관계는 시대적 배경이나 역사적 상황, 국가 및 지역적 상황 등에 근거하여 학문 분야에 따라 상대적인 관점에서 논의되어 왔다. 이러한 다양한 접근에도 불구하고 넓은 의미에서 정부와 기업의 관계를 정의하자면 기업을 지원하거나 규제하기 위한 정부의 모든 활동과 정부의 행태에 영향을 미치기 위한 기업의 모든 활동을 포함하는 상호 작용 관계라 할 수 있다. 정부와 기업의 관계는 정부와 기업이 모두 관심을 갖는 경제적·사회적 문제를 해결하기 위해 각각 어떠한 역할과 기능을 수행하고 상호 영향을 미치는지에 중점을 둔다. 특히 우리나라의 경우 기업에 대한 정부의 개입과 지원을 토대로 급속한 경제 성장을 이룬 역사를 가지기 때문에 정부와 기업의 관계는 더욱 큰 의미를 갖는다.

기업에 대한 정부의 영향

정부가 기업에 관심을 가지는 이유는 기업의 제품 생산, 고용, 기업 윤리 등의 활동이 국민의 모든 생활과 밀접하게 관련되기 때문이다. 따라서 정부는 기업의 활동을 적절히 조정하고 통제해야 한다고 인식한다. 정부는 기업의 제품과 서비스의 생산을 촉진하고 기업이 경쟁력을 유지할 수 있도록 지원하며, 적정한 경제 성장을 유지해야 할 책임이 있다. 정부는 국가 발전 차원에서 기업이 국가 경쟁력 강화에 기여하고 사회 복지 증진에 공헌하도록 기업의 활동을 지원하거나 규제한다. 나아가 정책 목표 달성을 위해 지원을 통해 기업의 바람직한 행위를 증가시키기도 하고, 규제를 통해 기업의 바람직하지 못한 행위를 감소시키기도 한다.

실제로 정부는 경제 정책, 사회 복지 정책, 산업 정책, 조세 정책 등으로 기업 활동을 지원하거나 규제함으로써 기업의 생존과 성장에 영향을 미친다. 정부의 공공 구매는 시장의 수요를 결정하여 시장 규모에 영향을 미치기도 하며, 각종 인허가 제도와 특허 출원 제도 등은 특정 업종의 진입 장벽을 만들거나 특정 상품의 독과점을 허용함으로써 시장의 구조를 변경시키기도 한다. 또 정부는 사회적인 측면에서 기업 활동으로 발생하는 사회 문제들을 기업 스스로 해결하지 못할 때 해결책을 모색하는 과정에서 영향력을 행사하기도 한다. 그리고 국가의 경제 상태를 최선으로 유지·발전시키기 위해 산업 전체나 개별 기업의 활동에 영향력을 행사하는 산업 정책으로 기업에 영향을 미친다.

정부의 기업 지원 방식은 크게 두 가지이다. 첫째는 인센티브를 제공하는 형태의 금전적 제도를 통한 직접적인 지원이다. 이를테면 수출 보조금과 같은 정부 보조금 지급, 저리의 대출 금융 제공이나 특별 대출, 차관 배정과 같은 금융 지원, 기업 제품을 정부가 구입하는 정부 구매 등이다. 둘째는 제도적 지원 방식으로 연구개발 활동을 지원하기 위한 서류 작업 간소화, 수입품에 대한 높은 관세 부과 및 수입 할당, 조세 유예 및 조세 감면 등을 들 수 있다. 정부의 간접적 지원은 기업 분위기를 조성하고 특수 정보를 제공하는 등 기업의 자율적 노력을 촉진하기 위한 활동이라고 할 수 있다. 기업 공개와 자본 시장의 육성, 재무 보고 제도의 정비 및 시행, 사회 감사 제도의 개발 등으로 기업 분위기를 조성하고, 기업 스스로 입수하기 어려운 해외 시장에 대한 특수 정보 등을 전달하는 것 등이 정부의 기업에 대한 간접적 지원의 예시이다.

반면 정부의 기업 규제는 경제적·사회적 정책 목표 실현을 위해 기업의 행위와 의사 결정에 대해 법률적 제한을 가하는 모든 활동을 말한다. 이는 정상적이고 생산적인 기업 활동을 유지·발전시키기 위해 필요한 하나의 기본 요건이기 때문에 어느 나라에서나 기업은 정부의 규제와 통제로부터 완전히 자유로울 수 없다. 정부가 기업을 규제하는 유형은 다양하며, 대표적으로 경제적 규제와 사회적 규제가 있다. 경제적 규제는 바람직한 경제 질서를 확립하기 위하여 정부가 행하는 규제를 의미하고, 사회적 규제는 사회 전체의 이익을 증대시키기 위해 필요한 안전, 건강 및 보건, 환경 보존, 고용 평등, 소비자 보호 등의 목표를 달성하고자 실행되는 규제를 말한다. 정부의 기업 규제 방식은 직접 규제와 간접 규제로 구분할 수 있다. 정부가 생필품 등의 가격 상승을 억제하고자 할 때 특정 제품의 가격을 동결시키거나 상한가를 책정하여 가격을 일정하게 묶어 놓는 것이 직접 규제의 예이며, 정부가 가격 상승을 억제하고자 통화와 신용 관리로 기업의 자금 가용성을 줄임으로써 간접적으로 가격 상승의 억제를 시도하는 것이 간접 규제에 해당한다.

기업의 경영 활동과 성과는 국제 경쟁력 등에도 주요한 영향을 미치기 때문에 정부는 이처럼 기업의 활동을 촉진하기도 하고 다른 한편으로는 규제하기도 한다. 따라서 기업의 입장에서도 정부와의 관계는 중요시된다. 정부와 어떤 관계를 맺느냐에 따라 기업의 생존과 발전의 정도가 달라질 수 있고, 정부와 기업의 관계에 따라 기업이 자율적으로 사회 문제를 해결할 것인지 아니면 정부의 개입에 의존하여 사회 문제가 해결되기를 기대할 것인지가 결정된다. 특히 정부는 여러 이해관계자들의 요구를 수렴하여 입법화하고 이를 집행하는 기관이므로 기업과 관련된 이해관계자들과의 문제도 달라지게 된다.

행정의 패러다임 변화와 정부-기업 관계

전통적 관료제 패러다임은 19세기 말 미국을 중심으로 시작되었다. 산업화를 통한 전면적인 사회 변화가 이루어지면서 새로운 사회 문제에 대응하기 위해 1880년대 공무원 개혁을 시작으로 정부의 범위, 규모, 영향력 등의 변화 속도가 빨라졌다. 이전의 농경 중심 사회에서 파편화되고 분권화되었던 시혜적 의미의 행정이 점차 전문적이고 권위 있는 형태로 변화하게 된 것이다. 이러한 패러다임은 1930년대 대공황을 극복하기 위한 프랭클린 D. 루즈벨트^{Franklin D. Roosevelt} 전 대통령의 뉴딜New Deal 정책과 그 성과로 구축된 정부의 역할에 대한 신뢰, 1940년대 후반 제2차 세계대전 이후 전후 복구 지원과 경제 성장 촉진을 위한 마셜 플랜Marshall Plan, 1960년대 빈곤 추방과 경제 번영을 위해 추진된 린든 B. 존슨Lyndon B. Johnson 전 대통령의 위대한 사회Great Society 등으로 더욱 강화되었다. 당시 다양한 경제적·사회적 문제는 모두 정부를 통해 해결할 수 있다는 믿음이 지배적이었기 때문에 정부는 독보적 지위를 갖는 유일한 행위자로 간주되었다.

따라서 어떻게 하면 더 효율적이고 효과적으로 정부를 운영할 수 있는지에 관심이 집중되었다. 이는 조직 내부 합리화, 계층 구조에 기반을 둔 일률적인 규칙과 질서, 고도로 전문화된 관료 등 관료제적 접근으로 이어졌다. 전통적 관료제 패러다임에서 정부의 초점은 공공서비스를 직접적으로 전달하는 것이며, 이를 위한 최선의 조직 구조는 중앙 집권화된 관료제Bureaucracy로 여겨졌던 것이다. 관료제는 모든 것이 공식적 관계와 규칙에 의해서 규제되며, 수직적 계층 구조를 바탕으로 전문성에 기초한 조직 내 분업과 분권이 이루어진 형태를 말한다. 정책 사업들은 되도록 재량권이 제한된 하향식 통제 메커니즘으로 집행되었으며, 합리성이 공공 조직의 가장 중요한 가치로 여겨졌다. 전통적 관료제 패러다임에서는 정부 이외의 다른 행위자를 고려하기보다 관료의 전문성과 권한을 중시하는 정부의 주도성이 명확하게 전제되어 있었다.

이러한 전통적 관료제 패러다임에서 정부와 기업의 관계 유형은 '정부 주도형'이라고 할 수 있다. 정부 주도형 관계에서는 정부가 시장에 강력하게 개입하여 시장의 자율성이 낮아지며, 정부는 산업 정책 분야에 주요 관심을 집중하여 전략적이고 차별적인 시장 개입을 통해 정책 목표 달성을 추구해 나간다. 그래서 정부 주도형 관계에서는 강력한 규제가 이루어지며, 정부는 기업을 규제하고 기업은 정부의 규제를 받는 대립적 관계가 형성된다. 따라서 정부는 규제자가 되고, 기업은 피규제자가 된다.

그러나 이와 같은 전통적 관료제 패러다임은 1970년대 초 석유 파동Oil Shock 등으로 시작된 경제 위기로 흔들리기 시작했다. 1980년대를 전후로 영국의 대처Thatcher 정부와 미국의 레이건Reagan 정부가 정부 축소와 시장 확대를 정책적 기조로 내세우면서 기존의 전통적 관료제 패러다임은 유지되기 어려워졌다. 지금껏 유일한 해결사로 여겨졌던 정부는 신자유주의의 흐름 속에서 비효율적이고 경직된 집단으로 평가되었다. 반면 시장 메커니즘에 기반을 둔 민간 기업은 가장 효율적이고 전문적인 조직상으로 부상했다. 이러한 배경에서 정부도 민간 기업과 같이 운영될 수 있다는 믿음 아래 민간의 경영 기법을 공공 부문에 그대로 적용시키고자 한 신공공관리론New Public Management이 등장하게 됐다.

신공공관리론의 전제는 전통적인 관료제에 기반을 둔 접근보다 경쟁과 선택의 시장 원리와 효율성을 추구하는 민간의 경영 기법이 더 우위를 가진다는 것이다. 이에 따라 공공서비스의 공급이나 정책의 집행을 민간으로 이전하거나 매각시키는 민영화가 추진되고, 공공 부문이 이를 담당하더라도 민간과 동일한 시장의 원리를 적용시키는 시장화가 진행되었다. 특히 공공서비스의 공급과 생산을 분리하여 공공서비스 제공을 결정하는 것과 그것의 전달을 배열하는 공급은 공공 부문이 담당하되, 공공서비스의 전달만을 의미하는 생산은 민간 부문이 담당하도록 하는 계약 방식이 널리 사용되기도 했다.

신공공관리론 패러다임에서 정부와 기업의 관계 유형은 '기업 주도형'으로 정의할 수 있다. 이는 전통적 관료제 패러다임에서의 정부 주도형 관계와 대비되며, 정부의 개입 강도가 약해지고 시장의 자율성이 확대되는 특징을 갖는다. 정부는 시장의 원리에 따르는 경쟁 정책을 통해 정책 목표를 달성해 가고자 하는데, 기업의 자율성을 최대한으로 보장하기는 하지만 여전히 정부는 기업을 감시하고 기업은 정부의 감시를 받는 대립적 관계에 있다.

2000년대에 들어서 거버넌스[1], 협업, 네트워크 등이 행정학 분야에 있어 핵심 개념으로 등장했다. 사람들이 조직의 기능과 경계를 넘어 연결될 수 있게 되면서 극단적 다양성Extreme Diversity이 존재하는 사회가 되었다. 이에 따라 권력의 분산Decentralization, 과업의 탈분화Dedifferentiation, 사회의 자유와 개별화Individuation가 요구되면서 새로운 개념이 주목받기 시작한 것이다. 또 오늘날 정부가 직면하는 문제들은 새롭고 복잡하며 불분명하기 때문에 전통적인 관료제를 통해 효과적으로 다루기 어렵다. 이에 공공 부문, 시장 부문, 시민 사회 부문 등 더 많은 조직과 더 많은 조정이 필요한 만큼 점점 더 행정적으로 복잡한 도구에 의존하게 됐다.

뉴거버넌스 패러다임에서는 정부가 유일한 행위자가 아니며, 시장 부문뿐만 아니라 지역 사회 내의 다양한 이해관계자들의 신뢰를

---

[1]   현대 행정학에서는 거버넌스와 뉴거버넌스를 혼용하여 사용하기도 한다. 거버넌스는 조직, 사회, 국가 등에 존재하는 공통적 문제를 해결하는 다양한 방법, 절차, 체제 등 넓은 의미의 개념이다. 반면 뉴거버넌스는 공공서비스 전달과 정책 집행에 있어 공공 부문과 민간 부문이 협업하는 협력적 네트워크에 초점을 맞춰 더욱 좁은 의미로 사용된다. 따라서 여기에서도 거버넌스와 뉴거버넌스를 구분하여 사용한다.

바탕으로 한 참여와 협력을 강조한다. 이러한 측면에서 정부는 다양한 이해관계자들과 수평적 관계로 이루어진 네트워크의 일원이라고 할 수 있다. 이때 뉴거버넌스 패러다임에서 네트워크가 주요한 역할을 하기 때문에 정부 주도에서 민간 주도로 변화했다는 것은 지나치게 과도한 해석이 되기 쉽다. 다만 뉴거버넌스 패러다임에서도 여전히 민주적으로 권한을 위임받은 공적 주체는 정부이다.

　뉴거버넌스 패러다임에서 정부와 기업의 관계 유형은 '상호 협력형'이다. 전통적 관료제 패러다임에서 정부 주도형 관계나 신공공관리론 패러다임에서 기업 주도형 관계에서와 달리 뉴거버넌스 패러다임에서는 정부의 개입 강도나 시장의 자율성 정도가 균형을 추구한다. 정부는 네트워크를 통한 상호 협력으로 직면한 사회 문제를 해결할 수 있는 융합 정책과 실용 정책에 주요 관심을 갖는다. 상호 협력형 관계에서는 이전 패러다임에서의 대립적 정부와 기업의 관계와 달리 협력적·협업적 관계를 형성하여 정부와 기업 등이 공동 생산자의 역할을 맡게 된다. 이러한 행정의 패러다임 변화에 따른 정부와 기업의 관계 유형은 [표 1]과 같이 정리할 수 있다.

구분	정부 주도형	기업 주도형	상호 협력형
행정의 패러다임	전통적 관료제	신공공관리론	뉴거버넌스
학문적 기초	정치학	경제학	사회학
사상적 배경	관료주의	신자유주의	공동체주의
중심 가치	대의적 합리성	효율성	신뢰
정부 개입 강도	강함	약함	보통
시장의 자율성	낮음	높음	보통
주요 정책 분야	산업 정책	경쟁 정책	융합 정책, 실용 정책
정부-기업 관계의 특성	규제	관리	협력/협업
정부의 역할	규제자	감시자	공동 생산자
기업의 역할	피규제자	피감시자	공동 생산자

[표 1] 정부와 기업의 관계 유형·특성

네이버는 정부와 어떤 관계를 맺고 있을까?

플랫폼 기업의 특성에 따른 정부와 기업의 관계

플랫폼 기업은 운영, 경쟁 환경, 지식 정보, 조직 관리 등 다양한 측면에서 전통적인 기업과 다른 특성을 보인다. 가장 두드러진 차이점은 운영 방식, 즉 가치 창출 흐름이 다른 것이다. 전통적인 기업은 주로 제품이나 서비스를 생산하여 고객에게 판매하는 기업의 공급 사슬에 따라 일정한 방향으로 흐르는 선형적 구조를 가진다. 반면 플랫폼 기업은 생산자와 소비자를 연결하여 서로 가치를 교환할 수 있도록 하는 플랫폼을 기반으로 하며, 한 플랫폼 안에서도 생산자와 소비자의 역할을 서로 바꿀 수 있는 순환적 구조를 갖는다.

전통적인 기업과 플랫폼 기업은 비용 구조와 수익 구조에서도 차이가 있다. 전통적 제조 기업은 생산을 통제함으로써 가치를 창출하기 때문에 자원을 대규모로 투입할 수밖에 없는 반면, 플랫폼 기업은 연결성과 혁명 등으로 가치를 창조함에 따라 한계 비용이 매우 낮다. 전통적 제조 기업은 직접 제품을 생산하여 수익을 창출하고 더 많은 수익을 창출하기 위해 그만큼의 자원과 비용을 투입해야 하지만 플랫폼 기업은 네트워크 효과에 따라 수익을 창출할 수 있기 때문에 사용자 규모가 증가할수록 수익은 폭발적으로 증가한다.

경쟁 환경 측면에서 보자면 전통적인 기업은 가치 사슬이나 규모의 경제를 통해 경쟁 우위를 확보하지만, 플랫폼 기업은 네트워크 확대와 플랫폼 생태계 구축으로 핵심 경쟁력을 확보하여 플랫폼 내의 경제 활동을 더욱 쉽게 진행한다. 플랫폼 기업의 경쟁 강도는 동일 산업 내에 다양한 경쟁자가 공존하는 전통적인 기업보다 높다. 강한 네트워크 효과가 플랫폼 사용자들을 지속적으로 증가시키고, 효율적인 플랫폼 생태계가 사용자의 전환 비용을 높여 더 높은 사용자를 붙잡아 두기 때문에 승자 독식의 특징을 보인다. 또 전통적인 기업 간의 경쟁은 일반적으로 동종 산업 내에서 더 높은 시장 점유율을 확보하기 위해 이루어지지만, 플랫폼 기업 간의 경쟁은 플랫폼 생태계에 연결된 모든 산업 간의 경쟁이기 때문에 그 범위가 더 넓고 깊다.

지식이나 정보 측면에서 보면 플랫폼 기업의 경우 지식이나 정보의 지역적 구분은 전통적인 기업의 경우보다 흐릿하다. 전통적인

다국적 기업은 국제화 과정에서 해외 시장의 불확실성을 최소화하기 위해 현지 시장에서의 경험 지식이나 정보에 의존할 수밖에 없었다. 하지만 플랫폼 기업은 연결성을 기반으로 한 플랫폼 내에서 대규모 경제 활동의 조율이 가능하기 때문에 지역적 구분이 상대적으로 명확하지 않다. 전통적 기업은 지리적 거리와 기술의 제한으로 기업의 지식이나 정보를 처리하는 데 시간과 비용도 상대적으로 많이 소요된다. 반면 플랫폼 기업은 연결성을 기반으로 플랫폼 생태계 내에서 지식이나 정보를 비교적 빠르게 저비용으로 처리할 수 있다.

마지막으로 조직 관리 측면에서도 차이가 있다. 전통적인 기업의 문화는 상대적으로 보수적인 반면, 플랫폼 기업의 문화는 높은 수준의 개방된 가치관을 가지고 끊임없이 혁신하고자 한다. 전통적인 기업의 조직 구조는 피라미드 구조로 수직적이고 계층적이며 조직의 안정성이 매우 높은 편이다. 조직의 효율적인 관리를 위해 업무와 역할에 따라 적당한 직위를 부여한다. 하지만 플랫폼 기업의 조직 구조는 상대적으로 더 수평적이다. 조직의 유연성과 고객 지향성이 비교적 높은 조직 구조로서 고객의 수요에 빠르게 대응하기 위해 효율성이 최대화되는 수평적인 조직 구조의 모습을 띤다. 이러한 전통적 기업과 플랫폼 기업의 특징을 정리하자면 202쪽 [표 2]와 같다.

정부와 기업의 관계는 고정된 것이 아니라 시대적 변화, 즉 산업의 발전과 함께 변화한다. 제조업 중심의 전통적 산업 사회에서의 정부와 기업의 관계와 플랫폼 산업 중심의 초연결 사회에서의 정부와 기업의 관계는 다를 수밖에 없다. 전통적인 기업이 생산하는 제품이나 서비스는 대체로 물리적인 시간과 공간을 요구하는 경우가 많기 때문에 기업이 보유하는 자본과 역량을 바탕으로 사업을 확장해 나

구분		전통적 기업	플랫폼 기업
기업 운영 측면	운영 방식(가치 흐름)	선형적	순환전
	수익 구조	점진적	급진적
	비용 구조	규모의 경제, 경험 곡선	한계 비용 제로에 접근
	생산 활동 역량 변화	점진적	무제한
경쟁 환경 측면	경쟁 우위	가치 사슬 관리, 규모의 경제	네트워크 확대 생태계 구축
	경쟁 강도	상대적으로 낮음	매우 높음(승자 독식)
	경쟁 범위	산업 내부 시장 중심	다산업 간 무제한
지식 정보 측면	지역 구분	분명함	흐릿함
	지식/정보의 흐름	단일 방향	여러 방향
	시간 및 비용의 소요	많음	적음
조직 관리 측면	기업 문화	보수적(충성과 몰입)	개방적(끊임없는 혁신)
	조직 전략	수직적, 계층적 조직	수평적 파트너 관계
	연결성 기술 의존도	상대적으로 낮음	극도로 의존

[표 2] 전통적 기업과 플랫폼 기업의 특징 비교

간다. 이때 각 사업의 경계가 비교적 명확하므로 정부와 기업의 관계도 상대적으로 단조로운 편이다. 반면 플랫폼 기업이 제공하는 서비스는 시간과 공간의 제약을 받지 않고 데이터와 네트워크를 기반으로 사업을 다각화해 나간다. 이때의 각 사업들은 플랫폼 기업의 핵심 자산을 공유·활용하는 것이기 때문에 플랫폼 기업이 정부와 협력할 기회가 확대되고, 이에 따라 정부와 기업의 관계가 상대적으로 복잡해진다.

네이버의 사회 문제 대응 사례: 코로나19 지원 서비스

네이버는 카카오와 함께 국내 1위 자리를 다투는 대표적인 플랫폼 기업이다. 네이버의 주요 사업 부문은 서치 플랫폼, 커머스, 핀테크, 콘텐츠, 클라우드 등으로 검색 포털인 네이버를 바탕으로 독자적이고 견고한 플랫폼을 형성했으며, 코로나19를 겪으면서 더욱 가파르게 성장했다. 국내에서 플랫폼 기업과 정부의 관계를 들여다볼 수 있는 대표적인 사례 중 하나라고 할 수 있다.

네이버는 코로나19 등 사회 문제가 발생했을 때 정부와 협력하여 빠르게 대응했다. 이 사회 문제를 공동으로 해결하기 위해 회사 내부 기술 기반을 바탕으로 여러 가지 코로나19 지원 서비스를 제공한 것이다. 특히 네이버 자체 지역 정보 플랫폼인 스마트플레이스는 축적된 장소 정보와 기술 도구가 결합되며 시너지를 발휘했다. 이와 관련한 세부적인 서비스는 다음과 같다.

첫째, 마스크 재고 정보 제공이다. 2020년 3월 10일 과학기술정보통신부, 행정안전부, 보건복지부, 중소벤처기업부는 한국정보화진흥원, 건강보험심사평가원과 협력하여 공적 마스크 판매 데이터를 민간 부문에 개방한다고 발표했다. 이에 따라 민간 부문에서는 정부로부터 제공받은 데이터를 기반으로 관련 서비스를 만들어 국민들에게 제공할 수 있게 되었다. 건강보험심사평가원은 판매처, 판매 현황 등의 데이터를 한국정보화진흥원에 제공했다. 한국정보화진흥원은 제공받은 데이터를 약국 주소 등과 결합하여 데이터를 재가공한 후 네이버 클라우드를 통해 오픈 API 방식으로 공개했다. 이러한 조치는 정부 주도의 개발과 공급보다 정부가 민간이 필요로 하는 데이터를 공개함으로써 민간 부문에서 이 데이터를 활용하여 국민 수요를 반영한 서비스를 개발하는 민관 협력 모델이라고 할 수 있다. 이러한 정부의 조치를 두고 네이버는 즉각적으로 마스크 재고 정보 서비스를 마련하였다. 공적 마스크 데이터가 제공되기 시작한 시점부터 네이버 포털 메인 화면에 제공되는 '코로나19 마스크 5부제 시행' 창에 별도로 약국별 재고 확인 링크를 제공하였다.

둘째, 유전자 증폭PCR 검사, 신속 항원RAT 검사 등 검사소 정보와 재택 치료자들을 위한 전화 상담과 원격 처방이 가능한 병의원 정보 제공이다. 네이버는 국내에서 코로나19 첫 확진자가 발생한 2020년 1월 말부터 코로나19에 적극적으로 대응하기 시작했다. 모바일 앱 검색창 하단과 PC 화면 로그인 창 바로 아래에 '신종코로나감염증 이렇게 예방하세요'라는 콘텐츠를 배치하여 질병관리본부 등의 정보를 중심으로 질병 증상 및 예방 수칙 등의 정보를 제공했고, 지도에 선별진료소 정보를 추가했다. 코로나19 확진자가 증가하여 재택 치료가 시작되면서 네이버는 2022년 2월 말부터 코로나19 전화 상담이 가능한 병의원 정보도 제공하기 시작했다. 해당 정보는 보건복지부와 건강보험심사평가원에서 제공하는 코로나19 전화 상담 병의원 정보 API를 연동하여 제공하며 매일 업데이트되었다. 네이버 검색과 지도에서 '코로나19 전화상담 병의원', '코로나 재택 진료 병원', '비대면 진료 병원' 등을 검색하거나 네이버 지도 앱 상단의 '코로나 전화상담 병원' 아이콘을 클릭하면 24시간 전화 상담과 처방이 가능한 병의원 및 의료 기관 정보를 확인할 수 있었다.

셋째, 잔여 백신 수량 조회와 예약 서비스이다. 정부는 2021년 5월 65세 이상 고령층 예방 접종이 본격적으로 시작되는 시점부터 예약 취소 등으로 발생하는 잔여 백신을 신속하게 예약하여 접종할 수 있도록 신속 예약 시스템을 개통하기로 했다. 이를 위해 국민 다수가 이용하는 민간 플랫폼 기업과 협력해 이른바 노쇼 백신이 발생한 인근 접종 기관 정보를 지도에서 확인할 수 있도록 했다. 이에 네이버는 '코로나19예방접종대응추진단'과 협력하여 잔여 백신 당일 예약 서비스를 제공하기 시작했다. 네이버 앱, 네이버지도 앱, 네이버 모바일 웹 등에서 이용 가능한 '우리동네 백신알람 서비스'를 통해 이용자는 주변 의료 기관의 실시간 잔여 백신 수량을 확인하거나 미리 백신 접종 위탁 의료 기관을 등록해 두고, 잔여 백신이 발생했을 때 알림을 받아 예약할 수 있었다. 특히 간단한 네이버 인증서로 접종 예약자의 인적 사항을 확인할 수 있다는 점이 편의성을 증대시켰다.

넷째, QR코드로 전자 출입 명부 시스템에 출입 기록을 자동으로 남기는 서비스이다. 2020년 6월 정부는 코로나19의 확산을 방지하기 위하여 기존 출입자의 이름 등의 개인정보를 수기로 작성하던 방식을 수정하여 QR코드 전자 출입 명부 작성을 의무화했다. 앞서 2020년 5월 코로나19 역학 조사를 위하여 IT 기술을 활용한 전자 출입 명부 시스템 구축 계획을 발표하였고, 일정 기간 서울과 인천, 대전 등의 16개 시설을 대상으로 시범 운영을 실시했다. 이 기간에 네이버도 서비스 안정성과 보안 등을 점검하였고, 코로나19 전파 고위험 시설에 출입할 때 네이버 앱이나 웹을 이용하여 전자 출입 명부 기록이 가능하도록 했다. 네이버가 QR코드로 전자 출입 명부 작성을 가능하게 한 것은 플랫폼 기업 가운데 처음으로, 코로나19 방역을 위한 범국가적 노력에 협력한 것이라고 평가할 수 있다.

정부와 플랫폼 기업의
상호 협력적 관계

코로나19라는 전례 없는 국가적 위기 상황 속에서 네이버의 코로나19에 대응하기 위한 각종 지원 서비스들은 민간 부분 플랫폼 기업의 공적 역할을 확인하는 좋은 기회였다. 모든 국가적 재난 상황이 그러하지만 특히 감염병의 특성상 정부는 코로나19에 민첩하게 대응할 필요가 있었다. 이때 정부가 보유하지 못한 기술력과 데이터를 민간 부문의 네이버가 제공하면서 정부와 네이버가 상호 협력적으로 코로나19에 대응해 나간 측면이 있다. 즉 전통적인 관료제 패러다임에서의 정부 주도형이나 신공공관리론 패러다임에서의 기업 주도형이라기보다 뉴거버넌스 패러다임에서의 상호 협력형 관계라고 평가할 수 있을 것이다. 네이버는 정부가 직면한 사회 문제를 협력적·협업적으로 대응함으로써 사회 문제를 해결하기 위한 공공서비스를 공동으로 생산해 내는 공동 생산자의 역할을 수행했다.

코로나19와 같은 대규모 재난 상황이 아니더라도 일상적으로 정부와 플랫폼 기업이 공동으로 사회 문제에 대응하려면 상호 협력적 관계를 유지할 필요가 있다. 이와 같은 상호 협력형 정부와 기업의 관계를 유지하기 위해 주요한 것은 정부가 시장에 얼마나 개입하고 시장의 자율성을 어느 정도 보장해 줄 것인가 하는 문제다. 코로나19로 비대면이 일상화되면서 '코로나 특수'라는 용어가 플랫폼 기업들을 수식했다. 코로나19를 경험하면서 국내 최대 플랫폼 기업인 네이버와 카카오는 크게 성장하였고, 여기에는 플랫폼 산업에 대한 자율 규제라는 정부의 정책적 기조가 바탕이 되었다. 팬데믹이 엔데믹 상황에 접어들면서 플랫폼 기업의 성장세는 다소 둔화될 것으로 예측되지만 여전히 플랫폼 기업을 향한 기대는 높다. 그러나 한편으로 대형 플랫폼 기업의 시장 지배력을 이용한 독과점과 경쟁자 차단, 알고리즘 조작, 내부 거래 및 일감 몰아주기 등의 문제는 지속적으로 논란이 되고 있다. 특히 2022년 10월 판교 데이터센터 화재가 발생하면서 플랫폼 산업 규제의 필요성이 제기되었고, 플랫폼 산업에 대한 정부 정책의 기조가 규제의 방향으로 전환되는 중이다.

플랫폼 기업에 대한 정부의 지원과 규제는 어떤 특정한 이벤트에 의해 좌우되어서는 안 된다. 정부와 플랫폼 기업의 관계는 현실의 상황을 반영하여 정부의 개입과 시장의 자율성이 적절한 조화를 이루는 가운데 상호 협력적으로 발전해 나가야 한다. 정부와 플랫폼 기업의 관계는 전통적 관료제 패러다임과 정부 주도형이나 신공공관리론 패러다임에서처럼 시장 주도형과 같이 주도권이 어느 한쪽으로 치우치지 않아야 한다. 앞으로 정부와 플랫폼 기업의 관계는 공동 생산자로서 융합적·실용적으로 사회 문제에 대응해 나가는 상호 협력형 관계이기를 기대한다.

4장

초연결 시대의 시스템적 조건

: 체계성의 유연화 vs 유연성의 체계화

안준모

초연결 시대에 필요한
체계화와 유연화 사이의 균형

통상 기술혁신은 선형적으로 이루어진다고 알려졌다. 하나의 발명품이 세상에 등장하고 성능이 점점 향상되는 것처럼 점진적인 발전이 이루어진다는 것이다. 이를테면 LED TV의 크기가 커지고 화소 수가 증가하는 동시에 두께는 점점 얇아지는 것처럼 말이다. 그러나 이 같은 점진적인 발전은 기술 발전 속도가 느린 정상 과학Normal Science에서 유효한 경향이 있다. 토마스 쿤Thomas Kuhn이 그의 저서《과학혁명의 구조학The Structure of Scientific Revolutions》에서 제시한 것처럼 주기적으로 기존의 정상 과학적인 관념들을 통째로 뒤집는 패러다임의 전환이 일어나는데, 이 같은 대전환은 체계화된 기존 질서를 송두리째 뒤엎으며 급진적인 혁신을 유도해 낸다. 천동설을 대체한 지동설, 고전역학에서 양자역학으로의 패러다임 전환이 대표적인 예라고 할 수 있다. 근본적인 패러다임 전환까지는 아니지만 피처 폰에서 스마트폰으로, 내연 기관 자동차에서 전기 자동차로의 전환도 급진적 혁신의 좋은 사례이다.

이러한 급진적 변화가 일어나는 원인은 다양하다. 과거에는 제 1차·2차 세계대전을 겪으며 로켓, 레이더, 제트기, 잠수함 등이 발전했듯이 전쟁이 과학기술 진보의 주된 동인 역할을 해 왔다. 경기 침체기나 질병 같은 위기도 변화의 동인 역할을 한다. 경제적·안보적 위기 상황 속에서 기존 기술의 한계가 드러나며 새로운 기술혁신이 가속화되는 경향이 있기 때문이다. 전례 없는 팬데믹으로 디지털 전환이 가속화되고 초연결 사회로의 진화압Evolutionary Pressure이 증가했던 코로나19도 한 예이다.

앞으로 우리가 마주할 초연결 시대에는 기술뿐 아니라 사회 전체의 급진적인 변화가 예상된다. 기술의 영향력이 날로 커지며 경제는 물론이고 사회, 안보, 외교 전략까지 바꾸어 놓고 있기 때문이다. 인공지능 같은 디지털 기술이 기존의 제약 기술과 융합되어 디지털 치료제 같은 새로운 시장을 창출하며, 우버Uber처럼 디지털 전환이 기존의 일자리를 재편하는 중이다.[1] 미국과 중국의 갈등으로 반도체를 중심으로 한 기술 패권이 쟁점화되면서 지정학의 시대가 저물고 기정학技政學의 시대가 도래했다.

이처럼 변동성이 큰 '초연결 시대'에서는 변화 관리Change Management를 통한 동태적 역량Dynamic Capability의 제고가 중요하다. 변화는 본질적으로 기존 질서와 체계를 허무는 과정이기 때문에 체계화와 유연화 사이에서의 절묘한 균형을 맞출 필요가 있다. 급진적 혁신을 가

---

[1]   디지털 플랫폼 회사인 우버의 출현으로 택시 같은 기존 운수 산업의 재편이 이루어졌다. 이처럼 새로운 기술의 출현이 다른 산업을 송두리째 바꿔 놓는 현상을 우버 모멘트Uber Moment라고 한다.

속화하기 위해 체계화를 흔들고 유연화를 추구할 필요가 있으며, 새로운 변화를 정형화하기 위해 다시 체계화를 해야 하기 때문이다. 따라서 이를 위한 새로운 전략적 방향성이 요구된다. 즉 경기 침체기나 혼란기에 나타나는 혁신의 유연성과 급진성을 평시에도 촉진할 수 있는지, 초연결 시대를 위한 유연한 혁신이 체계화와 공존할 수 있을지와 관련한 답을 찾을 필요가 있다. 이 장에서는 과학기술적 발전 과정에서 반복된 우연성에 기반한 창의적 혁신을 알아보고 이를 체계화하려는 다양한 혁신적 시도를 살펴보려고 한다. 이를 통해 앞으로 초연결 시대가 요구하는 시스템적 변화의 실마리를 찾아보자.

창의적 혁신의 원천: 기분 좋은 우연

영화 〈세렌디피티〉는 백화점에서 마주친 남녀가 우연에 우연을 거듭하여 7년 뒤에 재회하는 내용을 담는다. 당시 배우 존 쿠삭과 케이트 베킨세일이 열연하며 '운명 같은 사랑'에 대한 열풍을 불러일으켰다. 영화 제목인 '세렌디피티'는 '기분 좋은 우연(또는 뜻밖의 행운)'이라는 뜻인데, 역사적으로 인류 발전에 큰 기여를 한 과학기술적 발견의 상당수도 이러한 '기분 좋은 우연'에 의한 결과물이었다.

오히드 야쿱Ohid Yaqub은 과학기술적 발전의 기초가 되는 동기와 발견의 결과를 두 가지 축으로 사용하여 세렌디피티의 유형을 [표 1]과

		어떠한 종류의 해결책을 발견하였는가?	
풀고자 하는 문제의 목표를 명확하게 규정할 수 있는가?	예 - 명확하게 정의된 문제에 대한 해결책을 탐색한다.	주어진 문제에 대한 해결 방안	다른 문제에 대한 해결 방안
		Mertonian serendipity	Walpolian serendipity
	아니오 - 특별한 목표 없이 탐색한다.	기존에 존재하는 문제에 대한 해결 방안안	나중에 발생한 문제에 대한 해결 방안을 제공
		Bushian serendipity	Stephanian serendipity

[표 1] 세렌디피티의 구분

같이 분류했다. 우선 연구가 명확한 목적을 가졌는지를 기준으로 크게 두 가지 유형을 나누고, 목적이 명확한 연구의 경우 해결하고자 한 문제를 해결했는지를 기준으로 다시 세렌디피티를 분류하였다. 또 목적이 명확하지 않은 연구의 경우 기존에 존재하는 문제를 해결한 것인지, 추후 새로운 문제를 해결한 것인지에 따라 분류했다. 이는 명확한 목적성을 갖지 않은 연구로도 새로운 발견이 이뤄질 수 있다는 사실을 시사한다.

세렌디피티의 첫 번째 유형은 목적성을 지닌 연구가 기존 목적과 다른 예상치 못한 문제를 해결하는 것Walpolian이다. 이러한 유형의 대표적인 사례가 우주배경복사의 발견이다. 벨 연구소 소속의 연구원 아노 펜지어스Atno Penzias와 로버트 윌슨Robert Wilson은 위성 통신의 잡음을 최소화하기 위한 연구를 진행 중이었는데, 잡음을 없애기 위한 여러 노력에도 불구하고 사라지지 않는 잡음을 발견하게 된다. 이들은 물리학자들의 도움으로 이것이 우주 팽창의 증거인 우주배경복사임을 발견하게 되었다. 전자레인지의 발명도 이와 비슷한 사례다. 미국 엔지니어 퍼시 스펜서Percy Spencer는 높은 파장의 방사선을 방출할 수 있는 마그네트론을 연구하는 중에 주머니에 넣어 둔 초콜릿 바가 녹았다는 것을 발견하게 된다. 이후 상자에 팝콘을 비롯한 음식을 넣었을 때 그것의 온도가 빠르게 상승하는 것을 보고 이 원리를 적용하여 전자레인지를 개발하게 되었다.

세렌디피티의 두 번째 유형은 명확한 목적성을 지닌 연구에서 예상치 못한 경로를 통해 당초 해결하고자 한 문제를 해결하는 유형Mertonian이다. 즉 연구 과정에서 일어나는 실수, 잘못된 가정이나 연구 설계가 오히려 주어진 문제를 해결하게 도운 경우라고 볼 수 있다. 대표적으로 고무의 황처리 공법을 개발한 찰스 굿이어Charles Good-year의 사례가 있다. 굿이어는 고무의 열에 대한 내구성을 개량하려는 연구를 진행하던 중 실수로 고무와 황을 혼합한 물질을 뜨거운 난로 위에 떨어뜨렸는데, 고무가 뜨거운 열에 녹지 않는다는 사실을 발견했다. 굿이어는 이를 계기로 황처리 공법을 개발하였고 온도 변화에 약한 고무의 내구성 문제를 해결할 수 있었다.

수크랄로스라고 하는 합성 감미료도 이와 유사하게 실수로 인해 발견됐다. 살충제 성분 개발을 위해 연구를 진행 중이었던 화학자 샤시칸트 파드니스Shashikant Phadnis는 새로운 물질을 시험하라는 지시를 맛보라는 지시로 잘못 알아들었고, 이로 인해 성분의 단맛을 강화하는 연구를 진행하면서 설탕보다 600배 강한 단맛을 가진 무열량 인공 감미료를 개발하게 됐다.

잘못된 가정으로 오히려 새로운 발견을 하게 되는 사례도 있는데, 리튬염이 좋은 예이다. 호주의 정신과 의사 존 케이드John Cade는 요산의 비정상적 신진대사를 조울증의 원인으로 지목하여, 리튬염의 형태로 요산을 환자에 주입했다가 치료 효과를 보았다. 그러나 사실 요산 수치는 조울증과 아무런 관계가 없었고, 리튬염 자체가 조울증 치료에 효과가 있다는 것이 밝혀지면서 리튬염이 조울증 치료제로 사용되게 되었다.

세 번째로 목적성이 있는 연구뿐 아니라 목적성이 명확하지 않은 연구로 세렌디피티가 발생하기도 한다. 특히 기초 연구의 경우 연구 목적이 명확하지 않고 추상적인 경우가 대부분인데, 이처럼 방향성이 불명확한 연구를 통해 실용적인 발견이 이뤄지는 사례들은 기초 연구도 충분히 실용적일 수 있다는 사실을 시사한다. 대표적인 사례로 페니실린의 발견이 있다. 알렉산더 플레밍 Alexander Fleming 은 인플루엔자 바이러스의 일반적인 연구를 진행하던 중 포도상구균 배양 용기의 뚜껑을 열어 둔 채로 실험실을 비우게 된다. 마침 실험실의 창문이 열렸는데 실험실로 돌아온 플레밍은 포도상구균 배양 용기가 푸른곰팡이에 오염된 걸 발견했다. 그런데 푸른곰팡이에 오염된 부분 주변에는 박테리아가 자라지 못하는 공간이 있었고, 그는 이 현상을 통해 페니실린을 발명해 냈다.

1912년 영국의 프라운 퍼스 연구소에서 일하던 해리 브리얼리 Harry Brearley 는 화약 사용 시 발생하는 뜨거운 열기에도 손상이 덜한 재료를 개발하기 위한 실험을 진행하고 있었다. 그러다 우연히 공장 밖에서 반짝거리고 빛나는 쇳조각을 발견했는데, 이전에 그가 쓸모없다고 판단하여 버린 것이었다. 그 쇳조각은 오래되고 비까지 맞았는데도 조금도 녹슬지 않은 채였다. 그는 이 쇳조각에 철과 크롬이 혼합되었다는 것을 분석했고, 동일한 비율로 합금을 만들어 다시 연구를 시작하면서 스테인리스를 발명했다.

네 번째로 목적성이 없는 연구에 의한 발견이 사후에 발생한 문제를 해결하는 경우도 있는데, 예를 들면 안전유리의 발명이 이러한 사례에 해당한다. 프랑스 과학자 에두아르 베네딕투스Edouard Benedictus는 셀룰로이드 용액이 담긴 플라스크를 떨어뜨렸는데, 셀룰로이드 막으로 인해 플라스크가 깨지지 않는 걸 발견하게 됐다. 당시 이를 적용할 만한 대상을 찾지 못해 바로 상업적으로 사용되지 못했지만, 이는 자동차가 보급된 후에 본격적으로 실용화되었다. 자동차 사고에서 유리 파편으로 인한 부상자가 많다는 사실이 알려지면서 안전유리가 이러한 문제의 해결책으로 본격 활용된 것이다.

이처럼 세렌디피티 유형은 다양하지만 결과적으로 모두 좋은 해결 방안을 제공했다는 공통점이 있다. 또 재미있게도 세렌디피티는 기초과학과 실용적 연구개발을 넘나드는 속성을 가진다. 실용적 목적을 가진 연구에서도 세렌디피티의 개입으로 기초 과학 발전에 영향을 미친 사례가 다수 존재하는 것이다. 전파 통신의 품질 개선을 위한 연구로 전파 천문학이 탄생한 바 있으며, 와인 발효 과정에 관한 파스퇴르의 연구로 세균학이 발달한 것처럼 말이다. 또 위성 통신 품질 개선을 위한 연구로 우주배경복사를 발견하게 되면서 노벨 물리학상을 수상한 예도 있다.

세렌디피티는 광범위한 사회적 효용을 창출하기도 한다. 페니실린의 발명은 감염 통제와 건강 관리에 대한 새로운 접근법을 제시했고, 개발 과정에서 정부의 대규모 투자 및 대학 연구소와 산업계 협력이라는 현대적인 연구 구조가 정립되기도 했다. 페니실린의 발견은 연구소에서 이뤄졌으나, 이를 대량 생산 하기 위한 화학 산업계의 노력, 전시 상황이라는 특수성으로부터 기인한 미국 정부의 대규모 투자가 결합하며 페니실린의 대량 생산과 상용화가 이뤄진 것이다.

상업적 실패의 극복과
새로운 성공의 창출: 피봇팅

세렌디피티는 과학적 발견 단계에서의 유연성과 우연성을 강조하지만, 이러한 요소들은 상업화Commercilaization 단계에서도 유효하다. 당초 계획했던 상품이나 서비스의 용도를 벗어나 새로운 시장에서 부가 가치를 창출하는 경우가 빈번히 발생하는데 이를 피봇팅Pivoting이라고 한다.

한 예로 보잉 747이라는 베스트셀러 여객기는 1961년 기존의 수송기를 대체하고 더 큰 화물을 옮길 수송기를 만들고자 했던 미 공군의 CX-HLSCargo Experimental-Heavy Logistic Support 사업에서 시작되었다. 당시 록히드와 더글러스, 제네럴 다이나믹스, 마틴 같은 회사들이 참여했고 당연히 B-52와 C-135 같은 걸출한 폭격기와 수송기를 만들었던 보잉도 모델 750으로 참가했다. 최종 라운드에서 록히드사의 제안과 보잉사의 모델 750이 서로 경쟁하게 되었다. 록히드는 화물을 더 많이 실을 수 있었지만 1.5층이라는 구조상 1층에 실리게 되는 화물의 높이가 제한되는 단점이 있었고, 보잉은 화물실의 높이가 더 높아 화물 크기에 제약이 덜했지만 록히드보다 화물 수송량은 적었다. 최종적으로 CX-HLS 사업에서 록히드의 C-5 갤럭시가 우승하면서 보잉은 군 수송기 경쟁에서 떨어지게 된다.

모델 750의 경우 실물 크기의 화물실 목업mock-up을 만들었을 정도로 어느 정도 설계가 완성된 편이었는데, 수주 경쟁에서 실패한 후 보잉은 이렇게 완성된 기초 설계를 어떻게 활용할지 고민하기 시작했다. 그러던 와중 당대 미국 최대 항공사인 팬 아메리칸 항공의 창립자이자 사장이던 후안 트리페가 자신의 친구이자 보잉사의 사장인 윌리엄 앨런에게 자신의 계획을 이야기했다. 1960년대에 들어 항공 여행의 수요가 증가하면서 DC-8과 707보다 큰 여객기를 염두에 두고 있다는 것이었다. 보잉은 이에 발빠르게 모델 750를 민수 여객용으로 수정하여 팬 아메리칸 항공의 필요 부분을 충족시켰고, 이로써 역사상 가장 상업적으로 성공한 여객기인 보잉 747이 탄생했다.

영화 〈탑건: 매버릭〉에 등장한 F/A-18 전투기도 비슷한 역사를 가졌다. F/A-18의 원형은 YF-17 코브라라고 하는 전투기인데 미 공군의 경전투기 획득 사업에서 탈락한 이력이 있다. 당시 노스롭은 기존의 F-5 전투기를 확대 개량한 전폭기 P350을 개발 중이었고, 미 공군이 차세대 경전투기 획득 사업을 시작하자 P350의 공중전 능력을 강화한 모델인 YF-17을 제시하게 된다. 그러나 쌍발 엔진을 채택한 YF-17은 단발 엔진을 채택한 F-16에 가격적인 측면에서 밀리게 되고 결국 차세대 경전투기 획득 사업에서 탈락하고 만다. 하지만 YF-17에게 다시 한번 기회가 찾아오는데, 미 해군이 경전투기 획득 사업을 시작했기 때문이다. 미 해군은 바다 위에 전투기가 불시착하는 상황을 최소화하기 위해 단발보다 쌍발 엔진을 선호했기 때문에 최종적으로 쌍발기인 F/A-18이 채택되었다.

이처럼 상업적 실패를 극복하는 피봇팅은 제약 업계에서도 빈번히 관찰되곤 한다. 약의 본래 개발 목적과 다른 치료 기능이 발견되어 새로운 약으로 '재개발'되는 경우가 많기 때문이다. 비아그라가 그 대표적 사례다. 원래 협심증 치료제로 개발되었던 비아그라는 정작 협심증 치료 효과는 저조한 반면, 발기부전 치료에 탁월한 효과를 보인다는 사실이 우연히 밝혀지면서 1998년에 발기부전 치료제로 출시되었다.

본래 고혈압 치료제로 사용되었던 미녹시딜은 우연히 모발 재생에도 효과가 있다는 사실이 밝혀지면서 탈모 치료제로도 사용하게 되었다. 피나스테리드도 본래 '프로스카'라는 상표로 상품화되어 전립선 비대증 치료 목적으로 사용되었으나, 탈모 억제에 효과가 있다는 것이 발견되자 1997년 '프로페시아'로 새롭게 상품화되었다. 현재 프로페시아는 미녹시딜과 함께 FDA에 의해 승인된 3종의 탈모 치료제 중 하나이다.

감기약을 구매할 때 '약을 복용하시면 졸릴 수 있습니다'라는 복약 지도가 나가는 경우가 있는데, 이는 항히스타민제로 인한 부작용 때문이다. 항히스타민제는 쉽게 말해 알레르기 약으로, 우리 몸에서 알레르기 반응을 일으키는 히스타민을 억제해 비염 증상이나 알레르기, 재채기, 나아가 코감기 등에 사용된다. 일반 의약품으로 구분 짓는 수면 유도제는 바로 이러한 부작용을 약의 효능·효과로 바꾸어 사용하는 의약품이라고 할 수 있다. 항히스타민제 중에서도 디펜히드라민과 독시라민이 주로 수면 유도를 위한 의약품으로 사용된다. 당초 감기약으로 개발된 아론정은 25mg의 독시라민숙신산염을 함유하고 있는데, 이 성분이 졸음을 유도하기 때문이다.

또 디멘히드리네이트Dimenhydrinate는 본래 꽃가루 알레르기와 두드러기 치료를 위한 항히스타민제로 개발 중이었으나, 약을 처방받은 환자의 멀미 증상이 완화된다는 사실이 발견되면서 '드라마민'이라는 상표의 멀미약으로 출시되었다. 본래 사시 치료를 위해 개발된 보툴리눔 톡신도 그 외 미간 주름 치료에 효과가 있다는 것이 밝혀져 '보톡스'라는 상표로 출시되었다. 이후로도 지속적으로 다양한 용도가 발견되어 현재까지 FDA에 의해 7가지 용도로 사용 승인된 바 있다.

항공과 제약 산업 이외에도 상업적 실패의 피봇팅이 다양하게 존재하는데, 흔히 '뽁뽁이'라고 불리는 에어캡(버블랩)이 대표적인 사례다. 당초 에어캡은 벽지로 사용될 것을 목표로 개발되었으나 상품화에 실패하였고, 이후 온실 단열재 등 다양한 용도로의 적용 역시도 모두 실패하게 된다. 그러나 이후 IBM이 민감한 전자제품의 포장재로 에어캡을 사용하게 되면서 오늘날 포장재의 대표 명사 격으로 자리 잡게 되었다.

이처럼 피봇팅은 많은 경우 상업적 실패를 극복하게 해 주기도 하지만, 이미 상업적으로 성공한 제품의 새로운 시장을 창출해 주기도 한다. 미국의 보스BOSE는 소음의 역파장을 생성해 상쇄시키는 노이즈 캔슬링 기술을 개발하여 음향기기 시장에서 큰 상업적 성공을 이룬 바 있다. 보스는 이 기술을 전혀 다른 분야에 적용하고자 노력했는데 그중 하나는 자동차이다. 2017년 노이즈 캔슬링 기술을 차량 포지션에 기반한 차량 플랜트 액티브 서스펜션 개발에 활용한 것이다. 보스는 차량 내에 전달되는 진동과 정반대 방향의 파동을 일으키는 전자적인 방식으로 진동을 상쇄시켜 자동차가 노면을 달릴 때의 충격이 탑승자에게 전달되지 않도록 충격을 흡수하는 서스펜션 기술을 개발했다.

플레이도우Play-Doh도 비슷한 시장 확장 사례다. 플레이도우는 해즈브로Hasbro가 본래 벽 청소기인 'Kutol'로 출시했던 제품을 찰흙 놀이 교구로 새롭게 상품화한 것이다. Kutol은 당초 석탄 난방 그을음을 청소하도록 설계되었으나, 가스 난방의 인기가 높아지면서 판매가 감소했고 해즈브로는 새로운 수익원을 찾아야 했다. 마침 일부 교사들이 미술·공예 수업을 위해 Kutol을 사용한다는 걸 알게 되면서, Katol은 본격적으로 찰흙 놀이 교구라는 새로운 시장을 열게 됐다.

초연결 시대의 급진적인 혁신

다양한 세렌디피티와 피봇팅의 사례들은 과학기술의 발전이 꼭 점진적·선형적으로 이루어지는 것만은 아니라는 사실을 보여 준다. 또 다양한 분야에 적용될 수 있는 일반 목적 기술General Purpose Technology이자 기반 기술Enabling Technology인 디지털 기술이 보편화되면서 기술-기술, 산업-산업 간의 융복합 현상이 발생하는데, 이는 초연결 시대의 혁신이 이러한 세런디피티와 피봇팅을 더욱 가속하는 방향으로 진행될 수 있다는 것을 시사한다.

초연결 시대의 혁신은 급진적이면서도 기존 질서에 반하는 상당

소프트웨어(게임)회사	제약회사	적용 사례
Pear Therapeutics	Sandoz	물질사용장애
Akili Interactive	Shionogi	ADHD
Click Therapeutics	Otsuka	주요 우울장애
Pear Therapeutics	Novartis	조현병

[표 2] 디지털 치료제 사례

한 수준의 유연성을 전제로 하는 경우가 많다. 대표적 사례가 디지털 치료제Digital Therapeutic이다. 디지털 치료제는 소프트웨어 산업과 제약 산업이 협력하여 새로운 부가 가치를 창출하는 사례인데, 이는 초연결 시대이기 때문에 가능한 혁신 사례라고 볼 수 있다.

통상 소프트웨어 산업은 기술 발전 주기가 짧은 단주기Short-cycle 산업으로 소비자의 반응에 민감한 시장 기반 산업이다. 반면 제약 산업은 대표적인 과학 기반 산업이자 기술 발전 주기가 긴 장주기Long-cycle 산업으로 알려졌다. 그동안 이 같은 산업 특성 차이로 두 산업 간의 협력 사례는 거의 없었다. 하지만 암 같은 주요 (물리적) 질병이 정복되는 반면 조현병, 우울증, 치매, 주의력 결핍 과다 행동 장애ADHD 같은 정신 질환이 중요한 사회적 이슈로 떠오르면서 기존 제약 산업의 약물 기반 접근에 대한 한계가 논의되기 시작했다. 특히 최근에는 ADHD가 10대에게 발생하는 가장 흔한 정신 질환으로 떠오르고 있는데, 약물 기반의 치료는 성장기 아동에게 예측하지 못한 문제나 부작용을 일으킬 수 있는 가능성이 상존한다.

이 때문에 새로운 치료법이 필요한 상황이 되었는데, 때마침 등장한 것이 소프트웨어(또는 게임) 산업과 제약산업이 협업한 디지털 치료제이다. [표 2]에서 확인할 수 있듯이 이미 제약회사들과 소프트웨어(게임) 회사들이 협업하여 다양한 정신 질환 치료제를 개발하고 있는데, 모두 전통적인 약물 방식이 아닌 소프트웨어 기반의 디지털 치료제들이다.

아동용 ADHD 치료제 개발 프로젝트 EVO가 대표적인 사례다. 이 새로운 종류의 혁신적 제품을 상용화하기 위해 미국 식품의약국 FDA는 기존에 인정하던 약물을 재정의하고 약물 심사 절차까지 바꾼 바 있다.

[그림 1] 알킬리 인터렉티브가 출시한 ADHD 치료 목적 게임 EndeavorRX

전통적인 화학 물질 기반 약물은 효과성, 항상성, 안정성이 약품으로 인정받는 가장 중요한 조건이었다. 약물이 일정한 수준 이상의 효과를 보여야 하고 그 효과가 일정하게 유지될 수 있어야 하며, 부작용이 최소화되어야 한다는 것이다. 또 약물 성분에 있어 아주 사소한 변화만 있어도 그 부작용을 예측할 수 없기 때문에 매번 새로운 약물로 의제되어 다시 심사를 받아야 하는 것이 원칙이다.

그러나 디지털 치료제에서는 이 같은 약물의 인정 기준이 달라질 수 있다. 디지털 치료제는 소프트웨어나 게임을 매개로 환자와 의사가 정보를 주고받을 수 있기 때문에 데이터 보안도 중요한 이슈이며, 사용자 인터페이스도 중요한 요소이다. 또 소프트웨어 특성상 지속적으로 업데이트가 이루어지기 때문에, 업데이트된 디지털 치료제를 완전히 새로운 약물로 볼 것인가의 이슈도 존재한다. FDA는 이

Real World Performance Analytics (RWPA)

Real World Health Analytics (RWHA)	User Experice Analytics (UXA)	Product Performance Analytics (PPA)
• Human Factors and Usability Engineering • Clinical Safety • Health Benefits	• User Satisfaction • Issue Resolution • User Feedback Channels • User Engagement	• Cybersecurity • Product Performance

[그림 2] 미국 FDA의 SaMD Pre-certification program

러한 새로운 이슈들에 대응하고자 기존 약물을 재정의하면서 디지털 치료제라고 하는 새로운 유형을 만들었다. 그리고 [그림 2]와 같은 임시 긴급 승인 절차도 마련하면서 2020년 6월 프로젝트 EVO가 '엔데버Rx EndeavorRx'라는 이름으로 FDA의 승인을 받은 바 있다. 이로 인해 '10년간 1조 원을 투자해야 신약 개발이 가능하다'라는 기존 약물 기반의 공식이 깨지고, 이질적인 두 산업이 협력하는 전례 없던 혁신이 가능해졌다.

체계성의 유연화

우리가 초연결 시대를 다양한 기술과 산업이 연결되고 새로운 부가 가치가 창출되는 시대로 규정한다면, 앞서 살펴본 세렌디피티와 피봇팅 같은 유연한 시도가 활발하게 이루어지는 동시에 디지털 치료제처럼 급진적인 혁신이 좌절되지 않는 기반도 만들어 가야 한다. 다시 말해, 동태적 역량을 제고하기 위해 어느 정도 기존 질서가 무너지는 체계성의 유연화가 필요하다는 것이다. 변화 관리 측면에서 이러한 조직적 유연화가 이루어지기 위해 기존 체계에 긴장을 주는 다양한 시도가 필요하다.

새로운 변화를 위한 조직적 긴장감

226쪽의 [표 3]처럼 작은 조직은 유연성 측면에서 큰 조직에 비해 새로운 변화에 유리하다. 작은 조직은 상대적으로 균질적인 문화를 가지며, 유기적이고 유연한 조직 특성을 보이기 때문이다.

이 때문에 글로벌 대기업 같은 대형 조직은 대형화로 인한 단점을 극복하기 위해 노력해 왔는데, 대표적인 사례가 다기능팀Cross-functional team: CFT이다. 조직이 대형화되면 자연스럽게 업무 절차가 표준화되며 의사 결정이 경직되기 쉽다. 이로 인해 기존 질서에서 벗어난 혁신적인 아이디어가 사장되기 쉬우며, 기민한 의사 결정 타이밍을 놓쳐 좋은 아이디어가 상용화되지 못하기도 한다. 이 때문에 많은 글

구분	작은 조직	큰 조직
장점	행동적 이점 (높은 유연성)	자원적 이점 (풍부한 자원)
구조	단순한 위계 (유기적)	다층화된 위계 (관료적)
문화	하나의 조직문화	부서별로 다양한 조직문화
절차	비공식적 (휴리스틱에 의존)	공식적 (경직되고 표준화된 절차)

[표 3] 작은 조직과 큰 조직의 특성 비교

로벌 대기업들은 일종의 사내 '소기업' 육성을 시도해 왔다. 조직 내에서 기존 질서를 따를 필요가 없는 별동대를 구성함으로써 기민하고 민첩한 의사 결정이 이루어지고 조직 내 일정 수준 이상의 긴장감을 유지시킨 것이다.

혁신적인 신제품 개발과 같은 특정한 임무를 갖는 사내 독립 조직인 CFT는 이러한 시도 중 하나다. 일종의 사내 소기업을 만들어 소기업의 장점(유연하고 빠른 의사 결정)을 구현하고 사내 기업가 정신Corporate Entrepreneurship을 고양하고자 하는 전략이며, 이 경우 기존 부서가 교차적으로 참여하는 독립된 소기업 형태의 CFT가 혁신 촉진에 효과적일 수 있다.

1990년대 닛산은 Nissan Revival PlanNRP을 수립하고 CFT 운영으로 닛산을 다시 정상 상태로 복귀시킨 바 있다. 닛산은 비즈니스 구조를 개혁하고 회사를 부활시키기 위해 먼저 회사 상황을 파악하였는데, 기존의 매우 관료적인 구조가 모든 문제의 근원이라고 결론 내리게 된다. 이에 9개의 CFT(사업 개발, 구매, 생산, 연구개발, 마케팅, 생

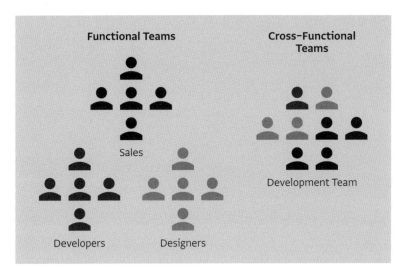

[그림 3] Cross Functional Team의 개념

산관리, 재정, 자동차 모델, 조직과 의사 결정)을 조직하여 문제를 해결하였다. 닛산의 CFT 운영의 성공 요인은 CFT가 CEO 직속으로 배치되고, 10명의 팀 규모로 구성되어 의사 결정을 빠르게 수행할 수 있었다는 것이다.

새로운 변화를 촉진하는 규제 혁신

규제 혁신도 국가 차원에서 혁신을 조장하기 위한 시스템 변화로 볼 수 있다. 규제는 독점 방지, 경쟁 촉진, 가격 통제, 안전 확보, 환경 보호 등 다양한 제도적 이점이 있지만 많은 경우 새로운 기술혁신을 저해하기도 한다. 이는 통상 규제가 기존의 산업 관점에서 이해관계자들의 이해관계를 대변할 수 있도록 설계되었기 때문이다. 다시 말하면 규제가 정적인 질서라는 것인데, 이같이 정적인 규제에 동태적 변화를 가져오는 것이 규제 혁신이다. 한때 규제 혁신은 규제의 수를 줄이는 것을 의미해서, 영국에서는 원 인 원 아웃One-in, one-out 제도 같은 규제 총량제를 도입하거나 규제 비용 관리제 같은 규제 억제책을 도입하기도 했다. 그러나 최근에는 네거티브 규제, 규제 샌드박스, 혁신 조달, 자율 규제 등 다양한 형태의 질적 규제 혁신이 논의되는 중이며, 이는 모두 새로운 변화를 촉진하기 위한 제도적 노력이라고 볼 수 있다.

네거티브 규제의 핵심은 열거된 것 외에는 모두 허용하자는 쪽으로 원칙을 바꾸는 것이다. 우리나라 법제상 대부분의 규제 사항들은 법령에 열거된 것만 허용하는 포지티브 방식을 취하고 있다. 이 경우 허용하는 대상이 명확하다는 장점이 있지만, 디지털 치료제처럼 전에 없던 새로운 혁신이 등장할 경우 허용할 근거가 없다는 것이 단점이다. 이를 극복하기 위해 논의되는 것이 명백히 금지하는 것만 법령에 열거하고 원칙적으로 모두 허용하자는 네거티브 규제이다.

규제 샌드박스는 새로운 혁신이 체계화될 때까지 제도적으로 유연한 조치를 취하자는 내용이다. 금융 산업이 발달한 영국에서 핀테크Fin-Tech 산업이 활성화되면서 기존의 금융 규제와의 충돌이 빈번하게 생겨나자 도입되었다. 아이들이 안전하게 놀 수 있는 모래 놀이터인 샌드박스처럼 새로운 혁신 산업이 등장했을 때 임시적인 면허를 주거나, 일정 기간 규제하지 않는 규제 이연 제도로 새로운 혁신이 일어날 수 있는 제도적 환경을 조성하자는 것이 주된 취지다.

혁신 조달은 기존의 연구개발 지원과 정부조달을 결합한 목적 지향적 규제로서, 정부가 가진 강력한 구매력을 십분 활용하여 새로운 혁신 제품의 시장을 창출하는 선도 시장 효과Lead Market Effect를 가져올 수 있는 제도이다. 정부가 혁신 조달로 구매하고자 하는 혁신 제품이나 서비스의 스펙을 공지하고, 필요한 경우 정부의 연구개발 자금을 지원한다. 혁신 조달에 참여한 기업이 제품(또는 서비스) 개발에 성공하면 정부가 이를 구매함으로써, 새로운 시장 수요를 창출하고 기술혁신을 촉진하는 두 마리 토끼를 잡는 접근 방법이다. 혁신 조달에서 정부가 공고하는 스펙을 정부의 정책 방향[2]에 맞게 공고하는 경향이 있기 때문에 시장에 대한 직접적 규제보다는 간접적인 개입을 통해 정책 목적에 맞는 규제를 달성하는 효과가 있다.

디지털 플랫폼 산업을 중심으로 논의되는 자율 규제는 규제 당국인 정부가 시장에 직접 개입하기 전에 민간 기업들이 자율적인 논의와 협의로 자체적인 규범과 기구를 만들어서 자율적으로 규제하고자 하는 시도이다. 기존 법질서가 지나치게 경직적이거나 정부의 개입으로 만들어지는 규제들이 기존 산업의 이해관계에 경도될 가능성이 높다 보니, 최근에는 자율 규제가 활발하게 논의되고 실제 자율 규제에 기반한 기구들이 출범하여 운영된다.

---

2   예) 탄소절감, 에너지효율성제고 등

유연성의 체계화

초연결 시대의 도래와 새로운 형태의 혁신을 촉진하기 위해서는 기존 체계가 유연화될 필요가 있지만, 무조건적인 유연성의 추구는 혼란을 가져올 수 있다. 기존 체계가 유연화되고 새로운 혁신이 어느 정도 정형화된 후 다시 유연성이 체계화될 필요가 생긴다. 기존 패러다임이 와해되고 새로운 패러다임이 정립되면 새로운 질서를 다시 체계화해야 하는 순환 구조가 필요한 것이다. 이를 위해 그간 유연했던 체계성을 어떻게 다시 확보할 것인가 고민이 필요하다.

새로운 변화를 체계화하는 권한 위임

새로운 형태의 변화나 혁신이 도입되었을 때 이를 체계화하기란 쉽지 않다. 변화된 내용이 양적으로 많아서일 수도 있고, 질적으로 다른 가치를 추구하거나 기존 시스템이 처리하기 곤란할 정도로 다양한 경우의 수가 발생하기 때문일 수도 있다. 이러한 상황을 효과적으로 대처하는 방법 중 하나가 전문가에 대한 강력한 권한위임 Empowerment이다.

다양한 첨단 기술 분야에서 글로벌 기술혁신을 선도하는 미국의 성공적 혁신 기관을 뽑으라고 하면 많은 사람이 고등연구계획국Defense Advanced Research Projects Agency: DARPA을 꼽는다. 미국 국방성 산하 핵심 연구개발 조직 중 하나인 DARPA는 인터넷, 자율 주행 자동차, 음성 인식 비서Siri 등 다양한 혁신 기술을 개발한 High Risk, High Return(경제 투자 위험이 높은 금융 자산을 보유하면 시장에서 높은 운용 수익을 기대할 수 있는 관계)을 지향하는 연구개발 기관이다. 그간 DARPA는 수많은 혁신 기술을 개발하면서 새롭고 급진적인 혁신을 추구하는 대표적인 기관으로 자리매김하였다. 그 결과 미국에서도 DARPA를 벤치마킹하는 많은 기관이나 조직, 예를 들어 의료고등연구계획국ARPA-H, 에너지부DoE 산하 ARPA-E 등이 설립되기에 이른다.

이처럼 DARPA가 새로운 혁신의 대명사가 된 데에는 다양한 이유가 존재하겠지만 그중 하나가 강력한 권한위임이다. DARPA의 강점 중 하나는 연구 관리 전문가인 PMProject Manager에게 강력한 의사 결정 권한을 주었다는 것이다. PM의 가장 중요한 역할은 1) 프로그램을 정의하고, 핵심평가지표를 정하고, 연구 수행자들과 만나고, 진행 상황을 열심히 추적하며, 2) 해당 분야에서 또 다른 새로운 큰 도전을 위해 해당 커뮤니티의 리더들과 끊임없이 소통하고 조사하는 것이다. 물론, 이러한 결과들을 DARPA 기술실 내 실장 및 부실장에게 보고하여 절차적인 승인을 얻는다. 그러나 대부분은 PM의 의사 결정을 따르며 실장과 부실장은 상피, 이해관계 충돌 등 제한적인 상황에서만 PM의 의사 결정에 개입하게 된다.

이같은 전문가에 대한 강력한 권한위임은 규정을 만드는 등의 명문적 체계화를 최소화하는 동시에, 다양한 견제와 절차로 불필요한 임의성이나 무작위성도 최소화하는 시도다. 즉 유연성의 체계화적 노력이라고 볼 수 있다.

변화를 추구하는 조직의 상설화

유연성을 체계화하는 다른 수단으로 변화를 추구하는 조직을 상설화하는 방법이 있다. IBM이 시도했던 EBO^{Emerging Business Opportunities}가 대표적인 예이다. 1993년 IBM은 마이너스 성장을 기록하며 위기에 처해 있었는데, 새로 CEO로 취임한 루이스 거스너^{Louis Gerstner}는 신사업 성과가 낮은 이유를 조사하면서 IBM의 조직과 시스템이 기존 사업 관리에 최적화되었음을 깨닫게 된다. 사업 조직들이 각자 담당하는 사업 관리에만 몰두하다 보니 새로운 혁신에 관심이 없었던 것이다. 이를 극복하기 위해 거스너는 IBM의 사업을 주력 사업, 성장 사업, 미래 사업으로 구분하여 관리하고, 미래 사업을 별도로 전담하는 조직을 신설하였는데 이 조직이 EBO이다.

처음에 EBO는 IBM 내에서 인기 있는 조직이 아니었다. IBM은

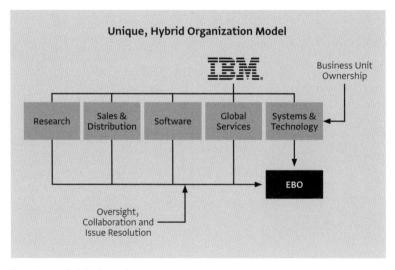

[그림 4] IBM의 혁신 선도 조직 EBO

EBO 프로젝트를 역량이 뛰어난 임원들에게 맡겼다. 그러나 많은 부하 직원을 이끌던 임원들은 작은 프로젝트 조직인 EBO를 맡게 되는 것을 일종의 좌천으로 여겼다. 게다가 실패 확률이 높은 미래 사업을 맡게 되면 낮은 고과를 받을 가능성도 높았다. 이런 문제를 해결하기 위해 IBM은 EBO 멤버들에게 실패에 대한 불이익을 주지 않으며, 오히려 기존 사업부로 복귀해야 할 때는 부서 선택권을 주기로 했다. 또 좋은 인재들이 EBO에 참여할 수 있도록 CEO까지 직접 나서 설득하며 추진했다. 이후 EBO 성공 사례들이 나오면서 EBO는 IBM 내에서 성공의 트랙으로 여겨졌다. 미래 사업에 맞는 장기적인 평가, 마일스톤 기준의 성과 관리 등을 통해 IBM 내 핵심적인 신사업 개발 조직으로 자리매김하게 되었다. 조직 내에서 장기적인 관점을 가지고 지속적·체계적으로 혁신을 추구하는 조직이 생긴 것이다.

변화에 최적화된 조직의 설계

사업 환경이 빠르게 변하는 산업일수록 그에 맞는 조직 구조를 설계하기 힘든 경우가 많다. 초연결 시대의 핵심 기술인 디지털 기술의 경우 기술 자체의 빠른 발전과 다양한 융복합 등으로 인해 기존과 다른 형태의 조직이 필요하다는 것은 분명하지만, 어떤 조직을 설계해야 할지는 쉬운 문제가 아니다. 이를 해결하기 위해 네이버에서 일련의 조직 혁신을 진행했는데, 개별 사업으로 글로벌 진출이 가능하다고 판단된 네이버 웹툰, 동영상, 사전, 클라우드 등의 분야를 셀Cell이라는 독립 조직으로 분리한 것이다. 이를 통해 관료제적 성향이 짙었던 팀제 내에서의 수직적 의사 결정을 최소화하고 구성원 전체가 의사 결정에 참여할 수 있는 형태를 만들 수 있었다.

Cell 제도 내에서는 연중행사나 프로젝트에 따라 유연하게 조직 형태를 바꿀 수 있다. 그 때문에 예측하지 못한 상황에도 신속하게 반응할 수 있으며, 직책에 얽매이지 않아 구성원 모두가 자신의 의결을 자유롭게 표출할 수 있다. 또 직급이나 연공에 상관없이 각 Cell의 리더를 선출하여, 수직적인 구조가 아니라 구성원끼리 논의하여 원하는 방향으로 손쉽고 빠른 의사 결정이 이루어지도록 했다.

현재 네이버는 Cell 제도를 거쳐 CIC^{Company In Company} 형태로의 변화를 꾀하였다. 네이버는 매해 시장 변화에 빠르게 대응해야 하거나 중요하다고 판단되는 과제를 담당하는 조직을 프로젝트로 운영한다. 각 프로젝트는 추후 Cell 조직으로 발전하게 되며 이후 상위 개념인 CIC로 발전해 독립적인 회사 형태를 띠게 된다. 그리고 '프로젝트 Cell CIC' 단계를 거치면서 조직에 더 많은 책임과 권한을 부여한다. 해당 리더에게 대표라는 호칭과 권한을 부여하여 조직 전체에 자율성과 책임감을 주고 동기를 부여하는 것이다. 이 과정에서 직원들은 자신이 원하는 프로젝트를 자유롭게 제시할 수 있으며, 해당 프로젝트가 충분한 사업성이 있거나 혁신적일 경우 제시한 사람은 직급과 관계없이 조직의 리더가 될 수 있다. 하의상달^{Bottom-up} 방식으로 누구나 참신한 아이디어를 제시하고 이를 실현하며 자연스럽게 혁신이 촉진될 수 있는 시스템을 체계화한 것이다.

대표적인 사례가 네이버 웹툰이다. 네이버 웹툰은 초기 사내 셀 조직으로 출발하여 독립적으로 운영되다가, 스마트폰이 대중화되고 웹툰 붐이 일어나면서 Cell 조직에서 사내 독립 기업에 해당하는

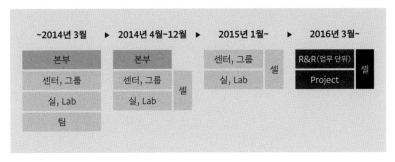

[그림 5] 네이버의 조직 개편 경과

CIC로 발전하게 되었다. 그리고 이후 2017년 5월에는 자회사인 네이버 웹툰으로 독립한다. 하의상달식 시스템으로 자연스럽게 사내 기업가 정신을 고양하고 기존 접근과 다른 새로운 혁신을 체계화하는 시스템이 마련된 것이다.

초연결 시대의
시스템적 조건

디지털 전환의 가속화와 짧아지는 기술 발전 주기, 기술을 넘은 산업 간 융복합의 보편화는 초연결 시대의 도래를 야기했다. 초연결 시대는 현재의 산업 시대와 여러 가지로 다르겠지만, 가장 큰 차이 중 하나는 전례 없던 변화의 양과 질일 것이다. 이 같은 '변화의 시대'에서 가장 중요한 이슈는 우리 사회가 어떻게 변화를 잘 유도하고 관리하며 받아들일 것인가, 즉 유연하면서도 체계적인 '변화 관리Change Management'를 이룰 수 있을 것인가 하는 점이다.

이러한 관점에서 세렌디피티와 피봇팅 사례는 체계적인 산업화 시대를 유연화하기 위한 하나의 방안이 될 수 있다. 또 동태적인 변화 관리 관점에서는 극대화된 유연성을 체계화하기 위한 노력도 필요하다. 유연성은 변화의 단초가 되는 시발점이 되고, 기존의 체계적인 질서에 대한 도전은 변화의 시작이 될 것이다.

그러나 단순한 유연성의 증가는 방향성 없는 무질서도Randomness 증가에 불과할 수 있다. 따라서 변화가 촉발되더라도 다시 유연해진 시스템을 체계화함으로써 변화의 방향성을 정립하고 시스템의 안정화를 꾀해야 한다. 이러한 점에서 초연결 시대의 시스템적 조건은 '체계성의 유연화'와 '유연성의 체계화'의 공존이라고 할 수 있다. 바로 이 두 가지의 상반된 프로세스를 얼마나 잘 운용하느냐가 초연결 시대로 가는 성공적 전환의 지름길일 것이다.

5장

혁신 정책의 혁신

: 정책의 공동 생산 가능성 탐색

윤지웅

혁신 정책 공동 생산의 기회가 열리다

사용자나 수요자가 생성한 정보와 요구를 사회적·경제적으로 가치 있는 제품과 서비스로 변환하도록 하는 기술과 제도는 이미 사회 혁신의 핵심 요소가 되었다. 특히 최근 비대면 온라인 소통 등 일상생활의 급속한 디지털화와 초연결 컴퓨팅 기술이 심화·발전하면서 시민들이 정부 서비스에 참여하고 정보를 제공하는 방식도 변화할 것으로 예상한다.

제4차 산업 혁명 관련 기술의 급속한 발전은 공공서비스에 신기술 도입을 촉발시켰고, 공공서비스 관련 정책을 공동 생산하는 새로운 물결이 최근 전 세계적으로 나타나는 추세다. 예를 들어 영국 옥스퍼드에서는 시민들과 시민 단체가 물 수위를 실시간 모니터링하는 센서와 사물 인터넷을 사용하여 홍수 감지 시스템을 구축해 기존 정부의 공공서비스를 보완했다. 또 멕시코는 하루에 1,400만 명이 이용하는 대중교통 시스템을 운영 중인 멕시코시티의 대중교통 지도를 제작했는데, 시민들이 자신의 이동 데이터를 공유하여 단 2주 만에 도시 최초의 대중교통 지도를 공동 제작할 수 있었다.

이러한 사례들로 알 수 있듯이 최근 진화한 과학기술은 시민들이 수동적인 입장에서 벗어나, 공공서비스 및 정책 개발과 추진에 직접적으로 기여할 수 있는 다양한 기회를 제공하는 중이다. 다시 말해, 과학기술의 발전으로 사회기술시스템이 과거의 단순한 협조와 의견 제시 수준을 넘어 정책의 공동 생산이라는 새로운 거버넌스 체계로 전이가 이루어진다고 볼 수 있다. 심지어 기존의 인간 중심 공동 생산을 완전히 자동화된 프로세스로 대체하는 단계까지도 점쳐 볼 수 있는 단계다. 즉, 현대 과학기술은 전 세계 시민에게 정책 생산의 권한을 부여하고 더 나은 삶의 질을 누릴 수 있도록 기회의 창을 열었다 해도 과언이 아니다.

위와 같은 인식 하에, 본 장에서는 초연결 사회기술시스템 관점에서 혁신 정책의 공동 생산 가능성을 탐색해 보고자 한다. 구체적으로, 민관 협력의 발전 과정을 통해 정책을 공동 생산에 이르게 한 배경을 살펴본다. 또 대표적인 정부 서비스나 정책의 공동 생산 사례를 검토하고, 초연결 사회기술시스템 관점에서 혁신 정책의 공동 생산 가능성을 탐색해 보자.

왜 시민·기업·정부가 혁신 정책을 공동으로 생산해야 하는가?

혁신 정책의 특징

혁신 정책은 특정한 산업 분야의 기술 개발부터, 다양한 혁신 주체들이 개별 역량과 연계를 강화하여 정책 생산 환경을 활성화하는 정책들을 모두 포괄한다. 특히 혁신 정책은 혁신 시스템 이론(상호 연계·진화적)에 근거하여 시스템 실패 요인(주체의 역량 부족·주체 간 연계 부족·혁신과 관련한 불완전한 제도·지식 인프라 미비)들을 찾아 보완함으로써, 혁신 과정을 위한 원활한 환경과 프레임워크를 조성하는 데 목적을 둔다.

이러한 점에서 혁신 정책은 과학 정책이나 산업 기술 정책과 비교했을 때 몇 가지 두드러지는 차이점을 보인다. 혁신 정책의 첫 번째 특징은 혁신 정책 주체들 간의 상호 보완으로 혁신의 완성도를 높이는 '상호 연계' 활동을 중요시한다는 점이다. 비록 개별 주체들의 역량이 낮더라도 상호 연계 활동을 추진함으로써 연계성 혁신 시스템의 역량은 상승하기 때문이다. 예를 들어 대학의 특정 분야 연구 활동을 지원하는 데서 한발 더 나아가, 대학-산업체 연계의 공동 연구개발 활동에 추가 지원하는 사례를 들 수 있다. 정책적 지원을 넘어 상호 연계 활동을 구성하는 경우다.

둘째로, 혁신 정책은 단정적인 의사 결정 대신 실험적·평가적·반복적·진화적 단계를 거치는 방식으로 정책 의사 결정을 내린다. 혁신 시스템 이론에서 정책의 '불확실성, 불완전한 정보, 제한적 합리성'을 주목하기 때문에, 혁신 정책은 정부가 모든 혁신 주체를 대신하여 일방적인 정책 결정을 내리는 형태에 동의하지 않는다. 이는 초연결 사회의 도래로 다양한 혁신 주체의 참여가 가능해진 사회 환경의 변화를 고려할 때, 시민들의 참여를 통한 정책 공동 생산의 당위성을 더욱 확보한다고 볼 수 있다.

셋째로, 제도와 기술 간의 연관성을 중시한다는 점은 혁신 정책이 가지는 중요한 특징이다. 혁신 정책은 기존의 정책처럼 목표에 대한 물적 투입으로 그치는 것이 아니라, 목표가 성공에 이르기까지 관련 제도와 환경에 총체적인 정비를 하는 것이다. 따라서 정책과 직접적으로 관련 있는 대상뿐만 아니라, 숨은 수요자들까지 파악하여 비정형화된 문화와 관습도 정책을 효율적으로 활성화하는 방향으로 조장한다는 점에서 의미가 있다. 알고리즘 기반의 온라인 소통으로 특정한 수요만 반영할 가능성이 높은 상황에서, 소외될 수 있는 다양한 가치들을 수집할 수 있다는 가능성을 높인 혁신 정책은 그 효과성이 더욱 크다고 볼 수 있다.

마지막으로 혁신 정책은 사후적인 관리 과정을 더욱 중시한다. 앞서 혁신 정책의 특징들을 종합해 봤을 때 앞으로의 정책은 '사전적인 처방'에 그치는 것이 아니라 '사후적인 처방'을 중점적으로 관리할 수 있는 환경이 조성되어야 할 것이다.

초연결 사회에서 혁신 정책 생산의 방향

이제는 초연결 사회로 인해 어떤 정책의 결정부터 프로토타입 실행, 정책의 제도화 등 모든 과정에 시민들이 직접 참여할 수 있는 환경이 갖춰지게 되었다. 초연결 사회에서 불확실성이 날로 증가하기 때문에 산업의 경쟁력에서 기술, 지식과 같은 무형 자산의 역할이 더욱 커지는 추세이고, 정부가 우월한 정보와 역량을 갖고 선택·집중하는 방식의 정책은 더는 유효하지 않다.

따라서 우리 사회에서 정책 문제를 해결하기 위한 바람직한 정책의 과정은 증거 기반을 바탕으로 정책의 정당성을 확보하고, 다양한 행위자가 참여하는 방식으로 정책 결정 과정의 민주적 절차를 따라야 한다. 더불어 '현장의 지혜'를 반영하는 정책 결정의 합리성으로 이어져야 할 것이다.

이를 달성하기 위해 몇몇 혁신 정책 사례들은 의사 결정 과정을 공동 생산으로 상의하달식이 아닌 하의상달식으로 운영하기도 하며, 가치 지도Value Map 방식을 바탕으로 중장기적 정책 비전을 공동으로 수립하기도 한다. 또 개방형 혁신 시스템Open Innovation System을 통한 지식 개방으로 상호 기술 교류와 외부 아이디어 채용을 하기도 한다.

한편, 혁신 정책은 궁극적으로 수요자에게 받아들여질 수 있는 사용 목적을 보유하는가에 대한 불확실성 문제, 확산Diffusion 속도의 불확실성 문제를 내포한다. 공동 생산은 이러한 불확실성 문제와 행정 수요를 충족시키기 위해 정부-민간-시민 사회 모두가 문제 해결의 당사자가 될 수 있는 유연성을 도입하고자 기존 관료제 중심의 행정 절차를 개선한 과정이다.

이는 정부와 시민 사회가 정책 공동 결정 단계를 넘어 시범 정책Proto-policy까지 만들어 낸다는 특징을 보인다. 시범 정책은 증거 기반 정책을 바탕으로 '현장의 지혜'를 반영하므로 정책 수요자의 의사를 적극적으로 반영하는 정책의 합리성으로 이어진다. 또 규범력이 강한 '법'뿐만 아니라 '관리'에 이르기까지 넓은 범위의 영역에서 시도되며 확산의 범위를 넓히는 중이다.

결과적으로 혁신 정책에서의 공동 생산은 기존 행정 절차 방식의 딱딱하고 유연하지 못한 정책의 사고방식에서 벗어나, 정책 수요자가 그 과정에 들어감으로써 상호 신뢰 관계 형성과 정책의 정당성 증진, 공공 가치의 보존 차원 등의 긍정적 결과를 이끌어 낸다. 즉, 혁신 정책에서의 공동 생산은 정책 결정을 시민들과 함께하고 이에 기반한 결과를 시민들과 함께 프로토타입과 같은 구체적인 활동으로 도출한다.

정책의 공동 생산 사례

덴마크 마인드랩

덴마크 마인드랩MindLab은 2022년에 설립된 정부 산하 부처다. 관련 부처 간 협업 및 혁신적 방법론에 기반하여 사회 문제를 해결하기 위해 중앙정부, 지방정부, 시민을 정책 프로젝트에 참여시키는 혁신조직으로 탄생했다. 산업기업재정부, 노동부, 교육부 등 3개 중앙부처와 1개 지방자치단체 소속이며 경제부, 내무부와 협업 관계를 구축했다. 기존 정책 집행의 실효성을 제고하기 위해 진행 중인 정책을 정책 수요자인 시민의 관점에서 재검토하는 기능을 수행하며, 이를 위한 혁신적 아이디어의 발굴과 정책 프로토타입을 실험하는 공간이기도 하다. 이 과정 전반에서 시민과 함께 공동 생산한 정책의 가치에 대한 피드백까지 진행한다.

마인드랩은 정부 정책을 사회 혁신 프로젝트로 선정하는 것을 두고 "정부 정책의 효과적 집행"을 비롯해, 혁신적인 청사진을 제공함으로써 "혁신이 확장되고 파급되는 효과"를 기대한다고 말한다. 마인드랩은 다양한 문제를 다루기 때문에 공무원들에게 특정 분야의 전문성을 요구하지 않는다. 또 혁신 정책이 궁극적으로 추구하는 방향은 추상적인 가치 실현보다 실제 문제의 이해 당사자와 해결 주체들이 체감할 수 있는 가치 창출이라는 점을 강조한다.

마인드랩의 구체적인 활동은 정책 문제와 관련하여 정부 부처 간 협의로 하달받은 프로젝트를 실시하는 것이다. 공동 설계 과정에서 마인드랩의 활동으로 발생하는 기대 효과는 [그림 1]처럼 표현될 수 있다.

마인드랩은 정부 부처 및 시 정부와의 계약을 바탕으로 프로젝트를 수행하기 때문에, 민간 기업에게는 프로젝트를 받지 않는다. 따라서 자체적인 정책을 직접 구상하지 않는 기관이다. 주로 정부 정책이 '시민적 가치'를 반영할 수 있도록 모니터링하는 형태의 활동을 하며, 이 과정에는 정책 문제가 되는 프로젝트 담당 부처와 마인드랩 직원이 참여한다. 마인드랩 직원은 주로 '연구 조사-프로토타입 설정-이해관계자 촉진Stakeholder Facilitating' 단계에 개입하여 해당 정책이 보이는 증상과 핵심 문제를 진단하며 방향성을 설정한다.

예를 들어, '연구 조사' 단계에서 마인드랩은 타 부처 팀원에게 "지금 적절한 문제를 다루고 있다고 생각하십니까?"와 같은 질문을 던지며 문제 인식을 진단할 수 있다. 이는 겉으로 드러나는 증상이

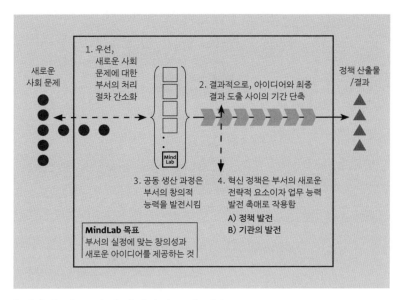

[그림 1] The change logic of MindLab version 1.0

아닌, 문제의 핵심 원인에 대한 정책을 처방하기 위해 진단하는 과정이라 볼 수 있다. 구체적인 협업 모델은 246쪽의 [그림 2]와 같다.

'프로토타입 설정' 단계에서는 '실패'를 두려워하지 않는 자세와 계속된 실험적 시도를 반복하는 것이 특징이다. 특히 기존의 관료제 행정 체제에서 자주 보이는 문제 상황에 대한 일회성 처방의 정책 차원에서 벗어나 지속가능한 정책 처방에 도달하기 위해 정책의 방향을 바꾸고 변형시키는 과정에 익숙해져야 한다는 점을 강조한다. 마인드랩은 이를 코르크에 비유하며 "코르크를 물 밑으로 당길 수는 있지만, 놓게 되면 또 떠오르듯이, 혁신 프로젝트도 탄성을 가지고 계속 시도하는 것"이라고 설명한다.

마지막으로 '이해관계자 촉진'의 단계에서 마인드랩은 '핵심 당

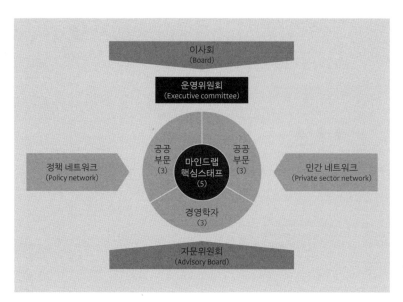

이사회
(Board)

운영위원회
(Executive committee)

공공
부문
(3)

마인드랩
핵심스태프
(5)

공공
부문
(3)

정책 네트워크
(Policy network)

민간 네트워크
(Private sector network)

경영학자
(3)

자문위원회
(Advisory Board)

[그림 2] 마인드랩의 운영 구조

사자' 측면을 강조한다. 혁신 정책은 어떤 추상적인 가치를 실현하는 것이 아니라 실제 당사자와 해결 주체 들이 체감할 수 있는 가치를 창출하는 것이 핵심이다. 결국 '시민 참여'라는 사회적 가치에 더해 정책의 대상자가 되는 '사용자'의 체감 효용도 증대되어야만 한다는 점이 혁신 정책의 궁극적인 목표다.

마인드랩은 2002년 설립 초기 정책들의 실행 방식 방향성을 진단하며, 이후 정책 과정에서 시민 참여를 달성하는 성과를 보였다. 예를 들면 정책 수요자(시민)의 경험을 기반으로 한 심층적 분석을 바탕으로 '레드 테이프'로 작용하는 제도를 알기 쉽게 재구성하고 수요자에게 교육하여 정책 문제점을 개선한 사례가 있다. 또 특정 부처가 프로젝트를 수행하며 실제 문제 진단에만 10~11개월이 걸린 사례를 마인드랩이 14일 만에 문제 진단뿐만 아니라 프로토타입 구상과 2차 프로토타입 제안까지 이끌기도 했다. 이는 혁신 정책이라는 문제 해결의 새로운 방식이 실제로 긴 시간을 요구한다는 것이 아니라는 점을 보여 주는 대표적인 사례다. 마인드랩은 이러한 활동을 바탕으로 혁신적 사고방식과 문화와 리더십에 주안점을 두는 조직으로 성장하여 혁신 문화의 인프라 조성의 형태로 2018년까지 운영되었다.

영국의 정책 랩

영국의 정책 랩UK Policy Lab은 정부, 정책 전문가, 시민 등 다양한 행위자를 참여시켜 수요자 중심의 정책을 만든다. 이뿐 아니라 '파괴적 정부' 내지는 정책 혁신을 추구하는 '정책 실험'의 장이다. 정책 문제에 대한 해결안 탐색을 중점적으로 한다는 점에서 비슷한 개념인 '공공서비스 혁신랩, 리빙랩, 팹 랩' 등의 형태들과 구분된다. 즉 정책 랩은 '시민' 수요자를 중심으로 하는 단체이다. 정부부처-시민-연구팀의 초학제 팀원으로 구성되고, 디자인적 사고를 바탕으로 정책 문제의 해결책을 프로토타입화하여 제시하는 혁신 정책 기관이라 볼 수 있다. 또 정부 정책 지식, 정책 결과에 대한 책임, 정책 정보, 정책 사업 과정 등을 시민과 공유하는 방식으로 운영하며, 다음과 같은 기대효과를 제시한다.

정책 결정의 설계 단계에서 해당 지식을 시민과 공유하여 기존의 정보 불균형으로 인한 사회적 비효율 문제나 정보를 얻기 위한 권력적 투쟁의 제로섬 관계 문제를 해소할 수 있다. 이슈별 공공 가치

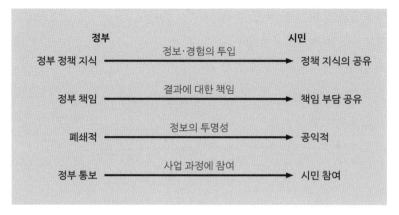

[그림 3] 정책 랩의 기대 효과

를 극대화하는 방향으로 협력적 행동을 유도할 수 있는 것이다. 또 다양한 이해관계자의 참여를 통한 개방적 형태는 결과를 기반으로 책임을 분담함으로써 문제에 대한 상호 작용과 성찰의 기회를 증진한다. 정책 과정 전반의 개방적 형태는 규칙과 참여자의 역할을 사전에 정하는 폐쇄적 형태와 달리 여러 참여자에 따라 이를 지속적으로 재구성하므로, 참여자들의 공동 목표 달성 과정에 역동적인 상호 작용이 활성화되는 긍정적인 결과를 낳는다. 마찬가지로 정책 정보의 개방을 통한 투명성 증진도 맥락을 같이하며, 정책 사업 과정에 시민들을 참여시킴으로써 정책의 정당성도 확보할 수 있다.

정책 랩은 '3D^{Design, Data, Digital} 특성'을 기준으로 사용자 중심의 디자인, 알고리즘을 활용한 데이터, 온라인 서비스를 통한 디지털화 등을 목표로 한다. 즉 물리적인 실험실이 존재하는 것이 아니라, 사회 과학에서의 '사회적 맥락과 연결성'을 확인하기 위해 행동 과학 방식의 데이터 분석을 바탕으로 랩에서와 같은 '반복적 테스트'를 실시하는 공간을 만들고자 하는 것이다. 따라서 정책 랩에서는 주로 부처 간의 업무 협업, 외부 전문가와 시민과의 연계가 가능한 '중립적인 공간'을 창출하기 위해 여러 방법을 테스트하게 된다. 이때 문제 상황의 방향성을 진단하며, 수요자 중심의 문제 해결을 위한 증거 기반 정책 디자인 도출을 돕고, 합의를 통해 처방 가능한 프로토타입으로 이끌어 나가는 과정이 구성된다.

정책 랩은 정책 분석 사다리를 통해 정책 문제에 따라 증거 기반 정책 문제 상황 분석의 방향성이 달라질 수 있음을 시사한다. 이에 따라 정책 분석자는 단순한 '관리·감독'의 차원을 넘어 구체적인 활동을 제시하는 '외부 통찰'까지 반영하는 구체적인 정책 혁신 활동을 제시할 수 있는 역량을 갖추어야 한다. 250쪽의 [그림 4]는 각 단계가 진행될수록 다양한 이해관계자의 협력적 행동이 필요함을 보여 준다.

이처럼 정책 랩의 운영은 크게 '문제 상황 기술적 진단-데이터 분석 디자인 정립-아이디어 개발-아이디어 테스트 및 제안'의 4단계를 거친다고 볼 수 있다. 각 단계에서 활용되는 정책 수단은 달라질 수 있으며, 이에 참여하는 이해관계자들의 참여 정도도 달라질 수 있다. 각 단계에서 활용할 수 있는 구체적인 기법을 두고 정책 랩은 250쪽의 [그림 5]와 같이 제시한다.

이외에도 정책 랩은 251쪽의 [그림 6]과 같이 디자인적 사고 과정에서 더블다이아몬드 프레임워크를 통해 정책 문제를 진단하고 해결책을 도출한다.

한편, 정책 랩은 준정부적 연구 기제로써 2014년 내각에 소규모 팀으로 처음 설치되었는데 당시 첫해에는 1,200명의 공무원이 참여해 다양한 정책의 실효성을 확보하기 위한 다부처 협업 프로젝트를

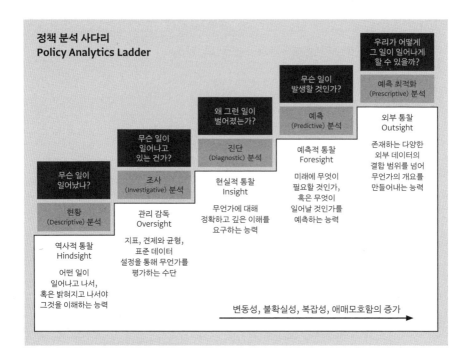

[그림 4] 정책 랩의 정책 분석 사다리

진단: 정책 캔버스, 희망과 두려움 카드, 모험 설정, 5왜, 데이터 발견 카드,
      사용자 분류, 개인 성향, 사용자 탐색, 책상 연구, 증거 사파리 기법
발견: 데이터 과학, 사용자 탐색 인터뷰, 서비스 사파리, 디자인 문화기술지,
      영화 문화기술지, 증거 사파리
발전: 크라우드 소싱, 아이디어 스케치 종이, 변화 카드, 역할 카드, 미래 예측,
      서비스 청사진, "무대 뒤" 정책 지렛대
전달: 예측적 디자인, 컴퓨터 시제품화, 경험 시제품화

[그림 5] 정책 랩 활용 기법

진행했다. 이후 5년간 치안, 건강과 노동, 아동복지 등의 영역에 걸쳐
20여개의 대형 프로젝트에 연계되어 5,500명의 공무원이 프로젝트에

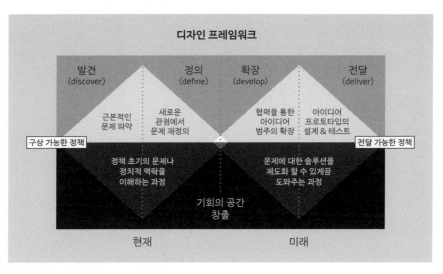

디자인 프레임워크

| 발견
(discover) | 정의
(define) | 확장
(develop) | 전달
(deliver) |

근본적인
문제 파악 | 새로운
관점에서
문제 재정의 | 협력을 통한
아이디어
범주의 확장 | 아이디어
프로토타입의
설계 & 테스트

구상 가능한 정책

전달 가능한 정책

정책 초기의 문제나
정치적 맥락을
이해하는 과정

문제에 대한 솔루션을
제도화 할 수 있게끔
도와주는 과정

기회의 공간
창출

현재 미래

[그림 6] UK 정책 랩의 디자인 프레임워크(더블 다이아몬드 프로세스)

참여하는 광범위한 영역으로 성장한다. 그 결과 수요자 초점을 맞춘
온라인 서비스 구축으로 공무 비용 시간을 절감하는 저비용·고효율
화를 이루어 냈다. 국제 범죄·치안 컨퍼런스에서 영국 내무부 발표에
따르면 범죄 보고에 대해 온라인 신고 체제로 바꾸어 신고자 증인 등
에게 다양한 통로의 소통 방식을 제공함으로써 잉글랜드부터 웨일즈
에 걸쳐 3.7백만 파운드(약 55억 원)의 비용과 연간 18만 시간의 공무
시간이 절감되었다고 한다.

리빙 랩

가장 대표성이 있는 리빙 랩Living Lab 국제연합조직인 유럽리빙랩 네트워크ENoLL에 따르면, 리빙 랩은 '체계적인 공동 창조 방식을 기반으로 실생활 환경에서 연구 및 혁신 과정을 결합하는 사용자 중심의 개방형 혁신 생태계'라 정의할 수 있다. 즉, 리빙 랩은 실생활 속에서 현장과 사용자 중심으로 문제를 해결하려는 방법론이며, 실생활의 최종 사용자를 고려해 신제품의 출시 전 간극을 줄이고 지역 사회 문제와 같은 공적 문제까지도 동시에 다루고자 하는 목적을 갖는다. 실제로 현재 기술 시험, 실증 및 사업화 등의 기술혁신 영역부터 사회 혁신 및 공공서비스 고도화, 지역 사회 문제 해결, 지속가능한 사회기술시스템 전환 등 공적 문제를 다루는 영역까지 확장되고 있다. 이는 정책과 사업을 추진하거나 평가하고 모니터링하는 총체적인 과정에도 적용된다.

리빙 랩은 문제 해결 목적뿐 아니라 참여하는 이해관계자들에게 다양한 기댓값을 제공한다. 첫째로, 시민과 소비자에 해당하는 사용자의 경우 기존 사용자 중심 사업에서의 '관찰의 대상'에서 벗어나 혁신 개발 과정에 영향력을 행사하는 주체가 될 수 있다. 실질적인 개인의 '니즈Needs'를 반영할 수 있는 것이다. 둘째로, 개발자·제공자에 해당하는 공급자의 경우 최종 사용자의 데이터를 효과적으로 수집할 수 있어 신제품의 프로토타입 개발에 용이하다. 셋째로, 연구 기관과 정부 지원 기관 등에 해당하는 연구자의 경우 사회적 가치 창출 사업을 더욱 효율적으로 실험할 수 있는 영역이 생기게 된다. 기존의 정책 사업 과정에서는 사회적 가치 창출 사업의 영향력이나 사용자 평

과제 단계	핵심 과제	주요 참여자
기술 개발	휴대형 촬영 기기 개발	(주)이루다, 동국대학교
	휴대형 안저카메라 표준 시스템 구축	
제품 실험·실증	비전문의 대상 교육 프로그램 및 매뉴얼 개발 리빙 랩 운영	동국대학교, 이화여자대학교(목동병원), 종합병원 관계자, 병(의)원 관계자, 의료협동조합 관계자
제품 활용·확산	정책·법·제도 개선 및 홍보	(주)이루다, 이화여자대학교(목동병원)

[표 1] 휴대용 안저카메라 기술 개발 리빙 랩 주요 참여자

가 피드백 취합 과정이 어렵고 시간과 비용이 많이 드는 과정이었다. 하지만 리빙 랩 활동에서 구성되는 조직화된 최종 수요자 집단은 사회적 가치 창출 사업에 대해 프로토타입 형태로 시험·피드백할 수 있는 활용 가능한 자원이 되어 준다.

이처럼 리빙 랩은 최종 사용자 집단 조직화를 바탕으로 시장이나 사회의 요구에 부합하는 결과를 도출한다. 시장의 요구를 만족하는 경우 공급자의 신제품 프로토타입 테스트의 장이 마련되거나 리빙 랩 활동 결과가 최종적으로 비즈니스 모델을 형성하는 사업이 되는 등의 사례들로 이어진다. 구체적으로 사회 문제 해결형 기술 개발 사업에서 '휴대용 안저카메라 기술 개발 사례'나 지역 사회 혁신 사업에서 '무선 가전의 배터리팩 교체 서비스 플랫폼 구축 사례'[1] 등으로

---

[1] '무선가전의 배터리팩 교체 서비스 플랫폼 구축 사례'에 해당하는 배터리뉴BETTER REnew프로젝트는 수명이 다한 무선가전의 배터리팩을 교체함으로써 제품의 사용 주기를 늘리고 폐배터리의 안전한 수거와 전자 쓰레기를 감소시키는 사업이다. 해당 사업을 진행하는 단체 '인라이튼'은 리빙 랩의 이름에 걸맞게 주택가 한 가운데에 '되살림 팩토리'를 운영하여 사회적 가치도 달성하는 동시에 수리 서비스

분류		특성	전문성(숙련도)	리빙 랩 역할
안과 전문가 집단	종합병원 집단 (핵심사용자)	잠재적 구매자	• 안저 영상 판독 및 촬영 경험이 많음 • 휴대형 안저카메라 보유로 다수의 안저 촬영 장비 경험	• 안저 사진의 질 평가 촬영 경험 공유 • 타기기와 비교 (사용성 평가)
	안과 병(의)원 집단 (핵심사용자)	• 잠재적 구매자 • 실제 시장성 평가에 가장 접합	• 안저 영상 촬영 경험이 많음 • 많은 환자의 빠른 촬영 경험으로 숙련도 높음	• 촬영 경험 공유 • 시장성 평가 • 사용성 평가
안과 비전문가 집단	의료사회적 협동조합 (일반사용자)	• 잠재적 구매자 • 안과 조기 진단 및 원격 진료의 필요성을 가장 잘 이해	• 안저 촬영 경험이 없음	• 비숙련자의 시각 제공 • 매뉴얼 제작 시 여러 자문 제공

[표 2] 안저카메라 리빙 랩의 대상 조직화

확인할 수 있다.

우선 '휴대용 안저카메라 기술 개발 사례'는 의료 서비스 취약 계층을 대상으로 보급형 휴대용 안전카메라의 개발 보급을 진행한 사업이다. 해당 사업에서는 기초 자료를 수집하고 기술 개발을 진행하는 '제품 탐색 단계'와 실제 현장에서 사용하면서 프로토타입을 평가하는 '제품 실험 단계'로 크게 나누어 두 차례의 리빙 랩 활동을 진행했다. 1차 리빙 랩은 기술 개발과 직접적인 관련이 있는 안과 전문가 집단 중심으로 피드백하고, 2차 리빙 랩은 실생활에 초점을 맞추어 안과 전문가 집단뿐만 아니라 안과 비전문가 집단의 의견도 반영했다. 또 이 과정에서 각 집단의 의견을 고루 반영하기 위해서 다회성

업으로 비즈니스 모델도 달성한다. 본 사례는 소셜벤처의 성장 가능성, 이미 존재하는 자원·기술의 창조적 결합, 수익 모델 측면에서 리빙 랩이 달성 가능한 의의를 보여 준다.

의 프로토타입 제작을 실행했다.

결과적으로 다양한 집단의 참여를 통해 사용자 친화적 디자인을 만들어 제품의 구매 잠재력과 실용성을 올리고, 동시에 잠재 구매자의 피드백 과정에서 자연스럽게 제품을 홍보하게 될 수 있었다.

리빙 랩은 사회적 요구도 충실하게 반영한다. 이를테면 지속가능한 사회 실현과 같은 공적 문제나 마을 공동체 문제와 같은 도시 재생 사업 문제를 주로 다루는 경우다. 국외 대학들의 사례를 살펴보면, 대학이 교육 기관의 역할뿐만 아니라 지속가능한 사회와 지역 사회 연계 등 추가적인 역할을 달성하는 데 있어 리빙 랩이 활용된다.

존 브라운 대학의 리빙 랩 사례를 살펴보자. 존 브라운 대학은 지속가능성 문제를 해결하기 위해 캠퍼스 전반에 지식 기반 관리 도구 BEE Brown Energy Efficiency 애플리케이션을 개발하고, 도시 시설 관리 부서 전문가를 고용하여 전략적 에너지 평가 제도를 도입했다. 2007년 이전에 지은 건물을 대상으로 2020년까지 탄소 배출을 42% 절감하는 것을 목표로 했는데, 2012년에는 실질적으로 29.4%까지 절감하는 결과를 도출한다. 지속가능한 발전을 위한 노력을 계속하면서 도시 구성원들을 참여시킴으로써 장기적인 사회 인식 변화를 유도한 사례이다.

리빙 랩은 이처럼 시장과 사회의 요구에 부합하는 결과뿐만 아니라 최종 사용자 집단을 플랫폼화하여 수요자와 공급자가 협력하는 장인 '니즈' 집합체를 형성하기도 한다. 이러한 플랫폼은 공급자가 노인 돌봄, 환경 관리, 에너지 효율성 제고 등의 문제 분야별로 특화된 리빙 랩 플랫폼을 구축한다. 이에 최종 사용자가 적극적으로 참여하는 테스트 베드 Test Bed 의 형태로 다양한 기술을 실험하고 실증 가능한

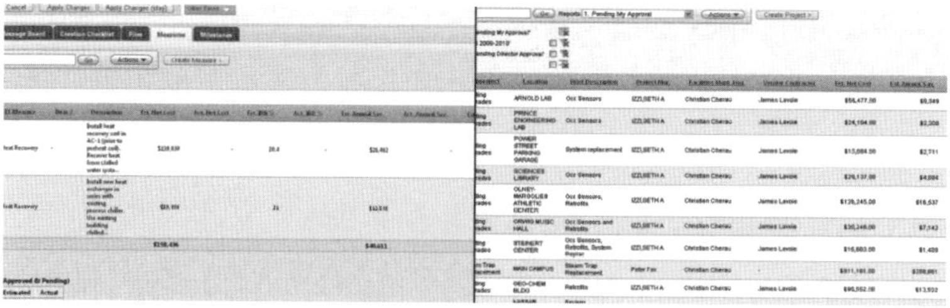

[그림 7] BBE 애플리케이션 화면

비즈니스 서비스 제공 업체가 된다.

대표적으로 재난 안전 문제 분야를 살펴보면, 2012년 구미 불산 누출 사고를 계기로 재난 대응에 대한 혁신의 필요성이 제기됨에 따라 현장 상황 파악 장비를 중심으로 하는 리빙 랩 방식이 시도되었다. 또 자체 연구와 DB 분석이 효율적으로 이루어지도록 '소방 리빙 랩 서비스'라는 리빙 랩 플랫폼을 제시하였다.

소방 리빙 랩 서비스는 개발 및 기획하는 A타입과 평가 및 개선에 해당하는 B, C타입으로 구분된다. 특히 평가 및 개선의 단계는 지속적인 피드백 활동을 위한 과정으로, 재난 대응과 관련한 전문성을 갖춘 자문단을 구성하기 위해 소방 전문가 그룹과 현장 소방대원들을 정교한 기준을 바탕으로 하여 조직화한다. 이는 리빙 랩 플랫폼을 구성하는 데 있어 전문가와 비전문가 조직적으로 협력하는 좋은 예시이다. 결과적으로 소방 분야 연구개발의 수익성 문제를 해소하여 공적인 성과를 달성했고, 국민들이 재난 현장을 직접 마주하면서 필요를 느끼는 기술을 실시간으로 평가할 수 있어 특정 사용자들의 수요를 보다 적극적으로 반영할 수 있게 되었다.

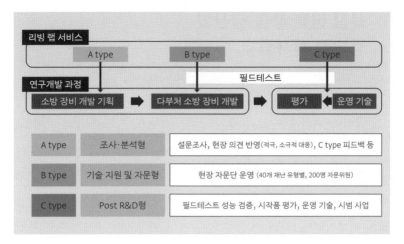

[그림 8] 소방 리빙 랩 서비스 적용 방법

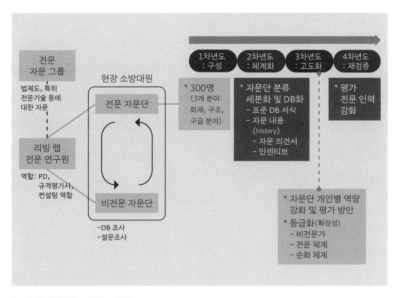

[그림 9] 리빙 랩 구성원의 역할

혁신 정책 공동 생산의
정책적 시사점

앞서 살펴본 덴마크의 마인드랩은 정부가 '시민적 가치'를 확보하기 위해 정책 수요자인 '시민'의 관점에서 증거 기반형 디자인적 사고를 활용한다는 점에서 의의가 있다. 영국의 정책 랩도 정부가 주도하여 시민을 중심으로 개선하고자 노력한 것을 구체적으로 제시하는 좋은 사례이다. 그러나 시민이 혁신 정책 과정에서 주도적으로 활동하거나 자발적으로 정책을 형성하는 등의 실질적 혁신 가치 창출에서는 한계가 있다는 점에서 차이를 보인다.

리빙 랩은 실생활 속에서 사용자들이 직접 수요를 반영할 수 있는 개방적인 사업을 의미한다. 다만 그 사업 내용에 따라 시장적 요구를 충실히 반영하는 방향으로 사업을 진행하는가, 사회적 요구를 반영 해결을 목적으로 하는가, 플랫폼 구축으로 지속적인 의견 교류의 장을 유지하고자 하는가에 따라 분류할 수 있다. 결국 '리빙 랩을 활용한다'라는 말은 '수요자와 공급자가 협력하는 사업 형태를 구축한다'는 의미로 이어진다고 정의할 수 있다.

마인드랩은 시민 참여에 더해 정부가 기업가 정신, 기후 변화, 디지털 셀프 서비스, 시민의 권리, 고용 서비스, 작업장 안전 등 사회 전반의 폭넓은 분야에서 혁신 활동을 했다는 점으로 초연결 사회가 필요로 하는 여러 분야에 대한 혁신의 확장과 파급 효과를 기대할 수 있다. 하지만 사업의 주체, 재원 등 모두가 정부(관료제)에 국한된다. 시민이라면 누구나 참여할 수 있는 환경적 조건이 마련되었음에도 불구하고 직접적인 참여의 장을 활성화하지 못했기 때문에, 시민들의 직접적인 참여적 가치 창출 측면이 약하다는 점이 한계로 꼽힌다.

또 정책 랩의 경우 사업 내용에 있어 정책랩을 통한 혁신 정책이 가치 달성 대신 정부의 행정 처리 구조 개편으로 정부의 행정 효율화 수준에 그치는 측면도 있었다. 즉, 혁신 정책에서의 공동 생산 과정을 기존의 행정 절차 방식에 편입시키는 결과에 그칠 수 있다는 점에서 신중하게 고려될 필요가 있다. 한편 혁신 정책의 과정이 정부의 재원으로 운영된다는 점은, 협력적 거버넌스의 책임 주체가 정부로 이어진다는 점에서 한계점이라 볼 수 있다. 이것은 정부의 정치적 접근이 완전히 배제될 수 없기에 공공 가치를 극대화하는 방안으로 발전의 한계를 보이게 된다는 뜻이므로 혁신 정책의 공동 생산에 있어 고려해야 하는 문제다.

초연결 사회기술시스템의
거버넌스

박상욱·안준모

초연결 사회기술시스템의
복잡한 층위

1990년대부터 행정학계에서 쓰이는 '거버넌스'는 여러 가지 유형과 층위로 설명될 수 있는 복잡한 개념이다. 하지만 거칠게 말하자면 거버넌스란 통치의 양식이라고 할 수 있으며, 일반적으로 통치자와 피치자, 즉 관과 민의 구분과 경계가 모호한 민관 협치나 민관 파트너십의 양상을 기본으로 한다.

추후 우리가 맞이할 초연결 사회기술시스템의 거버넌스는 지금까지 우리가 경험한 그 어떤 경우보다 더 복잡하고 모호한 형태가 될 것이다. 초연결 사회기술시스템에서는 생산자와 소비자, 영리를 추구하는 사기업과 공기업, 규제 당국과 규제 대상의 경계가 또렷하게 분리되지 않는다. 정보통신 플랫폼의 서비스를 이용하는 유저는 데이터를 생산하는 노동자이기도 하며, 전국민이 이용하는 검색 포털과 메시징 서비스 제공자는 사실상 공공 유틸리티를 담당하는 공기업이나 마찬가지다. 실제로도 정부 서비스와 연계된 많은 서비스가 이 사업자들을 통해 이루어지는 중이다. 나아가 제도 변화의 속도가 기술 변화의 속도를 따라오지 못하는 인공지능, 빅데이터, 메타버스 등의 분야에서 기업과 협단체의 자율 규제가 정부 당국의 규제 형성보다 선제적으로 이루어질 뿐 아니라 더욱 실질적이다.

그래서 초연결 사회기술시스템의 주역인 플랫폼 기업들과 국가의 관계는 매우 다면적이라고 볼 수 있다. 정부(및 입법부)와 시장은 전통적인 산업 부문 구분에 따라 고착화된 창구로 대면하는데, 플랫폼 기업은 다루는 산업이 여러 부문에 걸쳐 펼쳐지기 때문에 한마디로 정의하기 어렵다. 초연결 사회기술시스템의 새로운 거버넌스 속에서 행위자들은 다인다역多人多役할 수밖에 없다. 지금으로서 이러한 초연결 사회기술시스템으로 넘어가는 전이 자체를 관리할 거버넌스, 즉 전이 거버넌스의 역할이 매우 중요하다. 사회기술시스템의 전환은 가치 중립적이지 않기에, 바람직한 전환이 일어나도록 적극적으로 조향하여 전환 경로를 사회적으로 선택할 필요가 있다.

초연결 사회기술시스템의
성찰적 거버넌스

성찰성이란 어떤 행위자가 환경이나 다른 행위자와 어떠한 관계를 맺고, 다시 그 관계에 의해 영향을 받는다는 의미다. 말하자면 관계성의 환류이기 때문에 영어 'Reflexive'를 '재귀적'이라고 번역할 수도 있다. 성찰성의 개념은 앤서니 기든스Anthony Giddens와 스콧 래쉬Scott Lash가 제기했으나, 널리 알려진 것은 울리히 벡의 업적이다. 벡은 근대화가 야기한 위험 사회를 직시하기 위해서 성찰성의 개념을 사용했다.

위험 사회에서는 끊임없이 의도치 않은 일이 벌어지기 때문에 완전히 합리적인 예측이나 의사 결정은 존재할 수 없다. 따라서 문제의 어려움을 외면하지 않는 성찰성이 합리성의 대안으로 제안된다. 이 관점에서 보면 합리적 최선 또는 최적이라는 것은 존재하지 않으며 대안들은 협상과 타협의 결과다. 결국 충돌하는 다양한 의견을 조정하는 기제가 필요한데, 합리적이고 전능한 철인哲人이나 철인 집단에 의한 통치보다 다양한 보통 사람이 참여하는 거버넌스가 알맞다.

성찰적 거버넌스는 변화를 조향하는 권한을 다양한 사람에게 배분하여 다채로운 시각을 표명Articulate하도록 하고, 활발한 상호 작용을 통해 이를 포괄한다. 문제 발생과 해결책 모색, 그리고 변이된 문제의 발생은 일종의 순환이며, 이 순환 속에서 행위자들은 상호 작용 학습으로 자기조정Self-modulating을 수행해야 한다. 의사 결정 결과보다 의사 결정 과정 자체가 더 중요하며, 어떤 결정이 내려질지는 미리 정해지지 않는다. 이러한 거버넌스의 전개 방식은 불확실성이 크고 복잡한 사회기술시스템 전이의 관리에 특히 유효하다. 성찰성의 관점에서 앞으로의 진보, 즉 다음 사회기술시스템으로의 전이는 비선형적·진화적·상황 의존적이다. 이를 관리하기 위해 성찰적 거버넌스는 불확실성과 모호함을 허용해야 하며, 문제를 직면하고 해결 방안을 제시하는 일련의 순환 과정이 되풀이되는 반복성과 연속성을 특징으로 갖게 된다.

성찰적 거버넌스를 가장 적극적으로 채용하는 분야는 기후 위기에 대응한 탈탄소 전환(혹은 에너지 전환) 분야이다. 지속가능한 사회기술시스템으로의 전이는 역동적이고 불확실하며 복잡하기 때문이다. 지속가능성을 위해 과학기술 연구개발이 성찰적으로 이루어져야 하며, 신기술의 잠재적 위험을 다루는 과정에서도 전문가 중심 주의에서 벗어난 시민 참여가 강조된다. 과학기술 전문성에 기반한 의사 결정에서 오류가 발생하는 경우, 과학기술 지식의 불완전성을 탓하며 더 낫거나 많은 지식으로 해결할 수 있다는 사고방식은 전문성에 대한 과신이자 오만일 수 있다. 전문성이 부족하더라도 다양한 시각을 적용할 때 합리적 의사 결정의 오류에 의한 잠재적 위험을 사전에 경고할 수 있다.

성찰적 거버넌스의 모색을 위해 고려할 점

성찰적 거버넌스를 바탕으로 초연결 사회기술시스템으로 전환하기까지의 여정이 그리 쉽지만은 않을 것이다. 초연결 사회기술시스템의 복잡성과 불확실성을 고려해 볼 때 이를 위해 다음과 같은 다양한 점을 고려해야 한다.

첫째, 물리적·생물학적 경계가 사라지고 탈상품화된 노동과 시장, 사회, 국가가 출현할 것이라는 점이다. 오픈AI와 피규어Figure AI의

로봇이 결합된 생성형 인공지능 기반 로봇이 시연된 바 있다. 자율적 판단이 가능한 로봇의 활용이 우리 목전에 다가왔다는 것을 보여 주는 사례이다. 이미 생산 현장에서 로봇의 활용은 오래전부터 보편화되었으나, 이제 생성형 인공지능은 인간 노동의 완전한 대체 가능성까지도 보여 준다.

우리 인류는 문명 시대가 시작된 이래로 노동에서 자유로워지기 위해 부단히 노력했다. 도구를 개발하고, 기계를 발명해 생산성을 높이고 노동 시간을 줄이려고 했다. 하지만 동시에 많은 사람에게 노동의 기회를 주기 위해 노력했다. 정부가 실업률을 관리하고 일자리 창출을 위해 다양한 종류의 정책을 펼치는 것도 이 때문이다. 그래서 노동의 효율화와 노동 기회의 창출이라는 다소 상충될 수 있는 두 가지 가치가 대립되는 상황이다. 여기에 생성형 인공지능은 노동의 해방, 종말이라고 하는 새로운 이슈를 던지는 것이다.

노동력 판매권의 개인화는 어떠한가? 우리는 코로나19를 겪으며 많은 분야에서 재택근무가 가능하다는 사실을 경험했다. 오프라인 회의와 수업, 면접 등 노동과 관련된 수많은 행위는 디지털 기술에 힘입어 기존과 다른 양상으로 이루어질 수 있었다. 또 플랫폼 기반의 배달 산업이 급성장하며 개인 라이더들은 특정 회사에 소속되지 않은 개인이 다양한 플랫폼에서 일하는 형태인 노동의 멀티호밍Multi-homing을 선보였다. 노동력 판매권이 개인에게 귀속되는 새로운 형태의 노동을 만들어 낸 것이다. 다양한 파트 타임 일자리를 영위하는 소위 N잡러와 긱 이코노미Gig economy의 등장도 이제 노동 공급의 주도권이 변화한다는 사실을 시사한다.

점차 강화되는 사회 정책도 노동의 탈상품화를 가속화하고 있다.

기본 소득에 대한 논의가 발전하고 다양한 사회 보장 안전망이 등장하면서 노동의 상품화가 어려워지는 상황이다. 제레미 리프킨Jeremy Rifkin이 그의 저서 《노동의 종말The End of Work》에서 주장한 것처럼, 첨단 기술이 일자리를 줄인다면 이를 보완하기 위한 기본 소득의 도입이 불가피할지도 모른다. 최근 논의되는 로봇세(로봇을 소유한 사람이나 기업으로부터 걷는 세금)가 실제로 도입된다면 이러한 논의도 본격 현실이 될 것이다.

노동의 재편은 노동자 조직과 노동 계급의 소멸을 가져올 수도 있다. 역사적으로 노동의 존재는 노사 간의 대립, 노동 정책, 노동조합을 통한 민주주의의 실현 등 다양한 정치적·정책적 이슈를 불러일으켰다. 하지만 탈상품화된 노동과 시장, 사회, 국가가 출현한다면 어쩌면 원점으로 돌아가 민주주의와 거버넌스를 재설계해야 할지도 모른다. 노동의 정의, 노동 공급의 주체, 노동의 패턴 등 기존의 노동과 관련된 개념들이 송두리째 전복될 수 있기 때문이다.

둘째, 데이터, 디지털 플랫폼, 인공지능이 기존의 규제를 진화적 자율 규제로 전환시키고 있다는 점이다. 인류 역사를 돌이켜 보면 기술의 발전과 규제의 도입은 늘 쫓고 쫓기는 술래잡기의 반복이었다. 새로운 기술이 도입되어 전에 없던 문제를 유발하면 이를 해결하기 위해 새로운 규제가 도입되고, 새로운 규제의 영향에서 벗어나기 위해 다시 새로운 기술이 개발되는 식으로 기술과 제도의 지루한 공방전이 지속되었다.

그러나 빅데이터와 생성형 인공지능은 놀라운 속도로 발전할 뿐 아니라 사람의 통제에서도 벗어나는 중이다. 사람이 코딩으로 규칙을 만들어 주던 전통적 프로그래밍 알고리즘과 달리, 데이터를 바탕으로 스스로 학습하고 최적화된 규칙을 찾아가는 생성형 인공지능은 어떤 근거로 어떤 판단을 내리게 되는지 개발자조차 알 수 없다. 기술이 우리가 예측할 수 있는 수준을 넘어서고 있다는 것은 규제 프레임워크의 근본적인 변화가 필요하다는 사실을 시사한다. 높은 불확실성이라는 또 하나의 외생변수가 존재하기 때문이다.

이에 따라 새로운 디지털 기술을 향한 진화적 자율 규제가 필요해지고 있다. 우리가 어떤 것을 규제할 때 그 대상이 분명하고, 규제하고자 하는 범위와 내용이 명확해야 한다. '보행자는 빨간 불에 길을 건너면 안 된다'는 교통 규칙처럼 말이다. 하지만 생성형 인공지능처럼 기술이 어떠한 경로로 어떻게 발전할지 모른다는 불확실성을 갖는다는 건, 기존의 규제 프레임워크가 더는 유효하지 않을 수 있다는 뜻이다. 규제할 대상과 내용, 범위가 명확하지 않기 때문에 누가 무엇을 어떻게 규제할지 정하는 것 자체가 상당히 어렵다.

예를 들어, 생성형 인공지능의 위험성을 평가한다는 것도 만만치 않다. 고위험 인공지능을 규제한다는 당위성이야 모두 공감하겠지만, 사람의 통제를 벗어나 어디로 튈지 모르는 생성형 인공지능이 만들어 내는 정보를 어떠한 기준을 가지고 그 잠재적 리스크와 위험성을 평가할 것인지, 누가 평가할 것인지는 결코 쉬운 질문이 아니다. 또 거대 빅테크 기업들은 글로벌 기업이기 때문에 우리나라의 법과 제도로 규제하는 데도 한계가 있다. 게다가 기술혁신과 인재 기반으로 성장한 우리나라의 경우 인공지능을 규제하는 것과 동시에 인공지능 산업 진흥으로 미래 먹거리를 창출해야 하는 딜레마도 존재한다. 인공지능의 단편적 부작용만 보고 기술 개발을 포기할 수 없기 때문이다. 규제는 하되 상황에 따라 때로 규제하지 않기 때문에 어려운 균형점을 찾을 수밖에 없는 상황이다.

따라서 이러한 변화에 걸맞은 새로운 규제 프레임워크가 필요하다는 사실은 의심의 여지가 없다. 성찰적 거버넌스를 채용하는 탈탄소 전환처럼 각국 정부와 기업은 물론 시민 사회 등의 다양한 주체가 함께 만들어 가야 한다. 기존의 경험을 활용하되 과하게 의존하지 않아야 하며, 성찰적 거버넌스와 학습으로 새로운 균형점을 찾아 나가는 협동 규제, 자율 규제와 같은 공진화적 규제 프레임워크 마련이 절실하다.

셋째, 초연결 시대에서는 정부와 기업의 관계와 생산력의 거버넌스가 재정의되고 있다는 점이다. 산업 시대에서 생산력의 주도권은 정부가 가졌다. 노동과 자본이라는 한정된 자원을 효율적으로 배분하고 이에 대한 규칙을 만드는 일이 중요했기 때문이다. 하지만 초연결 시대의 빠른 기술 발전으로 이미 경제 성장의 주도권은 정부에서 민간으로 이전되는 중이다. 대표적인 사례가 디지털 플랫폼 정부이다. 빅데이터 시대의 본격화와 블록체인 기술과 생성형 인공지능의 도입은 기존 전자 정부의 개념을 송두리째 바꿔 놓았다. 정부는 전통적으로 정책의 공급자로서 공공서비스를 주도해 왔지만, 이제 이러한 역할은 다양한 공공데이터의 수집을 기반으로 민간과 함께 새로운 공공 가치를 창출하는 공동 가치 창출Value co-creation로 전환되는 추세이다.

시민들의 니즈가 세분화되고 이를 파악할 수 있는 다양한 종류의 데이터가 축적됨에 따라 불특정 다수를 대상으로 하는 산업화 시대의 정책은 수요자 맞춤형 정책으로 바뀔 수밖에 없다. 데이터를 플랫폼에 유통하며 공동 가치를 창출하는 디지털 플랫폼 정부 시대가 도래하면서 민간이 정부의 정책 개발과 의사 결정에 더욱 깊숙이 개입하게 되었다. 새로운 거버넌스로 전이되고 있는 것이다.

대표적인 사례로 거브테크Gov-tech를 들 수 있다. 전자 정부 시절에는 시스템의 일부를 민간에 위탁할 수 있었다. 하지만 생성형 인공지능과 클라우드 컴퓨팅처럼 빠른 기술 변화 속에서 단순한 외부 위탁만으로 디지털 플랫폼 정부를 실현하는 것이 더는 가능하지 않다. 민간 기업의 기술적 우월성을 인정하고 정책 수요자들이 적극적으로 참여하여 공공서비스를 함께 개발해야 하기 때문이다.

이러한 정부의 역할 변화는 전통 산업 중심의 거버넌스의 변화로 이어져야 한다. 우리나라의 산업 거버넌스는 제조업과 기간 산업에 최적화되었다. 물론 제조업은 국가 경제의 기반으로 중요한 역할을 하는 것이 사실이다. 하지만 디지털 기술의 발전이 플랫폼 경제 시대를 맞아 더욱 다면화되는 중이며 긱 이코노미, 제조업과 서비스업의 융합 같은 전례 없던 새로운 가치를 창출하고 있다는 점도 상기해야 한다. 전통 산업에 맞춰진 기존 법과 제도는 초연결 시대의 기업들을 다양하게 옥죄고 있다.

이를테면 연구개발 세액공제 제도는 제조업처럼 장비를 사고 눈에 보이는 시제품을 만드는 행위를 요구한다. 국정감사가 열릴 때마다 초연결 시대를 선도하는 디지털 기업들은 5~6개의 국회 상임위에 출석해야 한다. 그런데 글로벌 기업에게 적용할 수 없는 국내용 규제들이 남발되면서 오히려 디지털 기업에게 불리한 기울어진 운동장이 만들어지는 중이다. 전통 산업에 고착된 거버넌스는 민간 기업에게 시스템 조정 비용을 전가하게 되며, 초연결 기업과 정부가 적대적 공생을 하는 최적화 실패를 유발한다. 초연결 시대의 도래에 따라 새로운 정부와 민간의 관계 설정이 필요한 때이다.

넷째, 무정형·유동 시스템과 사회기술적 실험 공간으로서의 정책이 필요하다. 초연결 시스템의 핵심 중 하나는 다양한 주체의 참여와 이들의 다양한 니즈의 발현이 연결을 매개로 증폭된다는 것이다. 초연결 시대에는 산업 시대에 유효했던 정형적·고정 시스템이 더는 유효하지 않다. 가변적으로 변화하고 발전하는 다양한 니즈에 대응할 수 있는 유연한 동적 시스템이 필요하다. 이러한 동적 시스템에 초연결 시스템에 맞는 정부 혁신과 다품목 정책 실험Policy Experiment을 갖춰야 한다. 기존의 법과 제도를 고집하기보다 변화에 대응할 수 있는 유연성을 가지고 다양한 정책 실험이 일어날 수 있도록 하는 가볍고, 기민하고, 유연한 정부로의 전환이 요구된다.

새로운 거버넌스를 위한 처방

우리가 앞으로 필연적으로 고려하여 대응해야 하는 변화를 바탕으로, 초연결 사회기술시스템 거버넌스를 실현하기 위해 어떤 처방이 필요할까? 정해진 정답은 없지만 최소한 앞서 언급한 성찰적 거버넌스가 작동할 수 있는 조건들이 마련되어야 할 것이다. 우선 전문가와 시민 들이 연대를 통해 구축하는 조향 위원회Steering Committee가 마련되어야 한다. 초연결 사회기술시스템이 다양한 주체의 참여와 분산적 의사 결정을 통한 합리적 해결 방안 마련을 지향한다면, 과학기술 전문성에 기반한 의사 결정과 시민들의 다양한 시각을 통한 의사 결정 각각의 오류와 위험을 바로잡을 수 있는 균형적인 시스템이 필요하다.

또 자기 조직적이고 자율적인 정책 네트워크를 구축해야 한다. 산업 시대에는 예측 가능한 기술 진보와 불특정 다수에 대한 정책 처방이 효과적이었지만, 초연결 시대에서 정책에서도 스마트한 진화가 필연적이다. 따라서 공진화적 진보를 실현할 수 있는 발전적 정책 네트워크가 구축되어야 한다. 정적인 상태에 머무르지 않고 새로운 정보를 끊임없이 학습하여 새로운 동적인 평형을 찾아내는 자율 주행 같은 정책의 자가 발전이 요구되는 것이다.

마지막으로 가치 지향적이고 성찰적인 학습 거버넌스를 기반으로 한 전이 관리가 필요하다. 산업 시대의 거버넌스와 초연결 시대가 요구하는 거버넌스는 여러 면에서 상이한 특성을 가질 것이므로, 패러다임 전환의 충격을 최소화하기 위해 효과적인 전이 관리가 매우 중요하다. 초연결 사회기술시스템은 기존의 산업 시대 거버넌스를 부정하는 것이 아니다. 기존의 거버넌스를 일부 포함하는 더 큰 거버넌스로의 진화이며 동태적 평형을 전제로 하는 변화의 일상화를 전제로 한다. 초연결 사회기술시스템이 비선형적·진화적·상황 의존적임을 상기해 본다면, 불확실성과 모호함을 허용하며 반복적·연속적 문제 해결 과정의 순환을 강조하는 성찰적 거버넌스 전이 관리가 필요하다는 것을 알 수 있다.

산업 사회에서는 일회성 정책 처방이 유효했다. 문제가 명확하고 비교적 간단했기 때문에 문제를 파악하고 그에 맞는 정책 처방을 내릴 수 있었고, 일회성 정책 처방으로 문제 대부분을 해결하는 경우가 많았다. 그러나 초연결 시대가 목도한 문제는 다양한 이해관계자가 얽혀 있고, 다면적 성격을 가진 복잡계Complex Systetm의 사악한 문제Wicked Problem라고 할 수 있다. 문제를 이해하기도 힘들 뿐 아니라, 일회성 정책 처방으로 해결하기 어렵다. 따라서 정책 처방은 일회성이 아니라 진행형으로 이루어져야 하며 다양한 이해관계자가 참여해 함께 고민하는 성찰적 거버넌스가 뒷받침되어야 한다. 효과적 전이 관리를 위해서는 학습이 전제되어야 하기 때문이다.

초연결 사회기술시스템은 먼 미래 얘기가 아니다. 이미 초연결 사회기술시스템으로의 전이는 시작됐고, 미룰 수 없는 현실이다. 아무런 준비 없이 변화의 파도에 휩쓸릴 수도, 그 어느 때보다 중대한 변화의 중심에서 우리에게 가장 알맞은 시스템을 새로 설계할 수도 있을 것이다. 성공적인 전이와 부드러운 연착륙에 대한 성패는 우리 모두의 참여와 노력에 달렸다.

참고 문헌

1부

1장

Beck, U., Giddens, A., & Lash, S. (1994).Reflexive modernization: Politics, tradition and aesthetics in the modern social order. Stanford University Press.

Freeman, C. (1987) Technology Policy and Economic Performance: Lessons from Japan (London: Pinter)

Geels, F. W. (2004). From sectoral systems of innovation to socio-technical systems: Insights about dynamics and change from sociology and institutional theory.Research policy,33(6-7), 897-920.

Geels, F. W., & Kemp, R. (2007). Dynamics in socio-technical systems: Typology of change processes and contrasting case studies.Technology in society

Hughes, T. P. (1987). The evolution of large technological systems.The social construction of technological systems: New directions in the sociology and history of technology,82, 51-82.

Hughes, T. P. (1993).Networks of power: electrification in Western society, 1880-1930. JHU press.

Klein, H. K., & Kleinman, D. L. (2002). The social construction of technology: Structural considerations.Science, Technology, & Human Values,27(1), 28-52.

Latour, B. (1996). On actor-network theory: A few clarifications.Soziale welt, 369-381.

Latour, B., & Porter, C. (1993). We have never been modern [1991].Contemporary Sociological Theory, 448.

Shapin, S. (1995). Here and everywhere: Sociology of scientific knowledge.Annual review of sociology,21(1), 289-321.

White, L. (1962).Medieval technology and social change(Vol. 163). Oxford University Press, USA.

Wrigley, E. A. (1972). The process of modernization and the industrial revolution in England.The Journal of Interdisciplinary History,3(2), 225-259.

2장

Bacon, Francis 1626, New Atlantis, in Vickers, Brian J. (ed.) 2008, Francis Bacon: The Major Works, Oxford: Oxford University Press.

Carr, Nicholas 2011, The Shallows: What the Internet is Doing to Our Brains, New York: W.W. Norton & Co.

Kahneman, Daniel, Sibony, Oliver, and Sunstein, Cass R. 2021, Noise: A Flaw in Human Judgment, New York: Little, Brown and Co.

Thaler, Richard H. 2016, Misbehaving: The Making of Behavioral Economics, New York: W.W. Norton & Co.

3장

Becker, H. S. (2017). Evidence. University of Chicago Press.

Bennett, A. (1999). Subcultures or neo-tribes? Rethinking the relationship between youth, style and musical taste. Sociology, 33(3), 599–617.

Brownback, A., & Novotny, A. (2018). Social desirability bias and polling errors in the 2016 presidential election. Journal of Behavioral and Experimental Economics, 74, 38–56.

Burks, A. W. (1946). Peirce's theory of abduction. Philosophy of Science, 13(4), 301–306.

Chase, S. E. (2003). Learning to listen: Narrative principles in a qualitative research methods course. In R. Josselson, A. Lieblich, & D. P. McAdams (Eds.), Up close and personal: The teaching and learning of narrative research. American Psychological Association.

Giddens, A. (1984). The constitution of society: Outline of the theory of structuration. University of California Press.

Hunter, J. D. (1991). Culture wars: The struggle to define America. Basic Books.

Jernite, Y., Nguyen, H., Biderman, S., Rogers, A., Maraim, M., Danchev, V., Tan, S., Luccioni, A. S., Subramani, N., Dupont, G., Dodge, J., Lo, K., Zeerak, T., Johnson, I., Radev, D., Nikpoor, S., Frohberg, J., Gokaslan, A., Henderson, P., Bommasani, R., & Mitchell, M. (2022). Data governance in the age of large-scale data-driven language technology. Proceedings of the 2022 ACM Conference on Fairness, Accountability, and Transparency.

Kearns, M. (2018, May). Data intimacy, machine learning and consumer privacy. University of Pennsylvania Law School.

Kuhn, T. S. (1970). The structure of scientific revolutions(Vol. 111). University of Chicago Press.

Lieblich, A., Tuval-Mashiach, R., & Zilber, T. (1998). Narrative research: Reading, analysis, and interpretation. Sage.

Madsbjerg, C. (2017). Sensemaking: The power of the humanities in the age of the algorithm. Hachette UK.

Maffesoli, M. (1988). Le temps des tribus: Le déclin de l'individualisme dans les sociétés postmodernes (3e éd.).

O'Neil, C. (2016). Weapons of math destruction: How big data increases inequality and threatens democracy. Broadway Books.

Oxford Languages. (2016). Word of the year 2016. https://languages.oup.com/word-of-the-year/2016/

Pal, K. (2023, April 23). What is jailbreaking in AI models like ChatGPT? Techopedia. https://www.techopedia.com/what-is-jailbreaking-in-ai-models-like-chatgpt

Park, S., Park, J. Y., Kang, J. H., & Cha, M. (2021). The presence of unexpected biases in online fact-checking. Harvard Kennedy School Misinformation Review.

Riessman, C. K. (1993). Introduction: Locating narrative. In Narrative analysis. Sage.

Rosenwald, G. C., & Ochberg, R. L. (1992). Introduction: Life stories, cultural politics, and self-understanding. In G. C. Rosenwald & R. L. Ochberg (Eds.), Storied lives: The cultural politics of self-understanding. Yale University Press.

Smith, A. (1759). The theory of moral sentiments

Smith, A. (1776). An inquiry into the nature and causes of the wealth of nations

TechCrunch. (2023, April 20). Jailbreak tricks Discord's new chatbot into sharing napalm and meth instructions. TechCrunch. https://techcrunch.com/2023/04/20/jailbreak-tricks-discords-new-chatbot-into-sharing-napalm-and-meth-instructions/

The New York Times. (2023, February 16). Bing's A.I. chat: "I want to be live." The New York Times. https://www.nytimes.com/2023/02/16/technology/bing-chatbot-transcript.html?-

searchResultPosition=20

Turner-Lee, N., Resnick, P., & Barton, G. (2019, May 22). Algorithmic bias detection and miti-gation: Best practices and policies to reduce consumer harms. Brookings Institution.

Watts, D. J. (2014). Common sense and sociological explanations. American Journal of Sociolo-gy, 120(2), 313-351.

김용대, & 윤성로. (2021). 인공지능의 작동원리와 설명가능성에 대하여. In 고학수 (Ed.), 인공지능원론: 설명가능성을 중심으로.

박노섭. (2012). 범죄사실의 재구성과 가설적 추론(Abduction)의 역할에 대한 연구. 경찰학연구, 12(4), 3-22.

이기홍. (2008). 사회연구에서 가추와 역행추론의 방법. 사회와 역사, 80, 287-322.

이재인. (2006). 서사의 개정과 의식의 변화. 한국여성학, 22(2), 81-120.

이희영. (2005). 사회학 방법론으로서의 생애사 재구성: 행위이론의 관점에서 본 이론적 의의와 방법론적 원칙. 한국사회학, 39(3), 120-148.

최종렬, 최인영, 김영은, & 이예슬. (2015). 베버와 바나나: 이야기가 있는 사회학. 마음의거울.

최항섭. (2019). 패션, 사회, 미디어: 그 관계에 대한 이론적 연구. 문화와 사회, 27(1), 259-293.

2부

1장

Arrieta-Ibarra, I., Goff, L., Jiménez-Hernández, D., Lanier, J., & Weyl, E. G. (2018). Should we treat data as labor? Moving beyond "free." AEA Papers and Proceedings, 108, 38-42. https://doi.org/10.1257/pandp.20181003

Autor, D. H., Levy, F., & Murnane, R. J. (2003). The skill content of recent technological change: An empirical exploration. The Quarterly Journal of Economics, 118(4), 1279-1333. https://doi.org/10.1162/003355303322552800

Barrero, J. M., Bloom, N., & Davis, S. J. (2021, July 18). Let me work from home, or I will find another job. Vox. https://www.vox.com/2021/7/18/22581432/remote-work-telecommut-ing

Bloom, N., & Ramani, A. (2021). The donut effect of Covid-19 on cities. Journal of Urban Eco-nomics, 95, 22-45. https://doi.org/10.1016/j.jue.2021.04.001

Bureau of Labor Statistics. (2022). Computer and information technology occupations. U.S. Bu-reau of Labor Statistics. https://www.bls.gov/ooh/computer-and-information-technology/

Dingel, J. I., & Neiman, B. (2020). How many jobs can be done at home? Journal of Public Eco-nomics, 189, 104235. https://doi.org/10.1016/j.jpubeco.2020.104235

Dobis, E. A., Krumel, T. P., Jr., Cromartie, J., Conley, K. L., Sanders, A., & Ortiz, R. (2021). Rural America at a glance: 2021 edition(EIB-230). U.S. Department of Agriculture, Eco-nomic Research Service.

Federal Trade Commission. (2022, March 18). Equifax data breach settlement. Federal Trade Commission. https://www.ftc.gov/enforcement/refunds/equifax-data-breach-settlement

GWI. (2021). The biggest social media trends for 2022. GWI. https://www.gwi.com/reports/social

IGAWORKS. (2020). IGAWORKS MOBILE INDEX 2020.

International Federation of Robotics (IFR). (2018, February 7). Robot density rises globally. International Federation of Robotics. https://ifr.org/ifr-press-releases/news/robot-density-rises-globally/

International Labour Organization (ILO). (2014). International standard classification of education (ISCED). ILO. https://ilostat.ilo.org/resources/concepts-and-definitions/classification-education/

International Labour Organization (ILO). (2020). Working time[Dataset]. ILOSTAT. https://ilostat.ilo.org/topics/working-time/

Legal Times. (2021, December 3).

Legal Times. https://www.legaltimes.co.kr/news/articleView.html?idxno=63861

Meta. (2022, February 2). Meta reports fourth quarter and full year 2021 results. Meta Investor Relations. https://investor.fb.com/investor-news/press-release-details/2022/Meta-Reports-Fourth-Quarter-and-Full-Year-2021-Results/default.aspx

Mongey, S., Pilossoph, L., & Weinberg, A. (2020, May). Which workers bear the burden of social distancing? Working Paper 27085. https://doi.org/10.3386/w27085

OECD. (2003). OECD glossary of statistical terms - Unpaid labour definition. OECD. https://stats.oecd.org/glossary/detail.asp?ID=6818

OECD. (2021). Earnings and wages - Average wages. OECD Data. https://data.oecd.org/earnwage/average-wages.htm

Park, J. (2023, November). Relocating to the 'Just Right Countryside': Japanese youths' rural migration and their lifestyles. Korean Anthropology Review, 30(3), 131-150. https://doi.org/10.22913/KOANTHRO.2023.11.30.3.131

Smith, R. (2018, April 18). South Korea has the highest density of robot workers in the world. World Economic Forum. https://www.weforum.org/agenda/2018/04/countries-with-most-robot-workers-perhuman/

SW산업협회. (2019). 2019년 SW기술자 임금실태조사.

The Guardian. (2021, February 27). Judge approves $650m settlement of privacy lawsuit against Facebook. The Guardian. https://www.theguardian.com/technology/2021/feb/27/facebook-illinois-privacy-lawsuit-settlement

U.S. Department of Justice. (2022, May 25). Twitter agrees to $150 million civil penalty and comprehensive reforms. U.S. Department of Justice. https://www.justice.gov/archives/opa/pr/twitter-agrees-doj-and-ftc-pay-150-million-civil-penalty-and-implement-comprehensive?utm_source=chatgpt.com

Ulloa, J. (2019, May 5). Newsom wants companies collecting personal data to share the wealth with Californians. Los Angeles Times. https://www.latimes.com/politics/la-pol-ca-gavin-newsom-california-data-dividend-20190505-story.html

World Bank. (2020). Adjusted net national income per capita (current US$) | Data. World Bank. https://data.worldbank.org/indicator/NY.ADJ.NNTY.PC.CD

국토연구원, & 행정안전부. (2021). 지방소멸 대응 대책 수립 연구: 최종 보고서(강현수 (연구책임), 차미숙 외). 국토연구원.

뉴데일리경제. (2022, January 20). 개인정보 거래 문제. 뉴데일리경제. https://biz.newdaily.co.kr/site/data/html/2022/01/20/2022012000137.html?utm

동아일보. (2020, January 12). 실리콘밸리 엔지니어 2년차 연봉이 2억… 한국은 평균 7600만원. 동아일보. https://www.donga.com/news/Economy/article/all/20200112/99192438/1

디지털데일리. (2022, June 8). [취재수첩] 고객정보 판매한 토스… 마이데이터 부작용 불씨 지폈다. 디지털데일리. https://m.ddaily.co.kr/page/view/2022060815134029537

법률신문. (2015, December 9). 카드 3사 개인정보 유출 손배소 패소… "1인당 10만원 배상".

법률신문. https://www.lawtimes.co.kr/news/98210

법률신문. (2019, December 9). [판결] '개인정보 유출 사고' 인터파크, 피해 회원 1인당 10만원씩 배상 판결. 법률신문. https://www.lawtimes.co.kr/Content/Article?serial=165373

법률신문. (2019, January 18). KB국민·롯데·NH농협카드 개인정보 유출 피해자에 1인당 10만원씩 배상 확정. 법률신문. https://www.lawtimes.co.kr/news/149640

서울신문. (2020, February 27). 감염 막고 업무 효율 UP? 재택근무 시대 당겨지나. 서울신문. https://seoul.co.kr/news/newsView.php?id=20200227020002&wlog_sub=svt_026

서울특별시. (2022). 2021 서울 생활 이동 데이터. 서울 열린데이터 광장. https://data.seoul.go.kr/dataVisual/seoul/seoulLivingMigration.do?utm_source

손연정, 이은주, & 채민희. (2021). 비대면 시대 일하는 방식의 변화와 일·생활균형. 한국노동연구원.

오마이뉴스. (2019, January 21). 농협·국민·롯데카드 정보유출 피해자들, 1인당 10만원 배상 판결. 오마이뉴스. https://www.ohmynews.com/NWS_Web/View/at_pg.aspx?CNTN_CD=A0002502591

오삼일, & 이종하. (2022). 팬데믹 이후 재택근무 확산과 경기완충 효과. BOK 이슈노트, 2022(4).

윤종수. (2020). 사물인터넷, 블록체인, 인공지능의 상호운용에 있어서 개인정보자기결정권의 실현 및 데이터 이용 활성화. 정보법학, 24(3), 107-148.

이동민. (2018). 지방소멸론을 통해 살펴보는 일본의 지방소멸 문제. Asian Regional Review DiverseAsia, 1(2), 1-22.

이동진. (2018). 데이터 소유권(Data Ownership), 개념과 그 실익. 정보법학, 22(3), 219-242.

이수형. (2019). 인공지능과 고용시장의 변화. 서울대학교 법과경제연구센터 인공지능정책 이니셔티브. http://ai.re.kr

조선일보. (2018, July 20). 최저임금 뭐냐… 무인주문기 판매가 2배로 뛰었다. 조선일보. http://biz.chosun.com/site/data/html_dir/2018/07/20/2018072000309.html

통계청. (2020). 2020 통계연보. 통계청. https://www.kostat.go.kr/portal/english

퍼솔 종합연구소. (2022, March 1). 제6회 신종 코로나바이러스 대책에 따른 텔레워크 영향에 관한 긴급 조사. https://rc.persol-group.co.jp/thinktank/data/telework-survey6.html

한겨레. (2022, January 20). 개인정보 팔았다. 한겨레. https://www.hani.co.kr/arti/economy/economy_general/1058572.html?utm

한국경제. (2018, May 9). 시중은행 ATM 대수 2년새 11% 줄어… "돈 찾기 힘드네". 한국경제. http://news.hankyung.com/article/2018050946746

한국경제. (2022, June 7). 1건당 6만9000원... 토스, 보험설계사에 개인정보 팔았다. 한국경제. https://www.hankyung.com/economy/article/2022060762846

2장

벡, 울리히. (홍성태, 역). (1997). 위험 사회: 새로운 근대(성)를 향하여. 새물결. (원저 1986)

신선영. (2022). 사회적 영향 평가의 제도화 동향과 정책적 시사점. 과학기술정책연구원 STEPI Insight, 300, 1-31.

Ayres, I., & Braithwaite, J. (1992). Responsive regulation: Transcending the deregulation debate. Oxford University Press.

Backer, L. C. (2018). Global panopticon: Surveillance, risk management, and regulatory coordination in the digital age. Harvard International Law Journal, 59(2), 1-54.

Baldwin, R. (2012). Understanding regulation: Theory, strategy, and practice(2nd ed.). Oxford University Press.

Bamberger, K. A. (2010). Technologies of compliance: Risk and regulation in a digital age. Texas Law Review, 88, 669-739.

Black, J. (2001). Decentring regulation: Understanding the role of regulation and self-regulation in a 'post-regulatory' world. Current Legal Problems, 54(1), 103-146.

Black, J. (2002). Critical reflections on regulation. Australian Journal of Legal Philosophy, 27, 1-35.

Brownsword, R. (2019). Law, technology and society: Re-imagining the regulatory environment. Routledge.

Calvo, R. A., Peters, D., Cave, S., & Vold, K. (2020). Advancing impact assessment for intelligent systems. Nature Machine Intelligence, 2, 89-91.

Citron, D. K. (2008). Technological due process. Washington University Law Review, 85, 1249-1313.

Ezeani, G., Hasselbalch, J., Carr, M., Hosein, G., & Snaith, B. (2021). A survey of artificial intelligence risk assessment methodologies – The global state of play and leading practices identified. EY Trilateral Research.

Hood, C. (1998). The art of the state: Culture, rhetoric, and public management. Oxford University Press.

Hutter, B. (2001). Regulation and risk: Occupational health and safety on the railways. Oxford University Press.

International Organization for Standardization. (2018). ISO 31000:2018 Risk management—Guidelines. https://www.iso.org/standard/65694.html

Kaminski, M. E., & Malgieri, G. (2021). Algorithmic impact assessments under the GDPR: Producing multi-layered explanations. International Data Privacy Law, 11(2), 125-144.

Lessig, L. (2006). Code: Version 2.0. Basic Books.

Lodge, M. (2016). Risk, regulation and crisis: Comparing national responses to food safety. Journal of Public Policy, 36(1), 81-106.

Luhmann, N. (2004). Law as a social system. Oxford University Press.

Mantelero, A. (2018). AI and big data: A blueprint for a human rights, social and ethical impact assessment. Computer Law & Security Review, 34(4), 754-772.

Meuleman, L. (2015). Owl meets beehive: How impact assessment and governance relate. Impact Assessment and Project Appraisal, 33(1), 4-15.

Parker, C. (2002). The open corporation: Effective self-regulation and democracy. Cambridge University Press.

Pasquale, F. (2015). The black box society. Harvard University Press.

Power, M. (2004). The risk management of everything. Demos.

Reidenberg, J. R. (1998). Lex informatica: The formulation of information policy rules through technology. Texas Law Review, 76(3), 553-584.

Reisman, D., Schultz, J., Crawford, K., & Whittaker, M. (2018). Algorithmic impact assessments: A practical framework for public agency accountability. AI Now Institute.

Scott, C. (2010). Standard-setting in regulatory regimes. The Oxford Handbook of Regulation, 104-119.

Solove, D. J. (2008). Understanding privacy. Harvard University Press.

Sr balien , G., Olenin, S., Minchin, D., & Narš ius, A. (2019). A comparison of impact and risk assessment methods based on the IMO Guidelines and EU invasive alien species risk assessment frameworks. PeerJ, 7, e6965.

Stahl, B. C., Andreou, A., Brey, P., Hatzakis, T., Kirichenko, A., Macnish, K., Laulhé Shaelou, S., Patel, A., Ryan, M., & Wright, D. (2021). Artificial intelligence impact assessments: A systematic review. SHERPA Project Deliverable.

Sunstein, C. R. (2005). Laws of fear: Beyond the precautionary principle. Cambridge University Press.

Teubner, G. (1983). Substantive and reflexive elements in modern law. Law and Society Review, 17(2), 239-285.

Yeung, K. (2018). Algorithmic regulation: A critical interrogation. Regulation & Governance, 12(4), 505-523.

US Algorithmic Accountability Act of 2019: Clarke, Y. D. (2019). H.R.2231 - Algorithmic Accountability Act of 2019. 116th Congress (2019-2020). ⟨https://www.congress.gov/bill/116th-congress/house-bill/2231⟩

US Algorithmic Accountability Act of 2022: Wyden, R., Booker, C., & Clarke, Y. D. (2022). Algorithmic Accountability Act of 2022. Office of U.S. Senator Ron Wyden. ⟨https://www.wyden.senate.gov/imo/media/doc/Algorithmic%20Accountability%20Act%20of%202022%20Bill%20Text.pdf⟩

Canada Automated Decision-Making Directive: Treasury Board of Canada Secretariat. (2019). Directive on Automated Decision-Making. Government of Canada. ⟨https://www.tbs-sct.canada.ca/pol/doc-eng.aspx?id=32592⟩

EU AI Act: Regulation (EU) 2024/1689 of the European Parliament and of the Council of 13 June 2024 laying down harmonised rules on artificial intelligence (Artificial Intelligence Act), OJ L 2024/1689, 12.7.2024. ⟨https://eur-lex.europa.eu/eli/reg/2024/1689/oj/eng⟩

International Organization for Standardization. (2018). Risk management — Guidelines (ISO Standard No. 31000:2018). ⟨https://www.iso.org/standard/65694.html⟩

3장

Ansell, C., & Gash, A. (2008). Collaborative governance in theory and practice. Journal of Public Administration Research and Theory, 18(4), 543-571.

Denhardt, R. B., & Denhardt, J. V. (2000). The new public service: Serving rather than steering. Public Administration Review, 60(6), 549-559.

Hill, M. J., & Hupe, P. (2014). Implementing public policy: An introduction to the study of operational governance(3rd ed.). SAGE.

Johanson, J., & Vahlne, J. (1977). The internationalization process of the firm: A model of knowledge development and increasing foreign market commitments. Journal of International Business Studies, 8(1), 23-32.

Kettl, D. F. (2006). Managing boundaries in American administration: The collaboration imperative. Public Administration Review, 66(s1), 10-19.

Kolderie, T. (1986). The two different concepts of privatization. Public Administration Review, 46(4), 285-291.

Lynn, L. E. Jr. (2010). What endures? Public governance and the cycle of reform. In S. P. Osborne (Ed.), The new public governance?: Emerging perspectives on the theory and practice of public governance(pp. 105-123). Routledge.

McGuire, M. (2002). Managing networks: Propositions on what managers do and why they do it. Public Administration Review, 62(5), 599-609.

Moazed, A., & Johnson, N. L. (2016). Modern monopolies: What it takes to dominate the 21st-century economy. St. Martin's Press.

Poocharoen, O., & Ting, B. (2015). Collaboration, co-production, networks: Convergence of theories. Public Management Review, 15(4), 587-614.

Porter, M. E. (1985). Competitive advantage: Creating and sustaining performance. The Free Press.

구윤모. (2021, May 27). 오늘 오후부터 네이버·카카오서 '코로나 잔여백신 검색·당일 예약' 가능. 뉴스핌. https://www.newspim.com/news/view/20210527000049

국립재난안전연구원. (2014). 초연결 사회란?. Future Safety Issue, 1, 1-7.

김보영. (2013). 사회복지 전달체계 패러다임으로서의 거버넌스, 협영(協營)에 대한 이론적 탐색. 사회복지정책, 40(3), 107-132.

김선희. (2022). 공공서비스의 공동 생산과 협업적 창의성: 서비스 디자인 맥락에서[박사학위 논문]. 고려대학교 일반대학원.

김성현. (2022, December 26). [2022 ICT 결산] '잔치 끝' 네이버·카카오, 한파 직면. 뉴데일리 경제. https://biz.newdaily.co.kr/site/data/html/2022/12/26/2022122600063.html

김성현. (2022, March 7). 네이버 기술력, 코로나19 위기에 더 빛났다: QR체크인·마스크 재고 정보·병의원 검색 등 이용자 안전·편의 도와. 지디넷코리아. https://zdnet.co.kr/view/?-no=20220307181253

김정렬, & 장지호. (2011). 정부기업관계론: 이코노믹 거버넌스를 찾아서. 도서출판 대영문화사.

김정렬. (2010). 정부기업관계론의 연구와 교육: 국내외 연구논문과 교과서 내용분석. 정부학 연구, 16(2), 307-338.

김현준, 김선희, & 안상훈. (2019). '공공서비스 디자인'을 통한 대안적 행정 모형의 탐색. 한국 행정연구, 28(2), 85-121.

문교수, & 최순권. (2022). 알리바바 사례 분석을 통한 플랫폼 비즈니스 기업의 국제화 과정 연구. 경영컨설팅연구, 22(4), 355-366.

배한님. (2023, January 9). 오늘부터 네이버·카카오 백신 예약 중단...재난상황서 공적 역할 호평. 머니투데이. https://news.mt.co.kr/mtview.php?no=2023010914025449942

서영준. (2020, March 10). 공적 마스크 판대 데이터 민간 개방…판매 정보 손쉽게 확인. 파이 낸셜뉴스. https://www.fnnews.com/news/202003101422380400

양성국. (2007). 사회속의 기업? 기업속의 사회?. 도서출판 청람.

연찬모. (2020, January 30). 한상혁 방통위원장, 포털사와 신종 코로나 바이러스 협력 논의. 뉴 데일리경제. https://biz.newdaily.co.kr/site/data/html/2020/01/30/2020013000143

이동우. (2022, February 28). 코로나 재택치료 '상담·처방 의원' 네이버·카카오에서 확인한다. 머니투데이. https://news.mt.co.kr/mtview.php?no=2022022809040078303

이승준. (2017). 세상을 연결한 플랫폼의 가치: 플랫폼 비즈니스는 어떻게 수익을 창출하는가. K Content, 22, 22-25.

이진규. (2020, June 10). 네이버, QR코드 전자출입명부 시스템 참여…"방역관리 협력". 아시아경제. https://view.asiae.co.kr/article/2020061009020751615

이한주. (2004). 기업과 사회. 탑21북스.

이현정. (2021, May 14). 27일부터 '노쇼' 백신 발생 병원 지도로 확인하고 신속예약 가능. 서울신문. https://www.seoul.co.kr/news/newsView.php?id=20210514500102&wlog_tag3=naver

주재현. (2006). 지방정부-기업간 파트너십의 성공조건에 관한 연구: 경기도 민간투자사업 사례분석. 지방정부연구, 10(2), 67-85.

캐치. (n.d.). https://www.catch.co.kr/Comp/AnalysisCompView?ID=1740&utm_source=naver&utm_medium=affiliates&utm_campaign=naver&utm_content=AnalysisComp

하미승. (2020). 대안중심 행정학. 윌비스.

홍성용. (2020, January 29). '신종코로나' 진료소 카카오맵에서 찾는다… 네이버도 첫 화면에 정보 배치. 매일경제. https://www.mk.co.kr/news/it/9181287

황혜정. (2018). 탈규모 시대의 제조업, '플랫폼 비즈니스'로 도약한다. LG경영연구원.

4장

Ban, T. A. (2006). The role of serendipity in drug discovery. Dialogues in Clinical Neuroscience, 8(3), 335-344.

Chisel. What are cross-functional teams? Strengths and weaknesses. https://chisellabs.com/blog/what-are-cross-functional-teams-strengths-and-weaknesses/

Garvin, D. A., & Levesque, L. (2004). Emerging business opportunities at IBM (A). Harvard Business School Case 304-075.

Kardos, N., & Demain, A. L. (2011). Penicillin: The medicine with the greatest impact on therapeutic outcomes. Applied Microbiology and Biotechnology, 92(4), 677-687.

Roberts, R. M. (1989). Serendipity: Accidental discoveries in science. Wiley.

Rosenberg, N. (1990). Why do firms do basic research (with their own money)? Research Policy, 19(2), 165-174.

U.S. Food and Drug Administration. Software as a medical device (SaMD). https://www.fda.gov/medical-devices/digital-health-center-excellence/software-medical-device-samd

Van Andel, P. (1994). Anatomy of the unsought finding. Serendipity: Origin, history, domains, traditions, appearances, patterns, and programmability. The British Journal for the Philosophy of Science, 45(2), 631-648.

Yaqub, O. (2018). Serendipity: Towards a taxonomy and a theory. Research Policy, 47(1), 169-179.

김영규, 신지만, 김정환, & 심상아. (2016). 끊임없이 도전하는 기업가정신의 장(場), 네이버 - 웹툰이라는 새로운 생태계를 만들다. Asan Entrepreneurship Review, 2(10).

5장

Blume, T. (2016). Creative disruption for cultural change. In C. Durose & L. Richardson (Eds.), Designing public policy for co-production. Policy Press.

Bovaird, T. (2007). Beyond engagement and participation: User and community coproduction of public services. Public Administration Review, 67(5), 846-860.

Bovaird, T., & Loeffler, E. (2010). User and community co-production of public services and public policies through collective decision-making: The role of emerging technologies. In J. Gotze & C. B. Pederson (Eds.), State of the eUnion: Government 2.0 and onwards(pp. 257-274). 21Gov.net.

Brandsen, T., & Honingh, M. (2016). Distinguishing different types of coproduction: A conceptual analysis based on the classical definitions. Public Administration Review, 76(3), 427-435.

Carstensen, H. V., & Bason, C. (2012). Powering collaborative policy innovation: Can innovation labs help? The Innovation Journal: The Public Sector Innovation Journal, 17(1), 1-26.

Clark, B., Brudney, J., & Jang, S.-G. (2013). Coproduction of government services and the new information technology: Investigating the distributional biases. Public Administration Review, 73(5), 687-701.

Curedale, R. A. (2016). Service design process & methods(2nd ed.). Design Community College Inc.

Freeman, C. (1987). Technology and economic performance: Lessons from Japan. Pinter.

Gryszkiewicz, L., Lykourentzou, I., & Toivonen, T. (2016). Innovation labs: Leveraging openness for radical innovation? Journal of Innovation Management, 4(4), 68-97.

Janssen, M., & Estevez, E. (2013). Lean government and platform-based governance—Doing more with less. Government Information Quarterly, 30(Supplement 1), S1-S8.

KISTEP. (2020). 산학협력 활성화를 위해 대학 차원에서 어떻게 개선해야 하는가?Issue Paper, 297.

Lee, S. M., Olson, D. L., & Trimi, S. (2012). Co-innovation: Convergenomics, collaboration, and co-creation for organizational values. Management Decision, 50(5), 817-831.

Linders, D. (2012). From e-government to we-government: Defining a typology for citizen co-production in the age of social media. Government Information Quarterly, 29(4), 446-454.

Link, A. N. (2006). Public/private partnerships: Innovation strategies and policy alternatives. Springer Science & Business Media.

Martin, R., & Martin, R. L. (2009). The design of business: Why design thinking is the next competitive advantage. Harvard Business Press.

Nabatchi, T., Sancino, A., & Sicilia, M. (2017). Varieties of participation in public services: The who, when, and what of coproduction. Public Administration Review, 77(5), 766-776.

Noveck, B. S. (2015). Smart citizens, smarter state: The technologies of expertise and the future of governing. Harvard University Press.

OECD. (2014). Data-driven innovation for growth and well-being.

OECD. (2017). Observatory of public sector innovation. https://www.oecd.org/governance/observatory-public-sectorinnovation/

Osborne, S. P. (2018). From public service-dominant logic to public service logic: Are public service organizations capable of co-production and value co-creation? Public Management Review, 20(2), 225-231.

Osborne, S. P., Radnor, Z., & Strokosch, K. (2016). Co-production and the co-creation of value in public services: A suitable case for treatment? Public Management Review, 18(5), 639-653.

Schuurman, D., & Tõnurist, P. (2016). Innovation in the public sector: Exploring the characteristics and potential of living labs and innovation labs. In OpenLivingLab Days 2016(pp. 78-90).

Schuurman, D., & Tonurist, P. (2017). Innovation in the public sector: Exploring the characteristics and potential of living labs and innovation labs. Technology Innovation Management Review, 7(1), 7-14.

Stoudt, B., et al. (2016). Participatory action research and policy change. In C. Durose & L. Richardson (Eds.), Designing public policy for co-production. Policy Press.

The Centre for Public Impact. (2016). The public impact fundamentals: Helping governments progress from idea to impact. A BCG Foundation.

Von Hippel, E. (2016). Free innovation. MIT Press.

Voorberg, W. H., Bekkers, V. J., & Tummers, L. G. (2015). A systematic review of co-creation and co-production: Embarking on the social innovation journey. Public Management Review, 17(9), 1333-1357.

Whitaker, G. P. (1980). Coproduction: Citizen participation in service delivery. Public Administration Review, 40(3), 240-246.

World Bank. (2022). Guidance on PPP legal frameworks.

권향원, 윤영근, & 박중훈. (2018). 사회혁신 (Social Innovation) 기반 마련을 위한 중앙 및 지방정부의 역할과 지원모델 연구. 기본연구과제, 2018, 4806-5147.

김선희. (2022). 공공서비스의 공동 생산과 협업적 창의성 – 서비스 디자인 맥락에서 –[박사 학위논문]. 고려대학교 대학원.

박서희, & 노승완. (2012). 공공 서비스 디자인을 위한 사용자 참여형 디자인 프로세스 모델 연구. 디자인융복합연구, 35, 117-131.

안형준, 손수정, & 강민지. (2020). 혁신성과 제고를 위한 정부 R&D 제도 개선방안 – 제4권 민·관협력 기반 성과 창출을 위한 R&D제도 개선방안: 우주개발 분야를 중심으로 –. 정책연구, 1-94.

이정동. (2011). 공학기술과 정책. 지호.

정미나, & 심은정. (2016). 북유럽의 사회혁신-덴마크, 네덜란드 사회혁신 기관방문 보고서. 사회혁신리서치랩.

조세현, & 차세영. (2020). 개방형 정부혁신을 위한 정책랩 (Policy Lab) 활성화 방안. 기본연구과제, 2020, 1-428.

조현주. (2020). 정책개발 방법론으로서 영국과 핀란드의 폴리시랩 (Policy Lab) 탐색: 스포츠 정책에의 함의를 중심으로. 한국체육정책학회지, 18(2).

한국행정연구원, & 조세현 외. (2018). 시민참여형 정책협업모델 연구: 열린정책실험 운영. 경제·인문사회연구회 협동연구총서 18-27-01.

닫는 글

Beck, U. (2010). 정치의 재창조: 성찰적 근대화 이론을 향하여. In A. Giddens, U. Beck, & S. Lash, 성찰적 근대화(임현진 & 정일준,역). 한울. (Original work published 1994)

Beck, U. (2016). Reflexive governance: Politics in the global risk society. In J. P. Voss, D. Bauknecht, & R. Kemp (Eds.), Reflexive governance for sustainable development. Edward Elgar Publishing.

Grin, J. (2016). Reflexive modernization as a governance issue, or: Designing and shaping re-structuration. In J. P. Voss, D. Bauknecht, & R. Kemp (Eds.), Reflexive governance for sustainable development. Edward Elgar Publishing.

Rhodes, R. A. W. (1997). Understanding governance: Policy networks, governance, reflexivity, and accountability. Open University.

Rhodes, R. A. W. (1999). Foreword: Governance and networks. In G. Stoker (Ed.), The new management of British local level governance. Palgrave Macmillan.

Rifkin, J. (1995). The end of work. Putnam Book.

Rip, A. (2016). A co-evolutionary approach to reflexive governance—and its ironies. In J. P. Voss, D. Bauknecht, & R. Kemp (Eds.), Reflexive governance for sustainable development. Edward Elgar Publishing.

Stirling, A. (2016). Precaution, foresight, and sustainability: Reflection and reflexivity in the governance of science and technology. In J. P. Voss, D. Bauknecht, & R. Kemp (Eds.), Reflexive governance for sustainable development. Edward Elgar Publishing.

Voss, J. P., & Kemp, R. (2016). Sustainability and reflexive governance: Introduction. In J. P. Voss, D. Bauknecht, & R. Kemp (Eds.), Reflexive governance for sustainable development(pp. xx-xx). Edward Elgar Publishing.

Weber, M. K. (2016). Foresight and adaptive planning as complementary elements in anticipatory policy-making: A conceptual and methodological approach. In J. P. Voss, D. Bauknecht, & R. Kemp (Eds.), Reflexive governance for sustainable development. Edward Elgar Publishing.

초연결 혁명, 미래 지도

초판 1쇄 발행 2025년 3월 26일

지은이	강정한 김선희 박상욱 박주하 안준모 윤지웅 윤혜선 이상욱 이수형
펴낸이	박영미
펴낸곳	포르체

책임편집	이경미
마케팅	정은주 민재영
디자인	황규성

출판신고	2020년 7월 20일 제2020-000103호
전화	02-6083-0128
팩스	02-6008-0126
이메일	porchetogo@gmail.com
인스타그램	porche_book

ISBN 979-11-94634-12-6 (03320)

여러분의 소중한 원고를 보내주세요.
porchetogo@gmail.com